JN268548

異文化経営論の展開
「経営文化」から「経営文明」へ

馬越恵美子

学文社

はしがき

　本書は，筆者の7年に及ぶ「文化と経営」に関する研究の集大成である．

　会議通訳者として長年仕事をするうちに，実務家や政府関係者の経済理論を踏まえた会議等において，経済学を体系的に学ぶ必要性を痛感するに至り，慶應義塾大学の大学院（経済学研究科）に入学することとなった．島田晴雄教授のご指導の下に得た経済学の知識と実証研究の手法は，その後の仕事に大いに役立ったが，それのみならず，筆者が研究者に転向するきっかけを与えてくれたのである．とりわけ，企業活動がグローバル化の一途を辿っている状況を目の当たりにするにつけ，筆者は事業が国を越えて行われる場合の問題に興味を抱くようになった．その根底には，当然，会議通訳者として，異文化の狭間で仕事をする間に培われた問題意識が流れている．それは一言で言うならば「文化と経営」という視座である．しかし，この問題は経済学では解くことができないことに，気づいたのである．

　そこで次第に筆者の関心は，経済学から経営学へ移行した．同大学院の修士課程を修了し博士課程に進学して所定の単位を取得した頃から，国際経営文化学会（会長：村山元英千葉大学教授）をはじめ，様々な学会や研究会の活動を中心として，経営学，特に国際経営学の習得を意欲的に行い，さらに文化と経営を対象とする「異文化経営論」に関する文献を渉猟した．同時に，大学院在籍中から行った実証研究を発展的に見直し，かつ新たな実証研究に着手した．そして，研究の段階ごとに日本内外の学会で発表したところ，極めて良い反応が得られ，意を強くした．特に，第24回SIETAR世界大会においては，過去数十年に渡って異文化経営論の主流であったホフステッド（Hofstede, Geert）のモデルに対して，筆者の研究は新しい流れを作るものとの評価を受けた．（SIETAR : Society for Intercultural Education, Training and Research. 同大会発表論文に関しては，*The SIETAR International Journal*, Vol. 1, No. 1, Spring 1999

に収録された拙文 "Mind Distance between Headquarters and Branch Offices of Global Corporations" を参照されたい)

　このような背景を基に，異文化経営論を体系的に明示すると共に，実証研究によって先行研究の問題と限界を明らかにし，異文化経営論の新たな展開と次元を提示する目的を持って執筆した『異文化経営論の比較論的検証と新展開』を，明治大学名誉教授の藤芳誠一先生のご指導の下に，東亜大学大学院総合学術研究科に提出し，学位（論文博士）を申請したところ，審査をパスし，1999年3月に当大学院経営管理専攻の博士（学術）第1号の栄誉に浴することができた．

　本書は，学位論文の中から，現地法人の面接調査と付属資料を紙幅の関係上，短縮・割愛し，さらに全体に加筆・修正を行い，上梓したものである．

　1999年12月

馬越　恵美子

目 次

はしがき……………………………………………………………… i
序　章……………………………………………………………… 1
  Ⅰ　本書の問題意識………………………………………………… 1
  Ⅱ　本書の構成……………………………………………………… 2

第1部　異文化経営論の検証

第1章　異文化経営論の学問領域………………………………… 8
  Ⅰ　経済理論と国際経営学………………………………………… 8
    1．経済学における企業組織………………………………… 8
    2．国際経営学の発展 ………………………………………10
    3．国際経営学と異文化経営論 ……………………………13
  Ⅱ　多国籍企業論と日本企業 ……………………………………16
    1．多国籍企業とは何か ……………………………………16
    2．多国籍企業論の展開 ……………………………………17
    3．多国籍企業論の新たな視座 ……………………………23
    4．多国籍化する日本企業 …………………………………25
  Ⅲ　組織行動と産業組織心理学 …………………………………30
    1．組織の理論 ………………………………………………30
    2．産業組織心理学とモティベーション …………………32

第2章　文化と異文化コミュニケーション ……………………42
  Ⅰ　文化という概念 ………………………………………………42
    1．文化とは …………………………………………………42
    2．国の文化と組織文化 ……………………………………47
  Ⅱ　異文化コミュニケーション …………………………………49

第3章　異文化経営論の先行研究 …………………………………56
　Ⅰ　アドラーの文献サーベイと方法論 …………………………56
　Ⅱ　比較文化の研究…………………………………………………59
　Ⅲ　異文化経営論の諸学説…………………………………………66
第4章　多国間定量分析の検証………………………………………81
　Ⅰ　ホフステッドのモデル…………………………………………81
　　1．ホフステッドの研究系譜……………………………………81
　　2．4次元モデルによる国別経営文化の分析…………………85
　　3．ホフステッド・モデルの評価………………………………95
　Ⅱ　トランペナーズのモデル………………………………………98
　　1．トランペナーズの研究系譜…………………………………98
　　2．新たな視角を加えた7次元モデル ………………………101
　　3．トランペナーズ・モデルの評価……………………………111

第2部　異文化経営論の新たな展開
――実証研究と経営文明論の展望――

第5章　異文化経営論の再構築 ……………………………………120
　Ⅰ　「文化論」の限界………………………………………………120
　　1．グローバル・ビジネスの進展 ……………………………120
　　2．非文化的要因の重要性 ……………………………………121
　　3．国際経営学における文化論の衰退 ………………………123
　Ⅱ　異文化を包含した国際経営学の学説 ………………………125
　　1．情報・知識・グローバル化という新しいパラダイム …126
　　2．リンケージとネットワークの理論 ………………………128
　　3．異文化活用型企業の事例 …………………………………132
第6章　現地法人の「国の文化」と「企業文化」に関する実証研究 ………139
　Ⅰ　企業文化は国の文化を超えるか ……………………………139

Ⅱ　ソニー・東銀・A銀の調査 …………………………………139
　　Ⅲ　ことばの概念と定義 ……………………………………………141
　　Ⅳ　因子分析が語る経営文化 ………………………………………142
　　　1．現地社員と駐在員のアンケート調査 ………………………142
　　　2．モティベーションとグローバル志向に見る企業文化の違い ……144
　　　3．国の文化の相違か，企業文化の相違か ……………………149
　　　4．国の文化の相対的重要度の低下 ……………………………159
第7章　多国籍企業の「意識的距離」に関する実証研究 ……………167
　　Ⅰ　グローバル・ビジネスにおける距離の縮小 …………………167
　　Ⅱ　米国ハイテク企業の調査 ………………………………………168
　　Ⅲ　地域格差による戦略上の問題 …………………………………168
　　　1．伸び盛りのハイテク企業 ……………………………………168
　　　2．権限委譲とニーズに合った製品開発
　　　　　――アジア担当役員に対するヒアリング ……………………170
　　　3．多様性への対応
　　　　　――欧州担当役員に対するヒアリング ………………………172
　　　4．米国本社のリーダーシップ
　　　　　――アメリカ担当役員に対するヒアリング …………………174
　　　5．本社と現地法人の相互理解 …………………………………176
　　Ⅳ　意識的距離と物理的距離 ………………………………………178
　　　1．10ヶ国の社員のアンケート調査 ……………………………178
　　　2．本社との距離と意識的距離 …………………………………180
　　　3．数値が示す意識的距離の逆転 ………………………………185
　　　4．テキサスより東京の方がニューヨークに近い！ ……………212
第8章　異文化経営論の新たな展望――経営文明論の提唱 …………220
　　Ⅰ　文化と文明 ………………………………………………………220
　　　1．開かれた経営の意義 …………………………………………220

2．文明の定義 …………………………………………221
　Ⅱ　経営文明論という新しいパラダイム ……………………222
　　　1．経営文明論とは ………………………………………222
　　　2．多民族企業論と国際経営学の貢献 …………………224
　Ⅲ　21世紀の新しい企業像に向けて …………………………225

参考文献 ……………………………………………………………233
あとがき ……………………………………………………………249
付属資料 ……………………………………………………………253
人名索引 ……………………………………………………………265
事項索引 ……………………………………………………………268

図表リスト

1. 図

図1-1-1	ストップフォードとウェルズの国際組織の段階モデル	21
図1-1-2	グローバル経営の4類型モデル	24
図1-1-3	海外生産比率の長期展望	26
図1-1-4	マネジメント理論の系譜図	33
図1-2-1	人間のメンタル・プログラミングの3つのレベル	43
図1-2-2	文化の複層モデル	44
図1-2-3	正規分布としての文化	45
図1-2-4	文化とステレオタイプ	46
図1-2-5	文化コンテキストと情報の相互作用	51
図1-3-1	組織文化は異文化間の差異を拡大する	64
図1-3-2	融合変化の静態モデル	67
図1-3-3	融合変化の動態モデル	68
図1-4-1	権力格差指標（PDI）と個人主義指標（IDV）における50ヶ国と3地域の位置	89
図1-4-2	普遍主義を選択した回答者の割合	101
図1-4-3	普遍主義と個別主義の和合	102
図1-4-4	個人主義を選択した回答者の割合	103
図1-4-5	感情を表現しない，中立的姿勢を選択した回答者の割合	104
図1-4-6	特定的を選択した回答者の割合	105
図1-4-7	議論の進め方における拡散的アプローチと特定的アプローチの違い	107
図1-4-8	業績を重視する回答者の割合	108
図1-4-9	過去，現在，未来の関係	109
図1-4-10	自力型の回答者の割合	110
図2-5-1	プラットフォーム型戦略と囲い込み型戦略	130
図2-5-2	次世代の組織化モデル	131
図2-6-1	ソニーと東銀とA銀の企業文化の比較	162
図2-7-1	勤務地域別の回答者の分布	179
図2-7-2	国籍地域別の回答者の分布	179
図2-7-3	回答者の男女比	180
図2-7-4	回答者の本社（HQ），支社（RE），海外現地法人（OV）の	

分布 ……………………………………………………182
図 2-7-5　Q 33：The Company has a strong corporate culture
　　　　　　（当社は強力な企業文化を持っている）　………………190
図 2-7-6　Q 17：The management style is geared more towards local needs (1)
　　　　　　（当社の経営方法は，地元のニーズに合わせたものである）
　　　　　　……………………………………………………191
図 2-7-7　Q 17：The manegement style is geared more towards local needs (2)
　　　　　　（当社の経営方法は，地元のニーズに合わせたものである）
　　　　　　……………………………………………………192
図 2-7-8　Q 34：Top management has a strong leadership
　　　　　　（当社のトップは強力なリーダーシップを発揮している）
　　　　　　……………………………………………………193
図 2-7-9　Q 23：Social responsibility is considered important by the company (1)
　　　　　　（当社は社会責任を重視している）　………………194
図 2-7-10　Q 23：Social responsibility is considered important by the company (2)
　　　　　　（当社は社会責任を重視している）　………………195
図 2-7-11　Q 25：I have participated in such a program (1)
　　　　　　（私自身もその活動に参加したことがある）　………196
図 2-7-12　Q 25：I have participated in such a program (2)
　　　　　　（私自身もその活動に参加したことがある）　………197
図 2-7-13　Q 7：Information on corporate policy is promptly communicated (1)
　　　　　　（本社の方針はすみやかに伝達されている）　………199
図 2-7-14　Q 7：Information on corporate policy is promptly communicated (2)
　　　　　　（本社の方針はすみやかに伝達されている）　………200
図 2-7-15　Q 1：I feel proud of working for the company
　　　　　　（この会社に勤めることを誇りに思う）　………………204
図 2-7-16　Q 19：The opportunity of promotion is equal for all global employees (1)
　　　　　　（昇進の機会は，全世界の全ての社員に平等に与えられている）　……………………………………………………209
図 2-7-17　Q 19：The opportunity of promotion is equal for all global

employees(2)
(昇進の機会は，全世界の全ての社員に平等に与えられている) ···210

2．表

表1-1-1	マルチナショナル企業，グローバル企業，インターナショナル企業，トランスナショナル企業の組織の特徴 ·············22
表1-1-2	日本の海外投資の年度別・形態別許可額 ·············25
表1-1-3	現地法人社長の構成内訳 ·············29
表1-3-1	論文の分類 ·············57
表1-3-2	ジャーナルの分類 ·············58
表1-3-3	1970年代と1985—1990年の比較 ·············59
表1-3-4	マインドスケープの4つの型 ·············69
表1-3-5	組織における文化的多様性のメリットとデメリット ·············70
表1-3-6	コンティンジェンシー・マトリックス ·············72
表1-4-1	50ヶ国と3地域における権力格差指標（PDI）の値 ·············87
表1-4-2	50ヶ国と3地域における個人主義指標（IDV）の値 ·············88
表1-4-3	国と地域名の略称 ·············91
表1-4-4	50ヶ国と3地域の男性度指標（MAS） ·············92
表1-4-5	50ヶ国と3地域の不確実性回避指標（UAI） ·············93
表1-4-6	23ヶ国の長期志向指標（LTO） ·············94
表2-6-1	日本人駐在員と現地社員の回答数 ·············143
表2-6-2	検定結果I ·············144
表2-6-3	現地社員と日本人駐在員の共通質問に関する因子分析の結果 ······147
表2-6-4	日本人駐在員への10の設問に関する因子分析の結果 ·············148
表2-6-5	現地社員への10の設問に関する因子分析の結果 ·············149
表2-6-6	F1　社内コミュニケーションの円滑度 ·············150
表2-6-7	F2　コミュニケーションの難易性 ·············151
表2-6-8	F3　コミュニケーションの障害要因 ·············153
表2-6-9	F4　経営の透明度 ·············154
表2-6-10	F5　現地化の進捗度 ·············155
表2-6-11	F6　情報格差 ·············156
表2-6-12	F7　満足度 ·············157
表2-6-13	F8　グローバル志向性 ·············158
表2-6-14	F9　モティベーション ·············159
表2-6-15	F1からF7までの設問の答えの集計 ·············160
表2-6-16	日本人駐在員と現地社員の回答の差 ·············161

表2-7-1	検定結果Ⅱ …………………………………………………	181
表2-7-2	回答者の区域別の男女数 …………………………………	183
表2-7-3	48の設問の答えに関する因子分析の結果 ……………	186
表2-8-1	経営における文化から文明への変遷 ……………………	223

序　章

I　本書の問題意識

　ロバート・ライシュ（Robert Reich）は，大きな反響を呼んだ著書 *The Work of Nations* の冒頭で，いみじくも次のように述べている．

　「我々は現在，来るべき21世紀に備えて，政治と経済の再編成の真っ只中にある．一国に限られた製品や技術や一国のみの企業や産業は，やがて姿を消すであろう．そして，ひとつの国に限られた経済などというものは無くなるのである．」[1)]

　企業活動がますますグローバル化する今日，企業の強みは以前のように一国の市場だけに通用する技術やサービスではなく，世界の様々な市場でいかに力を発揮できるかにある．このような時代においては，国際的に事業を展開することが特別のことではなく，ごく当然のこととして経営に折り込み済みにすることが求められる．その実現においては，いわゆるモノ・カネに加えて，ヒトの国際化が必須である．具体的には，グローバルな意識が，本社の幹部や各部門の第一線の社員，また海外現地法人のトップや社員のすべてに浸透していること，さらに，共通の事業目標と組織の価値観を全社員が共有していることが，経営の成功の鍵を握っていると言っても過言ではあるまい．

　グローバルな事業展開を行う企業では，海外の市場において異文化との遭遇を余儀なくされ，海外現地法人では多様な文化的背景を持った社員をいかに管理し活用するかが，大きな課題となっている．さらに最近では，経営の中枢である本社においても，外国籍の社員が登用されている．この文化と経営の問題を扱ったのが，「異文化経営論」であり，この異文化経営において切り口となる点は，市場を特徴づけ，社員の価値観の基盤となっている「国の文化」である．

従来の異文化経営論では，この「国の文化」の差を浮き彫りにし，その理解を深めて文化的多様性に対応することによって，企業経営を円滑化することに焦点がおかれてきた．しかし，今や時代の要件は変化し，情報技術の急速な普及，欧米（特にアングロサクソン系）の経営手法の浸透，世界標準仕様の製品に対する需要の増加，製品開発と商品化における国を越えた企業提携等々，経営の最前線はグローバル化の一途を辿っている．このような世界規模で迅速な市場ニーズへの対応が求められている今日においては，企業の構成員が仕事における価値観を共有する必要があり，経営においては，機能部門間の緊密な連携と迅速な意思決定を実現するために，ますます共通性を追求するようになろう．従って，このようなグローバルな経営においては，文化的差異を強調するのではなく，ビジネスにおける共通の価値観を基本とし，ベストプラクティスを追求し実践することにより，文化を超える経営を実現することができるのである．すなわち，ここにおいては「国の文化」という文化的要素は一義的ではなく，むしろ二義的な問題として対処されるべきであろう．これが本書の問題意識である．

　本書ではこのような問題意識を基に，異文化経営論に関する多くの既存の研究を明らかにするとともに，新しい時代の要件に照らして，既存の異文化経営論の問題点を抽出する．さらに，2つの実証研究によって「国の文化」を基盤とした文化論の限界を確認し，既存の「異文化経営論」を発展拡大して，文化の桎梏にとらわれずに異質性を活かして共通性を追求する「文化を超える経営 (transcultural management)」を論じて，「経営文明論」という新たな次元の提示を試みるものである．

II　本書の構成

　本書は「異文化経営論の検証」と「異文化経営論の新たな展開——実証研究と経営文明論の展望——」の2部により構成されている．
　第1部「異文化経営論の検証」においては，隣接科学との関係を見直すこと

により，異文化経営論の学問としての位置づけを明確にすると共に，既存の異文化経営論を渉猟して，文化と異文化コミュニケーション，異文化経営論の先行研究，多国間定量分析を詳しく吟味することによって，異文化経営論の検証を行った．

第1章「異文化経営論の学問領域」では，経済理論と国際経営学を中心として，異文化経営論の学問的位置づけを行い，さらに，異文化経営論が属するところの国際経営学において多くの研究が行われてきた多国籍企業論を検討した．また，文化と経営をめぐる研究の多くが密接に関わっている「組織行動」と「産業組織心理学」の代表的かつ古典的な先行研究と諸学説を考察した．

第2章「文化と異文化コミュニケーション」では，文化の定義から始め，国の文化と組織文化を対比し，さらに企業文化の育成と伝播について論じた．また，国際経営に深く関わる問題として，異文化コミュニケーションを取り上げ，その定義とコミュニケーションの東西比較，及びホールの高コンテキスト・低コンテキスト論を考察した．

第3章「異文化経営論の先行研究」においては，異文化経営論の諸研究と諸学説を比較検討した．まず，アドラー（Adler, Nancy）の文献サーベイを基に，異文化経営論の文献研究の経緯と方法論を明らかにし，次に，異文化経営論の研究の中で伝統的に大きな比重を占める単一の文化及び文化圏の研究と数ヶ国を対象とした比較研究を渉猟した．さらに，多数国を対象とした研究を精査し，林の異文化インターフェース管理理論やルーサンズ（Luthans, Fred）らのコンティンジェンシー理論等の異文化経営論の諸学説を検討した．

第4章「多国間定量分析の検証」では，文化と経営をめぐる多数の国を対象とした研究で最も信頼性が高いと言われている2つの多国間定量分析を検証した．ひとつは既存の異文化経営研究の古典とも言えるホフステッド（Hofstede, Geert）の研究であり，もうひとつは，より最近のデータを基にしたトランペナーズ（Trompenaars, Fons）の研究である．これらの研究を精査すると共に，その問題点を明らかにした．

以上のように，第1部においては，異文化経営論の学問領域を明らかにすることからはじめ，異文化経営論の諸学説と先行研究を検討して，異文化経営論の構築上の問題認識を深めた．これらの研究の大多数は，国の文化を分析単位として文化と経営を分析したものであり，この分析視角に現段階における異文化経営論の限界が感じ取られた．これを通じて，筆者独自の研究視座の構築を行ったのである．

　第2部「異文化経営論の新たな展開——実証研究と経営文明論の展望——」では，第1部の研究成果に基づいて，独自の仮説と，その作業展開の結果としての新しい異文化経営論の展開と論理構築とを試みた．

　第5章「異文化経営論の再構築」においては，グローバル・ビジネスの進展と非文化的要因の重要性に照らして，国の文化を中心とする文化論の限界について様々な角度から論じた．さらに，異文化を包含しつつも文化を一義的でなく二義的に捉えた国際経営学の諸学説（情報ネットワーク型組織論，リンケージ理論，コミュニケーション・プラットフォーム理論等）を比較検討した．

　第6章「現地法人の『国の文化』と『企業文化』に関する実証研究」では，第1章で浮かび上がった経営における国の文化の重要度の相対的低下を，日本企業の海外現地法人3社を対象にした調査研究によって明らかにした．本研究は，日本労働研究機構の研究プロジェクトの一環として，筆者が単独に行ったもので，ヒアリングと調査票による意識調査が中心である．ここでは現地社員と日本人駐在員の意識の差とこれら3社の企業文化を分析することによって，「国の文化」と「企業文化」を対比させた．本研究の結果は，「国の文化」より「企業文化」の方が重要度が高いことを示し，国の文化の重要度の相対的低下が確認された．また，社員のグローバル志向とモティベーションが高いほど現地社員と日本人駐在員の意識の差が縮小することも明らかになった．

　この実証研究は，企業の海外経営では国の文化の差による影響が大きく作用するという通念とは異なる結果を示している．特に日本企業においては「文化の壁」が厚いと考えられてきたが，経営のやり方によって，これを克服できる

ことをこの研究結果は示唆している．

　第7章「多国籍企業の『意識的距離』に関する実証研究」では，グローバルに事業を行っている米国のハイテク中堅企業のヒアリングと調査票による調査を通じて，米国本社と国内支社の間の意識的距離と，米国本社と海外現地法人の間の意識的距離を比較検討した．

　一般的には，本社と国内支社は同じ国内にあるため，同一の国の文化を共有しており，意識的距離は近く，海外現地法人は本社とは異なる国の文化を有しているため，本社との意識的距離は遠いものと想定される．しかしこの実証研究ではあえてこれとは逆の仮説を立ててみた．その理由は，同社は全社的に情報の共有化を推進して物理的距離の克服に努め，かつ人事面での多国籍化も進んでおり，国の文化の壁が薄いことが推定されたからである．結果として，本研究では本社と海外現地法人の意識の差が本社と国内支社の意識の差よりも小さいことが確認され，仮説が証明された．この調査結果は国の文化の違いに焦点を当てたホフステッドの研究とは異なるものであり，このことは過去20数年の間に企業の国際経営が大きく変化して新たな局面にある現在，グローバル化時代の新たなパラダイムが必要とされていることを示唆している．

　これを受けて第8章「異文化経営論の新たな展望——経営文明論の提唱」では，これらの研究から得た知見を基に，文化を超えるものとして文明という方向づけから，経営におけるパラダイム・シフトを明らかにした．すなわち，実証研究で論証された国の文化を超えた経営の現状に理論上の説明を試みたのが，「経営文明論」である．

　文化はひとつの国，ひとつの社会を単位とする集団の特徴であるのに対して，文明とは文化を拡大した文化的なまとまり，かつ機能的・合理的・包括的システムであると，本書では定義した．ビジネスの現状においては，経営における距離と時間が大幅に短縮されて，「国の文化という壁」は消滅しつつある．従って，新しい時代のパラダイムは，異質性ではなく共通性である．共通性とは，情報の明示的共有化，物理的距離を超えた各部門の連携，グローバルに適用可

能な技術と人材登用，目標の全社的共有化等である．このような経営における共通性の追求は，個別性，閉鎖性を含意とする文化ではなく，文化を包摂する文明という包括的次元に移行する可能性を示唆している．この限りない可能性を秘めた新境地である「経営文明論」を提唱して，本書の締めくくりとした．

注
1) Reich, Robert B. (1991) *The Work of Nations*, NY: Vintage Books, p. 3.
2) 異文化経営論は，英語の cross-cultural management または intercultural management に相当する．

第1部　異文化経営論の検証

　第1部「異文化経営論の検証」においては，隣接科学との関係を見直すことにより，異文化経営論の学問としての位置づけを明確にすると共に，既存の異文化経営論を渉猟して，文化と異文化コミュニケーション，異文化経営論の諸学説，多国間定量分析を詳しく吟味することによって，異文化経営論の検証を行う．

第1章　異文化経営論の学問領域

本章は，異文化経営論の学問領域を確認し，研究系譜を明らかにするものである．はじめに経済学と経営学の関係と国際経営学の発展について論じ，次に多国籍企業に関する研究の系譜と日本企業の多国籍化について明らかにする．最後に，異文化経営論と関わりの深い組織の理論と産業組織心理学を考察する．

I　経済理論と国際経営学

1．経済学における企業組織

1）ミクロ・ミクロ経済学

新古典派経済学における「点」としての企業　経済学は経済活動を行う企業とその経営を学問領域の対象に含んではいるが，企業の内部でその構成員が企業の決定にいかに影響を及ぼすかについては，通常重視していない．すなわち，新古典派経済学においては企業は市場における経済主体としての「点」として捉えられ，企業行動を「点」の軌跡として分析するということになる．この「点」というのは，市場行動によって決まる投入と産出の組み合わせの点であり，企業内部の諸関係は捨象した企業概念である[1]．

「点」の内部を解明するミクロ・ミクロ経済学　ライベンシュタイン（Leibenstein, 1979）によれば，ミクロ経済学は組織内部の作用を取り上げず，内部効率性の問題は極大化公準（the maximization postulate）と関連させて生産関数の存在を仮定することで解消されている[2]．企業はいわば中身を問わないブラックボックスとして行動すると捉えられているのである．

このブラックボックスの中で何が行われているかを研究対象とするのが，ミクロ・ミクロ経済学であり，企業内行動，構成員と企業との関係，その企業行動に対する影響等を明らかにする学問領域である[3]．

X非効率性　ライベンシュタインは「企業は完全に効率的である」という命

題を疑問視し，企業内の非効率性を提示した．企業の効率性は，労働者から経営者に至るまで，企業の構成員の動機によって努力の水準が決まり，この度合いによって企業の効率が左右される．この効率性をライベンシュタインはX効率性（X-efficiency）と呼んでいる．企業の構成員は必ずしも最大の努力をする訳ではないため，企業は資本と労働から最大限の産出物を引き出すことはできないのである．すなわち，企業は完全に効率的であることはなく，最大可能な産出と現実の産出の差としてX非効率性が定義されるのである[4]．

以上のように，企業の内部に光を当てたミクロ・ミクロ経済学が経済学と経営学を結ぶひとつの接点であると言えよう．

2）内部組織の経済学

取引コスト理論（Transaction Theory）　新古典派の経済理論に対するもうひとつの流れは，コース（Coase, 1937）が提唱した「取引コスト」という概念である[5]．

コースは，企業の存在理由とその活動を説明するために「市場利用のコスト」（marketing cost）という概念を説き，さらに同じ概念を表す言葉として「市場取引のコスト」（cost of market transaction）を用いた．この言葉が後に経済学の文献において「取引コスト」（transaction cost）として知られるようになったのである．生産物の取引には費用が発生するが，市場取引のコストよりも少ないコストで済む場合には，取引を組織化するために企業が生まれる，とコースは企業の発生根拠を説明している[6]．

内部化理論（Internalization Theory）　このコースの理論を更に進めたのが，ウィリアムソン（Williamson, 1975）である[7]．

ウィリアムソンは市場と組織を代替的取引形態として捉え，取引コストの比較によってどちらかの形態が選択されるとした．すなわち，市場からどのように組織が発生するかという問題を，取引コストを基準とした市場と組織の間の選択問題として，定式化したのである．さらにウィリアムソンは，個人の予見能力や情報処理能力には限界があるという「限定された合理性」（bounded rationality) と，状況に即して自己の利益のために手段を行使するという「機会主義」(opportunism) の概念を用いて，この合理性の限界の故に意思決定にはコストがかかると主張している．すなわちウィリアムソンは，組織という概念を，市場取引に代替し取引を内部化するものとしてとらえている．

そして，国境を越えた取引を行う企業を対象とする多国籍企業の理解において，経済学理論の中で極めて大きな貢献をしたのが，この内部化理論なのである[8]．

2．国際経営学の発展

1）世界史における経済と経営の変遷

世界は大変革の時代に 西洋の歴史をひも解くと，数百年ごとに大きな変革があることがわかる．ドラッカー (Drucker, 1993) によれば，15 世紀から 16 世紀にかけてグーテンベルグ (Gutenberg) による印刷技術の発明やマーチン・ルーサー (Martin Luther) によるプロテスタント派の設立等，大きなうねりがあり，さらにその数百年後の 1776 年にはアメリカ革命があり，ジェームス・ワット (James Watt) が蒸気機関車を完成させた．アダム・スミス (Adam Smith) が『諸国民の富』を世に出したのもこの年である[9]．

そして，その 220 年余後の現在，世界は新たな変革の時代を迎えている．今回がこれまでと異なる点は，その変化が西洋に限らず，世界全体を巻き込むものであるということである．その発端は西欧諸国以外ではじめて誕生した経済大国である日本の台頭と情報化時代の到来である[10]．

「見えざる手」から「見える手」に アダム・スミスの『諸国民の富』は，経済学という学問を初めて体系化した社会科学の古典であり，その中でスミスは「分業」(division of labor) の概念を明らかにすると共に，有名な「見えざる手」(invisible hand) の考え方によって，自分の利得だけを意図していても，見えない手に導かれて自分が意図しなかった目的を促進するようになると説き，市場の諸要因 (market forces) を重視した．

資本家と労働者階級を二分するような「資本主義社会」は第1次世界大戦の頃にはピークを迎え，第2次世界大戦後には資本家の代わりに，「専門の管理職」(professional managers) が台頭し，企業を運営するようになった．現代の企業活動の担い手である彼等を，チャンドラー（Chandler, 1977）は「見える手」(visible hand) と呼んでいる．市場は財・サービスの需要を生み出しているが，生産と流通によって財の流れを調整し，資金を割り当て，雇用を確保するのは企業である．こうして，企業は社会的に大きな影響力を行使するようになり，同時に manager も重要な役割を果たすようになった．企業活動を担う彼等（manager）は新たに「ビジネス階級」(business class) を形成するに至ったのである．[11]

国によって異なるマネジャーの意味合い　　以上の状況は特に米国において顕著であった．米国ではこのビジネス階級とは，企業を所有してはいないが，所有者に代って運営し，自らは生産はしないが，動機づけによって生産を促進する役割を果たすものと定義される．彼等は社会において高い地位を享受し，尊敬される存在である．

一方，ドイツでは中世のギルド制度が今日まで影響を持ち，一般的にマネジャーよりもエンジニアの方が尊敬の対象となる傾向がある．日本はマネジャーによるコントロールよりも，大企業に慣習的に見られる長期雇用によって生まれる安定した職場の集団（同僚）によるコントロールが効いている．また，フランスは学歴や生まれ育った階級によって自ずから cadre（管理職）と non-cadre（非管理職）に分けられるが，この両者の間に余り行き来がないため，いわゆる manager と non manager との区別とは多少異なる．また，中国や台湾や華僑においては，血縁が重視されていることは言うまでもない．[12]

このように，歴史的に見れば，国によってマネジャーの意味合いは異なっている．しかし，20世紀において，企業と企業を実質的に運営するマネジャーが大きな力をもつに至ったことは明らかであり，さらに企業の国境を越えた事業が盛んになるにつれ，国の枠を超えたマネジャーの役割が重要度を帯びてき

ている。その意味では、マネジャーの意味合いの収斂（convergence）が見られるのかもしれない。来るべき21世紀においては、さらにこの動きが加速されるものと予想される。

2）経営学の系譜[13)]

経営学成立の背景　経営学は新しい社会科学の一つであり、その歴史は浅く、学問分野として複雑で多岐に渡っている。経営学は、企業活動の拡大と資本主義経済の発展を背景として、20世紀の初頭にフランス、ドイツ、米国において成立したものといえる。

　フランスにおいては、管理学（administration）として組織一般の管理のあり方の学問として成立された。ドイツにおいては、経営学は「経営経済学」（betriebswirtschaftslehre）として形成され、科学性が重視され、方法論が研究の中心であった。

　これに対して米国では、当初から実践的な問題解決をねらいとし、「経営管理学」（business management）として経営学が成立した。科学的管理からはじまって、制度論（institutional approach）、人間関係論（human relations approach）、組織論（organizational approach）、システム論（systems approach）、行動科学（behavioral approach）、等々が展開されており、現在も多数の学派があり、統一されていない。米国においては、経営学は企業のみならず様々な組織が抱える現実の問題の解決を志向している。

　日本に関しては、ドイツと米国の経営学が導入され、さらに1980年代には日本企業の成功を背景として「日本的経営論」が脚光を浴びるようになったが、その後、景気後退と共に精彩を失い、「日本経営学」は未だ確立されるには至っていない。

経営学の概念　一般に経営学は企業を研究対象とする学問であって、経済学とは異なる独立した社会科学である。経済学が研究対象とする全体経済は個別経済相互の関連の上に成り立っており、そのひとつが企業である。企業は社会に財の生産とサービスの提供を行う組織であり、これに関連する問題を研究す

るのが経営学である．

　また経営学は，実践の科学であるが，企業に対する科学的認識を基礎とし，企業目的を達成するための原理の探究を行うため，厳密には実践的理論科学として理解される．さらには，経営学は人間行動の当為と無関係でないため，価値判断を完全に捨象することはできず，存在論的価値判断，合目的的価値判断が必要とされる．

3．国際経営学と異文化経営論

国際経営学の概念領域　　近年の経営の国際化に伴って，必然的に経営学も国際化してきた．各国の経営を比較する比較経営学や海外で事業を行う国際企業や世界的に事業を行う多国籍企業（multinational enterprise）の研究が第2次大戦後，特に盛んに行われるようになってきた．しかし，国際経営学の概念領域に関しては，明確なコンセンサスは得られていない．

　フェアウェザー（Fayerweather, 1969）によれば，国際経営（international business：IB）とは「国境を越えた事業のプロセス」（business processes intersected in some way by national borders）である．つまり，国際経営とは，諸資源の国境を越えた相互移転であり，国境を越えた事業はその主体である国際企業と受入国社会との間に相互作用と摩擦を引き起こす．その解決のための戦略として分散（fragmentation）と統合（unification）という切り口が有用であるという．[14]

　またボドウィン（Boddewyn,1997）は，フェアウェザーの定義の延長として，ビジネスを economic institution（活動，機能，プロセス）であるとしている．[15] ウィルキンズ（Wilkins, 1997）は，個々の企業のダイナミックスとして国際経営を定義し，国際経営学は「企業，すなわち，国際的で多国籍でグローバルな企業の研究であるべき」として，その学問領域を国際的に事業を行っている企業に限定している．[16]

　しかし，近年のインターネットを中心とする情報技術や流通ネットワークの

急速な発展により，企業を介さない国際的な取引が急増している[17]．従って，国際経営学をもはや，企業やプロセスや institution に限ることは現実を適切に反映するものではなく，むしろ今後は，「国境と文化を越えた経済活動」（trans-border, transcultural business activities）を扱う学問分野として，広義に定義するべきであろう[18]（ただし，本論文においては，企業を中心とした国際経営を扱うものとする）．

経営の国際化　次に，経営の国際化がどのように行われるのか概観する[19]．

経営の国際化，または企業の国際化とは，市場や事業が国境を越えることを意味する．すなわち，生産，流通，販売，サービス，研究開発といった事業活動の様々な面で，その活動が外国に拡大することである．

国際化の理由は様々であるが，これまでは国内市場の飽和の結果，海外に市場を求めたり，比較優位の源泉となる資源を得ることを目的とすることが多かった．近年は，貿易摩擦回避のための海外立地も増加傾向にあり，また，保護貿易主義の矛先をかわすために現地生産に踏み切ることもある．さらに最近では，初めからグローバル・ビジネスを志向する事業も多くある．

企業の国際化は，異なった市場環境，政治，法律制度，言語・習慣・価値観等の文化との遭遇を余儀なくする．特に，ヒト，カネ，モノと共に経営資源，付加価値，文化が国境を越えて移動することが重要なポイントである．

経営資源・付加価値・文化の移動　経営資源（managerial resources）とは，個々の企業がその事業を展開し，目標を達成するために利用する諸資源で，人材，知識，情報，経営，ノウハウ，商標，信用，組織文化などの総体である．経営資源の有効な利用や組み合わせが，経営効率に大きな影響を与えている．一般的に市場の国際化よりも活動拠点の国際化の方が，経営資源の移転が大きい．さらに，インターネット等の活用により移転を直ぐに行うことができる．

付加価値とは，簡潔に言えば，企業の利益と人件費の合計で，企業という組織が生み出した価値である．例えば，日本から米国へ輸出する場合には，製品の付加価値の大半は日本企業の手に入る．つまり，米国企業が国内の労働者と

企業の間でこれまで分配していた付加価値が日本企業と日本の労働者の手に渡るのである．これに対して，日本企業がアメリカに生産拠点を設けた場合は，人件費は米国の労働者に支払われるため，労働者の取り分だけが日本から米国へ付加価値が戻ったことになる．

また文化に関しては，モノやヒトに付帯する文化や経営の仕方に内包された文化が移動する．例えば，国際経営のノウハウにおいては英米のアングロサクソン系が強く，したがって，国際間のコミュニケーションでは現在は圧倒的に英語が強くなっており，欧米企業の経営文化の影響がますます増大している．また，生産現場の仕組みや技術の中にも，文化的な要素が混在する可能性が充分ある．[20] 文化を定量化することは難しいため，経済学においては捨象されてきたし，経営学においても近年，文化に関する研究は増加したものの，経営学の主流にはなり得ていない．しかし，前述のように，経営の国際化と文化の移動は不可分であるため，国際経営学において文化の側面をより体系的に検討する必要性が認められてきた．

異文化経営論とは　　異文化経営論とは，経営学，とりわけ国際経営学に属し，単一の均質な属性（国籍，文化的背景，言語）ではなく，多民族，多国籍，多言語，多文化の人々が構成する組織の経営を対象とする学問である．

組織は均質な方が効率的であると，従来言われてきた．市場がグローバルになり，消費者の嗜好も多様化した現在は，組織内に異質性（heterogeneity）を包含する方が，外部の変化や多様性に柔軟に対応できる．例えば，情報伝達にしても，内部に異質の要素があれば，明確な伝達手段の確立が必要となるし，内部に多様な意見があれば，それがひとつの方向への暴走をチェックする機能を果たす．組織内に多様性を抱えることは，バランスを保ち健全な行動を維持することに寄与するのである．[21]

このように，異文化経営論とは，多属性がかかわる経営を研究の対象とするものであり，ここで得られた考察は単一の文化に偏ることがないという点から，企業のみならず，社会の多くの主体において幅広い適用が可能である．

人の心理を織り込んだ経営学　ここで明らかにしたように，経済学はミクロ・ミクロ経済学や内部組織論において，経営学と接点があるものの，文化を生み出し，文化によって影響される人間の心理や価値観という極めて重要な要素を扱うには，余りにも柔軟性に乏しく，発展性がない．ヒトは必ずしも合理的選択をするわけではなく，意思決定には，心理的要素とそれによって作られる環境という要素が大きく影響している．従って，経済活動はそういった個人のミクロの行動の集積であり，企業活動もしかりである．この点に関して，経営学においては，文化をその分析視座に明示的に含む研究が行われている．例えば，ホフステッド（Hofstede, Geert）やルーサンズ（Luthans, Fred）や村山元英は，比較心理の統計分析手法を活用して，比較文化を抱え込んだ経営や組織の実証研究を行っている[22]．

　従って今後は，企業行動や経済行動の分析において，心理や価値観といった「人の心」を織り込んだ研究が，経営学を中心として発展する可能性がある．この意味において，本書の研究対象とする異文化経営論は，極めて重要である．

II　多国籍企業論と日本企業

1．多国籍企業とは何か

多国籍企業の定義　第2次大戦後の経済現象で最も際立ったもののひとつが，多国籍企業（MNE: multinational enterprise）の台頭であろう．バックレーとカッソン（Buckley & Casson, 1991）は，MNEを「複数の国で事業を所有しコントロールする企業である」と定義している[23]．江夏（1984）は，広義には対外直接投資を2ヶ国ないしそれ以上の国々に行っている，つまり多数の国に生産拠点を持つ巨大企業であると定義していた上で，次のように但し書きを入れている．すなわち，世界の直接投資の大半は多国籍企業によるものであるが，より厳密には，多国籍企業は単なる資本投資のみならず，他の生産要素（技術やスキルなど）の国際移転をもしているという点で，伝統的な貿易活動のみに従事している企業とは区別する必要がある，としている[24]．多国籍企業の持つ「多

第 1 章 異文化経営論の学問領域 **17**

国籍性」(multinationality) をめぐっては，長年様々な議論が行われてきており，英語の "international" "multinational" "transnational" "global" という言葉が同義に使用，または併用されている場合もある[25]．従って今までのところ，MNE に関して唯一の明確な定義は存在していないと言えるであろう[26]．

2．多国籍企業論の展開

多国籍企業論の発端　1960 年以前は，確立された多国籍企業論は存在しない．しかし，すでに国境を越えた企業活動を説明しようとする動きがあった．国際資本移動の理論（イヴァーソン [Iversen, 1935][27]）や海外直接投資（FDI: foreign direct investment）の立地要件に関する実証研究（バーロー [Barlow, 1953][28]，ダニング [Dunning, 1958][29]）である．また，バイ（Bye, 1958）ははじめて，"multiterritorial firm"（多領土企業）という言葉を用い[30]，大企業が拡大または統合によって成長の飛躍的増大を図れると論じた[31]．

さらに，1960 年代になると，多国籍企業論の発展に寄与する画期的な研究が生まれた．そのひとつは，ハイマー（Hymer, 1960）の研究である[32]．

ハイマーの産業組織論的アプローチ　ハイマーは，国際資金移動理論では企業の海外における付加価値活動を説明できないとした．すなわち，FDI では単に資本だけでなくテクノロジーやマネジメント・スキルといった経営資源を移転する．また，資源を移転するにおいて所有者は変化しない，とした．つまり，ハイマーの理論によれば，FDI は，進出企業が現地企業に比べて諸資源の寡占的優位性を持ち，そのメリットが異質の環境の中で遭遇するデメリットを相殺して余りある場合に成功するというものである．ハイマーの主たる貢献は，海外生産の分析に産業組織論的アプローチを用いた点である．

バーノンのプロダクト・ライフ・サイクル（PLC）モデル　バーノン（Vernon, 1966）は，戦後の米国企業の海外事業というマクロ経済現象を説明するために，プロダクト・ライフ・サイクル（PLC）というミクロ経済学の概念を用いて，米国を中心とする国際分業のモデルを構築した[33]．

PLCモデルは5段階に分けて考えることができる．第1段階では，新製品の生産が米国で始まり，主に国内市場で販売され，先進国を中心とする海外市場に輸出される．第2段階では，国内市場は成熟化すると共に，海外の先進国（ヨーロッパ）の需要が高まり，そこでの生産も一部開始される．標準化が進み，単位コストが低下し，後発企業（ヨーロッパ）が競争力を強化する．第3段階では，生産規模の拡大と共に価格競争が激しくなり，先発企業（米国）の先進国市場への輸出は困難になり，その輸出先は次第に発展途上国へと向かう．第4段階では米国の国内市場を先進国の後発企業が席巻するに至り，先発企業は国内生産を終結する．第5段階では，より後発である発展途上国企業が先進国企業を市場から追い出し，すべての先進国企業は自国での生産を中止する．こうして生産立地は，先発国から他の先進国へ，最後には発展途上国へと移転する．それに伴って製品輸出の流れも，先進国から先発国へ，また，途上国から先進国へと逆転するのである[34]．

フェアウェザーの国際経営論[35]　　フェアウェザー（Fayerweather, 1969）[36]は，国際経営学に関する概念的な枠組みの構築を試みている．フェアウェザーは，多国籍企業の活動に関して，天然資源，資本，労働，技術，経営ノウハウ等の資源の格差を確認し，これらの資源の移動を制約する制度的要因を確認することから論を起こしている．つまり，比較優位の法則に沿った資源最適配分論，国際分業論とみなすこともできる．さらに多国籍企業の戦略を，分散（fragmentation）と統合（unification）という概念によって分析を試みている．また，受入国の社会に対する影響も視座にいれ，ナショナリズムと国益という複雑な問題の理解には，適応的アプローチ（accommodation approach）とパワー・バランスのアプローチ（balance of power approach）が有効であるとしている．そして，国際経営の研究においては，詳細な実例の展開よりも，機能別の政策及び慣行の検討によって法則を見出し，実際の活動の指針となるようなガイドラインを示すことが必要であるとして，概念的枠組みの構築の重要性を説いている．

第1章 異文化経営論の学問領域 19

パールマッターのEPGモデル パールマッター（Perlmutter, 1969）[37]は，多国籍企業の経営者の「経営姿勢」に照準を合わせて，多国籍企業を次の3つのタイプに分類した．[38]

1）本国志向（ethnocentric：E型）
2）現地志向（polycentric：P型）
3）世界志向（geocentric：G型）

本国志向（E型）の企業においては，重要な決定はすべて本国の親会社によって行われる．海外の子会社に対しては，決定事項が伝達されるのみで，子会社には裁量権は無く，子会社の重要なポストを占めるのは本国人であり，本国の評価基準が最も正しいとされている．

現地志向（P型）の企業においては，現地の事情に精通しているのは現地の人であるから，海外子会社の経営は現地の人に任せた方が良いという経営姿勢である．P型の企業においては，ある程度の権限委譲が認められており，日常業務やその意思決定は子会社に任されているが，財務や研究開発等の重要案件に関しては，本社が決定権を保持している．

世界志向（G型）の企業においては，本社と子会社間の活動が相互に統合され，双方が協力して普遍的な基準を設定し，許容可能な現地修正を施す．G型の企業では，国籍の如何を問わず，最適の人材を本社を含め世界中の子会社に配置する．[39]

さらにパールマッター（1979）は，現地志向（P型）の次に地域志向（R型）を追加して，世界志向へのステップとして，広域な地域戦略の志向を提示している．G型の企業は理想型であり，発展の方向はE→P→R→Gであるとしている．[40]

ダニングの折衷理論（the eclectic paradigm） ダニングは前述のカッソンやバックレーと共に，レディング学派を代表する学者である．ダニングは，企業の国際活動を説明するには諸理論を総合化する必要があると説き，折衷理論を提唱した．[41]

ダニングは，企業の海外生産のレベルと構造は次の4つの条件によって決まると言っている。[42]

第1の条件は，その企業が他国の企業に比べて，どの程度「持続可能な企業特殊的優位性」(sustainable ownership-specific advantages : O) を持っているのか，である．企業特殊的優位性とは，無形資産の所有及び海外生産活動の共同管理から得られる資産の所有が企業の能力を増強し，資産価値を高めると想定される場合である．

第2の条件は，上記の条件が満たされた場合に，企業特殊的資源を外国の企業に売却または貸与するのではなく，企業特殊的優位性にいかに付加価値をつけるかどうか，である．この優位性を「市場内部化の優位性」(market internalization advantages: I) と呼んでいる．すなわち，組織のヒエラルキーの効率性か，資産を独占する能力か，の問題である．[43]

第3の条件は，上記の2つの条件が満たされたとして，生産拠点を海外に持つことによって更に付加価値を高められるかどうか，である．これは，立地に特異的な優位性（location advantages : L）である．

そして第4の条件は，OILの条件が満たされたとして，当該企業が長期の経営戦略と海外生産との間にどの程度の整合性を見出すか，である．

このように，折衷理論は企業の海外生産を解明する理論的な枠組みを提供している．

ストップフォードとウェルズの国際組織の段階モデル　　ストップフォードとウェルズ (Stopford & Wells, 1972) の研究は，米国を本拠として世界的経営をしている大企業187社の組織機構に関するもので，国際的に販売される製品の数（海外向け製品の多角化の程度 : foreign product diversity）と国際販売の重要度（総売上高に占める海外販売の割合 : foreign sales as percentage of total sales）という2つの変数によって，発展の選択肢を説明した．この研究によれば，図1-1-1に示されるように，一般的に世界的な企業は，海外展開の初期の段階では国際部（International Division）で国際ビジネスを行うが，そこ[44]

図1-1-1　ストップフォードとウェルズの国際組織の段階モデル

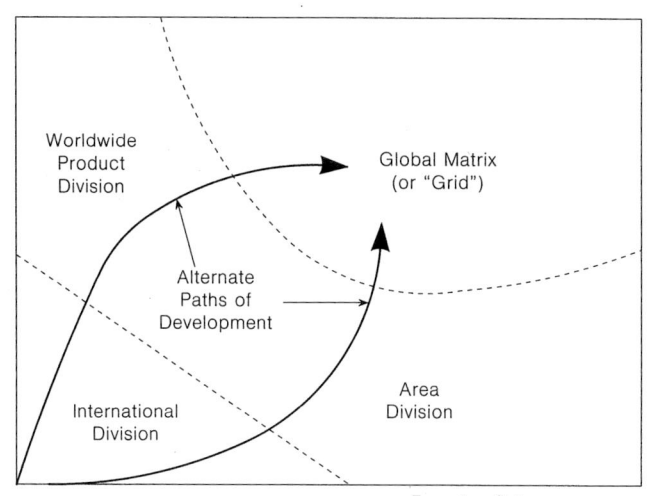

```
Foreign
Product
Diversity

        Worldwide
        Product                    Global Matrix
        Division                   (or "Grid")

                    Alternate
                    Paths of
                    Development

                                   Area
        International              Division
        Division

                        Foreeign Sales
                        as Percentage of Total Sales
```

出所：Stopford, J. M. & L. T. Wells (1972)
　　　(Bartlett, Christopher A. & Sumantra Ghoshal [1989] p. 30 より引用)

では海外販売高も製品の多角化の程度も低い．次の段階で，海外向け製品数をあまり増やさずに販売を伸ばした企業は概して地域的機構（Area Division）を採用する．一方，海外向け製品数を実質的に増やした企業は，世界的製品別事業部（Worldwide Product Division）の機構を採用する傾向にある．そうして最終的には，両者ともグローバル・マトリックス（Global Matrix）に到達するのである．この「段階モデル」はその後，多くの研究に用いられ，また，実際に企業の実践の基準となった．

バートレット／ゴシャールのトランスナショナル・モデル　バートレットとゴシャール（Bartlett, Christopher A. & Sumantra Ghoshal, 1989）は，日米欧の3極から家電，日用雑貨，通信機器の3分野から9社を選んで，比較研究を行った．日本企業としては，松下電器，花王，NEC，米国企業としては，ゼネラル・エレクトリック（General Electric），プロクター＆ギャンブル（Procter &

表1-1-1 マルチナショナル企業,グローバル企業,インターナショナル企業,トランスナショナル企業の組織の特徴

組織の特徴	マルチナショナル企業	グローバル企業	インターナショナル企業	トランスナショナル企業
能力と組織力の構成	分散型 海外子会社は自立している	中央集権型 グローバル規模	能力の中核部は中央に集中させ他は分散させる	分散,相互依存,専門化
海外事業が果たす役割	現地の好機を感じ取って利用する	親会社の戦略を実行する	親会社の能力を適応させ活用する	海外の組織単位ごとに役割を別けて世界的経営を統合する
知識の開発と普及	各組織単位内で知識を開発して保有する	中央で知識を開発して保有する	中央で知識を開発し海外の組織単位に移転する	共同で知識を開発し,世界中で分かち合う

出所:Bartlett, Christopher A. & Sumantra Ghoshal (1989) p.65.
(邦訳,p.88より引用)

Gamble),ITT,欧州企業からは,フィリップス(Philips),ユニリーバ(Unilever),エリクソン(Ericsson)といった多国籍企業を対象とした。[45] 調査の結果,日本企業を中央集中によって高い効率性を持つグローバル型,欧州企業を現地適応力に富んだマルチナショナル型,米国企業を比較的強いコントロール・システムを持ち,親会社の知識と能力を世界的に活用するインターナショナル型と規定した。

市場がグローバル化し,技術革新が急速に行われている今日では,企業はグローバルな競争力とマルチナショナルな柔軟性と世界的なイノベーションと学習能力を同時に発揮できる能力を必要とし,この3つの型の要件を兼ね備えたトランスナショナル型に成るべきであるとしている。トランスナショナル企業の特徴は,内的な一貫性と相互補強であり,統合ネットワーク,子会社の役割と責任の分化,複数のイノベーション・プロセスの同時管理の3つがこの統合的な活力のある組織システムの柱である。[46]

パールマッターとバートレット/ゴシャールの両モデルを比較すると,本国志向のE型はグローバル型に,現地志向のP型はマルチナショナル型に,世

界志向のG型はトランスナショナル型に、それぞれ相当する。インターナショナル型は、E型とP型の中間に位置すると言えよう。バートレット／ゴシャールのモデルは、パールマッターのモデルでは明示的に取り上げていないイノベーションの創出と移転という側面が重視されていることが特色である。[47]

3．多国籍企業論の新たな視座

以上、主たる多国籍企業理論を概観したが、補足として、次の2つの研究視座を加える。

北欧における多国籍企業の研究の視座 スウェーデン、ノルウェー、デンマーク等の北欧諸国においても、多国籍企業に関する研究は盛んである。英米のアングロサクソン系が、「なぜ」（why）海外直接投資（FDI）をするのかという点を重視するのに対して、ビョルクマン（Björkman）、フォルスグレン（Forsgren）等の北欧の学者は、「いかに」（how）という点に注目している。ベニート（Benito）等の例外はあるものの、なぜ企業が海外進出するのかということより、FDIをプロセスとして捉えている研究が大半を占めている。その背景には、北欧では国の規模が小さく、海外に対して門戸を開いており、古くから海外事業に従事してきたという事情があろう。また、企業の国際化の研究としては、ウプサラ・モデル（Uppsala Internationalization Model, 1975）が有名である。[48]

グローバル経営の4つの戦略類型モデル 諸上・根本ら（1996）は、多国籍企業のグローバル戦略の精緻な分析のためには、基本的な分析単位を事業単位とするべきであり、国際的に配置された事業組織単位間の諸活動の調整と本社・子会社間の管理メカニズムとが中心検討課題になるとの認識を示し、グローバル経営を「諸活動および経営資源の配置の国際的分散度が高く、同時に、諸活動の国際的調整度が高い経営形態である」と定義した。さらに、グローバル経営がより多様な選択肢を持つと想定し、主要なグローバル政策調整おける「本社主導の調整度」（縦軸）と「子会社の経営資源レベル」（横軸）の高低の組み

図1-1-2　グローバル経営の4類型モデル

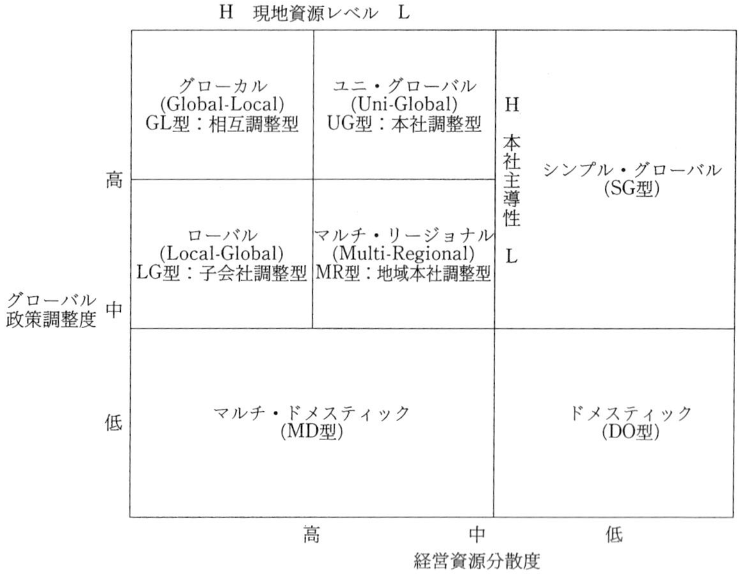

	H　現地資源レベル　L		
高	グローカル (Global-Local) GL型：相互調整型	ユニ・グローバル (Uni-Global) UG型：本社調整型	H　本社主導性 シンプル・グローバル (SG型) L
中	ローバル (Local-Global) LG型：子会社調整型	マルチ・リージョナル (Multi-Regional) MR型：地域本社調整型	
低	マルチ・ドメスティック (MD型)		ドメスティック (DO型)

グローバル政策調整度

高　　中　　低
経営資源分散度

出所：諸上茂登・根本孝編著(1996) p.16.

合わせで，4類型に分類した．

　すなわち，図1-1-2に示すように，本社調整型のユニ・グローバル (Uni-Globalization : UG)，地域本社調整型のマルチ・リージョナル (Multi-Regionalization : MR)，相互調整型のグローカル (Global-Localization : GL)，子会社調整型のローバル (Local-Globalization : LG) という4つの類型である．[49]

　根本らは，海外事業を行っている日本企業に対して調査表による調査を行い，回答の得られた184社の内，47社 (25.5%) をグローバル段階に分類した．調査の結果，この47社は必ずしも同一的なグローバル経営を行っているのではなく，相互調整型のグローカル型 (12社，25.5%)，本社調整型のユニ・グローバル型 (9社，19.2%)，地域本社調整型のマルチ・リージョナル型 (14社，29.8%)，子会社調整型のローバル型 (9社，19.2%) に区分されることが分かった．このモデルによれば，経営資源の分散度が進み調整度が高い企業はグロ

表1-1-2　日本の海外投資の年度別・形態別許可額

(単位：100万ドル)

	証券取得		債権取得		不動産・海外直接事業		支店設置		合　計	
	件数	金額	件数	金額	件数	金額	件数	金額	件数	金額
1970	557	296	135	570	11	32	27	6	730	904
1971	648	471	147	333	53	38	56	17	904	858
1972	1,206	1,781	223	252	293	62	52	243	1,774	2,338
1973	1,930	2,177	581	1,100	504	120	82	96	3,097	3,494
1974	1,136	1,262	514	1,098	214	18	46	18	1,910	2,395
1975	834	1,652	580	1,485	137	11	41	132	1,592	3,280
1976	882	1,487	577	1,882	135	15	58	78	1,652	3,462
1977	829	1,319	708	1,388	164	35	59	65	1,760	2,806
1951～77累計	10,134	11,468	3,966	9,395	1,557	668	76	680	16,421	22,211

出所：1978・1979年度『海外市場白書』日本貿易振興会, p. 18.

ーバル段階にあり，グローバル段階の企業は，本社のリーダーシップと子会社の資源レベルによって，4つの類型に分けられるのである．このモデルは，グローバル経営の多様な選択肢と戦略の可能性を示唆している[50]．

4．多国籍化する日本企業

以上，多国籍企業理論の系譜を明らかにしたが，次に具体的に日本企業の海外直接投資の経緯と日本の多国籍企業の特徴を考察し，その実体を説明する．

1）日本の海外直接投資（FDI）の経緯

1970年代からFDIが本格化　日本企業の海外直接投資が本格化したのは，1970年代になってからのことである．1971年から1972年にかけて，日本政府が実施したFDIの自由化政策を背景に，円高や国内賃金の上昇等，様々な経済的要因により，日本企業のFDIが増加し，それ以前とは違った動きを示すようになった[51]．表1-1-2が示すように，1972年以降，ほぼ毎年20億ドル前後を保っている．

さらに，1980年代後半以降，プラザ合意後の円高を背景として，日本のFDIは急速に増大し，1989年には480億ドルを超えて，フローベースで世界

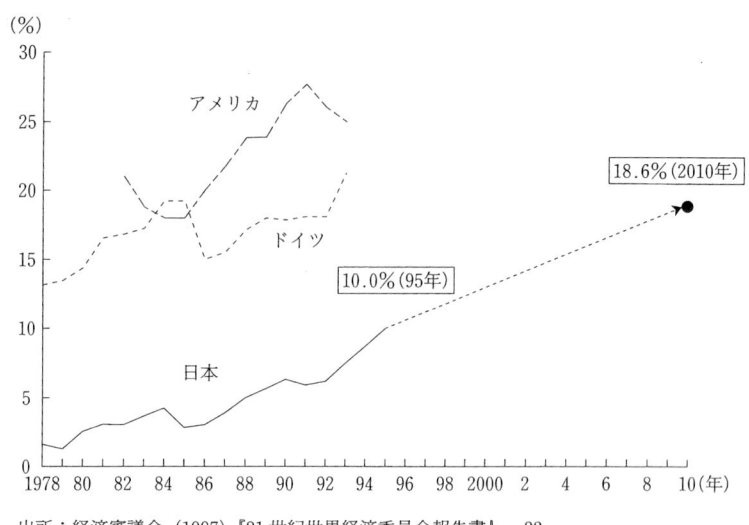

図1-1-3　海外生産比率の長期展望

出所：経済審議会（1997）『21世紀世界経済委員会報告書』p.22.

第1位となった。[52] 90年代に入ると，世界経済の後退と日本のいわゆるバブル経済の崩壊により下降したものの，1993年以降は再び増加に転じている。製造業に関して見ると，投資相手地域としては，北米が大きな割合を占めていたが，最近ではアジアの比率が高まっている。

FDIの影響　第1に，日本企業のFDIが増加することによって，これまで日本から輸出さていた製品が，海外の子会社による現地生産に代替されることである。第2に，従来，国内向けに出荷されてきた製品が，海外の子会社からの輸入に代替されることである。

　日本企業の海外生産比率は年々，増加傾向にある。特に家電製品の海外生産比率の伸びは顕著であり，カラーテレビを例に取ると，1985年から1993年までの間に39％から72％まで増加している。[53] しかし全体として見れば，高いレベルとは言えず，図1-1-3に示すように，1995年に10％を越えたに過ぎない。

2) 日本の多国籍企業の特徴 [54]

日本の多国籍企業：製造業　日本の製造企業の内で，売上高上位500社以内でかつ5ヶ国以上に海外生産拠点を所有している企業を多国籍企業と定義すると，日本の多国籍企業（製造業）は1994年時点で，149社である．日本の多国籍企業は1974年には37社，1982年には67社，1994年には149社であり，ほぼ10年ごとに倍増している．

日本の多国籍企業（製造業）の特徴　第1に，売上高，従業員数とも多国籍企業の方が非多国籍企業に比べて多く，規模が大きいことが挙げられる．第2に，研究開発費の対売上比率も多国籍企業の方が高い．第3に，輸出比率も多国籍企業の方が高いが，日本の企業が多国籍企業になってからも輸出比率が高いのは，以下のような歴史的経緯によるものである．

日米欧の多国籍企業を比べると，米国企業は海外展開の初期より海外生産を開始しているが，日本企業は先ず輸出をして，次に海外生産に移行している．欧州企業はその中間である．[55] 上記の500社の内，海外5ヶ国以上に生産拠点は持っていないが，輸出比率が20％以上，または，海外5ヶ国以上に販売拠点を持っている企業を輸出企業と仮定すると，1974年時点で48社あり，そのうち21社は1994年時点で多国籍企業になっている．従って，輸出企業の内，半数近くが20年後には多国籍企業になっているのである．

多国籍企業の海外子会社　上記の日本の多国籍企業は，製造と販売と研究開発を含めて，1社当たり平均で25の海外子会社を持っており，そのうちの半数以上（59％）が1985年以降に設立されている．[56] 1985年は急激な円高が始まった年であり，多くの日本企業が輸出から海外生産へと戦略の変更を余儀なくされたのであろう．その期を境に，海外子会社の設立が急増している．

また地域別には，アジア（38％），ヨーロッパ（28％），北米（24％）に集中している．[57]

非製造業の多国籍企業　製造業以外の企業で，東京証券取引所1部に上場し，海外5ヶ国以上に子会社を持つ企業に限定すると，日本の非製造業の多国籍企

業は108社となる．1番多いのは商社やデパートを含む商業で，2番目は銀行と証券会社を含む金融機関，3番目は建設業となっている．

中堅・中小企業の多国籍化　日本企業の海外進出は大企業に限ったものではなく，中堅・中小企業も海外事業を行っている．資本金10億円未満で，海外5ヶ国以上に子会社を持つ企業は，35社あり，非製造業が26社，製造業が9社となっており，企業数では大企業（257社）の7分の1以下である．大企業と異なり，中堅・中小の多国籍企業では，製造業よりも非製造業の方が多くなっている．

3）日本の多国籍企業の問題点と今後の展望

現地化の遅れ　以上のように，日本企業の多国籍化は1980年代半ば以降，急速に進展したが，しばしば現地法人における社員の採用や人事面においての問題が指摘される．そこで，日本企業の現地法人における現地人社長の比率をみることによって，日本の多国籍企業の現地化の問題を分析する．[58]

　日本在外企業協会が1998年に行った調査によると，前回の調査（1996年）に比べて，現地人社長の比率は全体的に若干低下しており，特に日本側の出資比率が51％以上の現地法人で，この傾向が顕著である．

　表1-1-3に示すように，この調査では2,070社の現地法人から回答を得ている．日本人社長は1,448人，現地人社長数は576人で，現地人比率は28.5％となり，前回の調査結果の29.5％から1ポイント低下している．さらに日本側の出資比率51％以上の現地法人の場合は，現地人社長の比率は17.9％となり，前回の調査結果（20.8％）より3ポイントも減少している．また出資比率51％以上の現地法人を地域別に見ると，現地人社長の比率は欧州と北米はそれぞれ30.7％，21.6％と比較的高いが，アジアは8.2％に留まっている．

　以上の調査結果から，日本の多国籍企業のトップ・マネジメントの現地化は遅れていると言わざるをえない．

本社のグローバル化の必要性　日本の多国籍企業の場合には，生産システムの海外移転は成功例が多いが，現地の幹部社員の登用に関しては，多くの問題が

表1-1-3　現地法人社長の構成内訳

業　種	海外従業員数	海外派遣者数	現法数	日本人社長数	現地人社長数	現地人社長比率	51%超	日本人社長数	現地人社長数	現地人社長比率
電　機	231,152人	3,136人	291社	184人	89人	32.6%	228社	154人	57人	27.0%
自動車	125,600人	3,018人	204社	151人	45人	23.0%	157社	130人	19人	12.8%
一般機械	27,899人	660人	104社	64人	40人	38.5%	69社	52人	17人	24.6%
化　学	59,525人	1,160人	333社	190人	129人	40.4%	233社	149人	73人	32.9%
その他製造業	80,663人	1,649人	419社	330人	89人	21.2%	297社	269人	26人	8.8%
製造業合計	524,839人	9,623人	1,351社	919人	392人	29.9%	984社	754人	192人	20.3%
商　社	51,21人	1,075人	338社	242人	95人	28.2%	183社	163人	19人	10.4%
金　融	5,367人	418人	116社	97人	19人	16.4%	83社	74人	9人	10.8%
流　通	901人	21人	9社	8人	1人	11.1%	3社	3人	0	0.0%
サービス	7,840人	170人	96社	41人	55人	57.3%	51社	31人	20人	39.2%
建　設	5,700人	1,027人	80社	63人	13人	17.1%	52社	48人	1人	2.0%
その他	15,102人	507人	80社	78人	1人	1.3%	32社	32人	0	0.0%
非製造業合計	40,031人	3,218人	719社	529人	184人	25.8%	404社	351人	49人	12.3%
総合計	564,870人	12,841人	2,070社	1,448人	576人	28.5%	1,388社	1,105人	241人	17.9%

出所：日本在外企業協会（1998）『日外協 Monthly』No. 207, p. 12.

報告されている[59]．これは，日本の生産システムのような技術的体系は海外でも普遍性を発揮できるが，日本企業のマネジメントや商慣行が特殊であるために海外では適用し難いことを示唆しており，日本本社の国際化の遅れと密接に関係している．現地のトップのみならず，日本本社の外国人幹部社員の登用も進んでいない背景には，言語や文化を含む様々な理由があろうが，グローバル市場に対応するには本社の人事面の多国籍化も必要である．生産現場のみならず，マネジメントも海外で適用可能にするには，「知識としてのマネジメント」を追求し，国や文化を越えて共有できるような経営手法を活用することが必須であろう[60]．

トランスナショナルからトランスカルチャルへ　ここで概観した諸学説の中で特に注目されるのが，バードレット／ゴシャールのトランスナショナル・モデルである．トランスナショナル企業は，グローバルな競争力とマルチナショナ

ルな柔軟性と世界的なイノベーションを同時に発揮できる能力を備えた企業で，21世紀の企業像に近いものである．しかし今後は，国境を越えるという意味を示唆するトランスナショナルからさらに進んで，文化を超えることを意味する「トランスカルチャル」というより広い次元に移行する必要があろう．

III 組織行動と産業組織心理学

文化と経営をめぐる研究の多くは，組織行動（organizational behavior：OB）と産業組織心理学（industrial and organizational psychology）と密接に関わっている．そこでここでは，組織理論と産業組織心理学の代表的かつ古典的な先行研究と諸学説を考察する．[61]

1．組織の理論

テイラーの科学的管理法　19世紀の末から今世紀の初めにかけて，テイラー（Taylor, 1895, 1903, 1911）は適切な工場管理がなされず，労働者の怠業が日常的に横行していた状況を背景として，生産の効率を高めるために，仕事を科学的に運営する手段を提案した．この方法では，労働者の経験や判断を生かすというより，管理者側が作業規則を作って工程を分類し詳細な表を活用して，労働者を管理し能率を上げようというものである．

テイラーが目指していることは，より良い管理システムを導入することにより，労働コストを下げると共に高賃金を実現することにある．[62] すなわち，雇用者側と従業員の双方にとって最大の成功（prosperity）を実現することが，管理（management）の主たる目的であるという．[63] このためには，知識を法則やルールに変換することのみならず，労働者と管理者の双方の姿勢（mental attitude）を変え，友好的な協働関係を築く必要がある．科学的管理は次の5つの要素から構成される．

　1）目分量ではなく科学的方法
　2）不和ではなく和合

3）個人主義ではなく協力関係

4）制限された生産量ではなく，最大の生産量

5）各人の能力を開発して最大限の効率と成功を得る

　このように，テイラーの方法は，単に労働者の能率を上げることを目的とするのではなく，労働者と管理者の「大いなる精神革命」(great mental revolution) を実現することが，その根本にある。[64]

ウェーバーの官僚制の理論　ウェーバー（Weber）は，19世紀の後半から今世紀の初頭にかけて，宗教社会学や経営史等の幅広い研究を行い，さらに組織に関する体系的な研究も行っている。[65] ウェーバーはその中で，「官僚制」という概念を打ち出しているが，それは合法的支配，伝統的支配，カリスマ的支配という3種類の支配のうち，合法的支配の理念型である。合法的支配では，規則に正当性を求め，その規則によって定められた上司に基づく支配が行われる。さらに，この合法的支配の最も純粋な形態を「官僚制」と呼び，次の6つの特徴を挙げている。

　1）規則による管理　　2）権限内での管理　　3）階層性の原則

　4）専門的訓練　　5）公私の分離　　6）文書主義

　ウェーバーは「経営」を，「一定種類の持続的な有目的行為」と規定し，[66]「経営」を遂行する管理のスタッフを備えている集団が経営体であり，そうした経営体は独自な規律に基づく組織であるという。[67]

バーナードの組織論　バーナード（Barnard）は，1938年に出した著書の中で，[68] 管理者の諸機能を明らかにしている。バーナードの理論は，社会学的考察と有機体論に基づいて公式組織の本質に光を当て，組織全体の行動メカニズムを解明するものである．

　バーナードによれば，企業のみならず，すべての組織体は一定の目的達成のために人間が協働している状態であり，このような体系を「協働体系」と呼び，「協働体系とは，少なくとも一つの明確な目的のために二人以上の人々が協働することによって，特殊の体系的関係にある物的，生物的，個人的，社会的構

成要素の複合体である」と定義している[69]．また，組織は「意識的に統括された，二人以上の人々の活動または諸力の体系」と定義され，組織にとっては変化する諸要因は外的要因であり，組織は協働体系の一側面である，ということになる[70]．従って，バーナードは協働体系から物的要因や社会的要因などの多様性を捨象し，取り扱うべき変数を限定し，科学的に組織を規定することによって，経営と管理の解明を可能ならしめたのである．すなわち，人間関係論が発展的に解消されて，経営管理論の有機的一部を構成するに至ったのである[71]．

サイモンの意思決定論　サイモン（Simon, 1945）[72]は，人間の認知能力には限界があるという前提に基づき，問題解決と意思決定の科学的理論の構築を試みた．

意思決定とは，前提から結論を選択する過程であり，その理論的構造は，①決定前提，②代替案，③選択という要素から構成される．サイモンは決定前提を意思決定の戦略的要因とみなし，②と③に関連して「制限された合理性」（bounded rationality）の概念と「管理人」（administrative man）の仮説を提示している[73]．

また，サイモンはこの「制限された合理性」を用いて，人間の思考プロセスを一種の情報処理に見立てたモデルを作り，人間は情報処理システムとして機能している，とした．さらに，組織の構造と機能の基本的特徴は，人間の問題解決のプロセスと合理的選択の特徴に由来すると論じ，組織は情報の内部流通を最小化するように設計し，各部門の情報処理の負担を減らすべきであると論じている[74]．

2．産業組織心理学とモティベーション

人間関係論と産業組織心理学　図1-1-4に示すように，産業組織心理学は経営組織理論において，極めて重要な位置を占めている．

初期の産業組織心理学は，心理テストを用いて人間の行動や能率を操作する技術とみなされており，テイラー・システムと密接なつながりがあった．1927

第1章　異文化経営論の学問領域　33

図1-1-4　マネジメント理論の系譜図

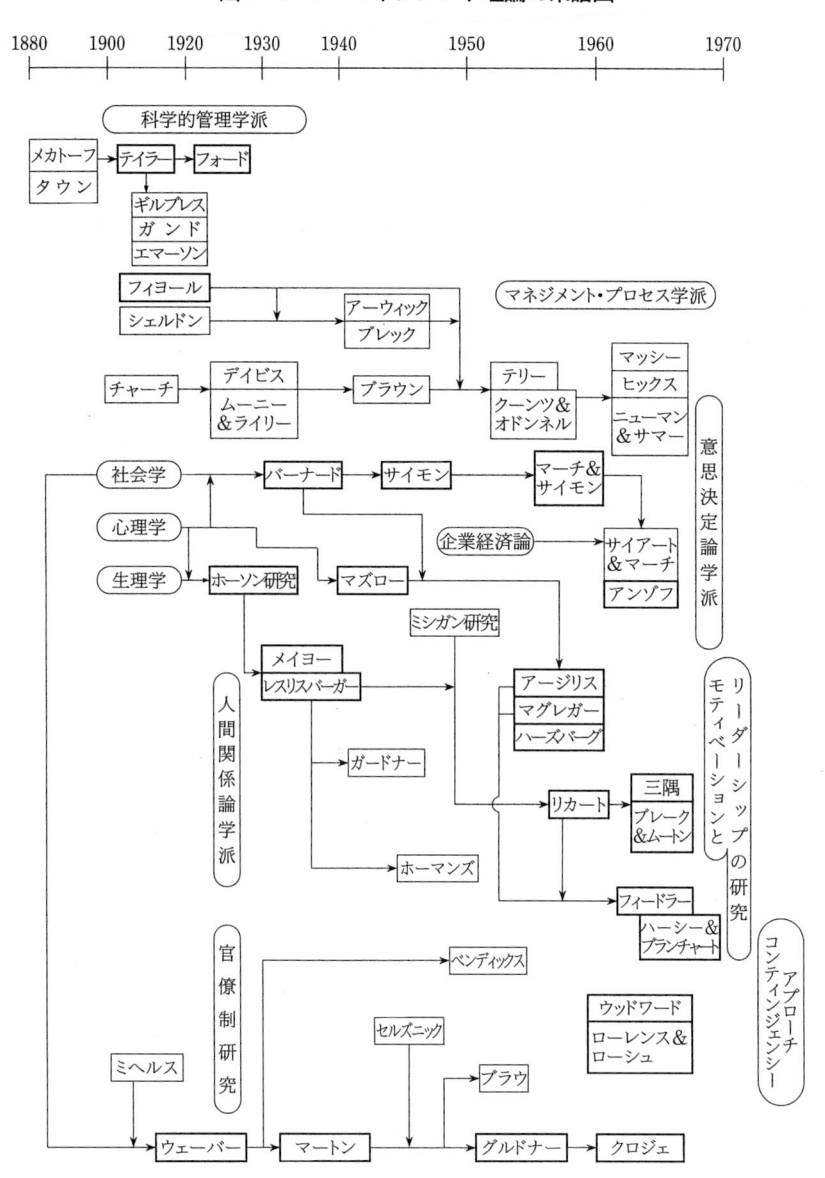

出所：藤芳誠一（1979）p.158 より引用

年から1932年にかけて，ウェスタン・エレクトリック社のホーソン工場で「産業における能率に対する照明の質と量の関係」に関する実証研究が，メイヨー（Mayo, 1933）[75]を中心として行われた．作業条件が良好なら生産効率が向上するという予想に反して，実際は不利な条件においても同様に生産高が増えるという結果が得られ，被験者の精神状態（morale）が仕事に関係することが示唆された．この研究成果は，その後の「人間関係論」に，大きな影響を与えることになったのである．

モティベーション[76]　仕事に生きがいを感じて潑剌と仕事に打ち込む人がいる一方で，惰性で仕事をする人もいる．この違いを解明する糸口として，心理学では「モティベーション」の概念が用いられている．組織内の人間行動の問題として古くから扱われてきた勤労意欲やモラールなどが，その後モティベーションの視点から包括的に捉えられるようになった．以下に「モティベーション」を中心に，組織の人間行動を説明した理論を検討する．

ローラーの公式　ローラー（Lawler, 1971）はモティベーションと業績の関係を公式化している．

$$業績 = f(能力 \times モティベーション)$$ [77]

　式が積の形を取っているのは，業績が2つの変数の単なる和によって決まるのではなく，どちらが欠けても高い業績は期待できないことを示唆している．能力は訓練によって上昇する可能性はあるが，短期間に効果が上がるとは考え難い．従って，安定した業績を確保するには，モティベーションの管理が重要となる．

マズローの欲求階層説　マズロー（Maslow, 1954）は，欲求を生理，安全，愛情，自尊，自己実現の5段階に分類している．この階層構造では，より高次の欲求が活性化するには，それよりも一段低いレベルの欲求が満たされることが前提となる．[78]

マグレガーのX-Y理論　これは欲求階層説を発展させた組織行動モデルである．マグレガー（McGregor, 1960）は，低次の欲求により人が動機づけられる

という考えに基づく管理方法をX理論，高次の欲求により動機づけられるという考えに基づく管理方法をY理論と呼んでいる[79]．

ロックの目標設定理論　目標とは個人が成し遂げようと試みるものであり，行動の対象である．「目標設定理論」はロック（Locke）によって提唱され，動機づけの手段として目標を用いる管理方法の理論的な基礎を成したものである．ロックによれば，目標に効果を持たせるには，目標の明確さと共に「高さ」を考慮する必要がある．実際に目標設定に関して行われた実証研究では，目標の難易度と業績の間に正の相関関係が見られたのである[80]．

シャインの「複雑人」としての人間観　シャイン（Schein, 1980）は，経済的刺激によって動機づけられる「合理的経済人」，社会的欲求によって動機づけられるという「情緒的社会人」，マズローの説を基とする「自己実現人」の3つを組み合わせ，人間は様々な欲求を持った複雑な存在であるという「複雑人」としての人間観を提唱し，今後は「複雑人」としての人間観に立ったモティベーションの管理のあり方が一層重要になるとしている[81]．

この他にも，ハーズバーグ（Herzberg）の動機づけ理論，ブルーム（Vroom）の期待理論，QWL（quality of work life：労働生活の質）等，多数の先行研究による理論がある．

モティベーションと人の意識のあり方　ここで明らかにしたように，組織の効率と人間性の尊重をいかに調和させるかという命題が，産業組織心理学では主たるテーマとして扱われてきている．これはモティベーションという「人の意識のあり方」を企業行動と業績に結び付けた優れたアプローチである．この視点は，異文化経営論の理論的発展と企業の未来像の今後の展開に，極めて有益となろう．本論文の実証研究における意識調査も，この産業組織心理学的アプローチに則るものである．さらに，今後はビジネスのグローバル化と共に，組織内で異なる文化的背景を持つ人々を活用する必要性が生じることが予想され，「人の心理」を視座に加えることが，国際経営学の研究において極めて重要になる[82]．

本章のまとめ この章では，経済学と経営学の接点を考察し，国際経営学の概念領域を明確にした上で，実際の経営の国際化に伴って生じる，異なる文化と経営の関係を扱う「異文化経営論」の定義と位置づけを，明らかにした．さらに，異文化経営論が研究対象としている多国籍企業に関して多くの研究蓄積がある多国籍企業論の系譜を辿り，その諸学説を考察し，さらに日本企業の多国籍化を概観した．また，異文化経営論が密接な関わりを持つ組織行動と産業組織心理学の代表的研究と学説を考察した．このように本章では，異文化経営論の隣接科学の基本的見直しを行うことによって，その学問領域を明確にしたのである．

注

1) 宮本光晴 (1991)『企業と組織の経済学』新世社, pp. 2-3.
2) Leibenstein, Harvey (1987) *Inside the Firm : The Inefficiencies of Hierarchy*, Harvard University Press. (邦訳, p. 3)
3) Leibenstein, Harvey (1979) "A Branch of Economics is Missing : Micro-Micro Theory", *Journal of Economic Literature*, Vol. 17, p. 478.
4) 宮本光晴 (1991) 前掲書, pp. 174-175.
5) Coase, Ronald H. (1937) "The Nature of the Firm", *Econometrica*, Vol. 4, pp. 386-405.
6) Coase, Ronald H. (1988) *The Firm, the Market, and the Law*, The University of Chicago. (邦訳, pp. 8-9)
7) Williamson, Oliver E. (1975) *Markets and Hierarchies*, Free Press.
8) Dunning, John H. (1997) "Micro and Macro Organizational Aspects of MNEs and MNE Activity", in Brian Toyne & Douglas Nigh, ed., *International Business : An Emerging Vision*, University of South Carolina Press, p. 194.
9) 原書名は，*An Inquiry into the Nature and Causes of the Wealth of Nations* で，邦訳書ではもともと『国富論』の題名が用いられていたが，1959年の改訳を機会に，訳書名が『諸国民の富』に改められた．(アダム・スミス著 大内兵衛・松川七郎訳 [1959]『諸国民の富』岩波文庫, p. 5)
10) Drucker, Peter (1993) *Post-Capitalist Society*, Harper Business, pp. 2-3.
11) Chandler, Jr. Alfred D. (1977) *The Visible Hand*, The Belknap Press of

Harvard University Press, p. 1 & p. 3.
12) Hofstede, Geert (1993) "Cultural Constraints in Management Theories", *Academy of Management Executive*, Vol. 7, No. 1, pp. 83-86.
13) 以下の部分は，藤芳誠一編著 (1983)『新版　経営学』学文社，pp. 3-12 を参考にした．
14) Fayerweather, John (1969) *International Business Management : A Conceptual Framework*, McGraw-Hill, p. 5 & p. 12.
15) Boddewyn, Jean J. (1997) "The Conceptual Domain of International Business: Territory, Boundaries, and Levels", in Brian Toyne & Douglas Nigh, ed., *International Business : An Emerging Vision*, University of South Carolina Press, p. 50.
16) Wilkins, Mira (1997) "The Conceptual Domain of International Business", ditto, p. 32.
17) 個人による通信販売を通じての輸入や，インターネット・ショッピング等の電子商取引，SOHO (small office home office) と呼ばれる家庭をベースとした個人の創業，ボランティアと営利を組み合わせた市民事業等，様々な形態がある．
18) 馬越恵美子 (1997)「国際経営学の概念領域」　国際経営文化学会年次大会にて発表．
19) 以下の部分は，馬越恵美子 (1997)「企業経営における異文化論的考察」『東京純心女子大学紀要』第 1 号，pp. 38-40 より，その一部を引用した．
20) 例えば，等量の生産要素（土地，資本，労働等）を投入しても，「人と技術の関わり合い」によってアウトプットは異なる．これを島田 (1988) は，「ヒューマンウェア」と名づけた．（島田晴雄 [1988]『ヒューマンウェアの経済学』岩波書店）．
21) さらに，国際ビジネスの増加と共に，それを担うマネジャーの国際的な素養が問われるようになった．これは単に国際ビジネスのノウハウや言語の習得に留まらず，異なる文化や価値観の人々と協働する姿勢を習得することが必要である．すなわち，自らが生まれ育ち，価値感のベースとなった「国の文化」と，成人後に遭遇した「組織文化」と，仕事上関わった「海外の文化」の折り合いをつけなくてはならないのである．
22) 村山元英 (1998)「"見えない"経営論」『経営教育研究 1』日本経営教育学会，p. 60.
23) Buckley, Peter J. & Mark Casson (1991) *The Future of the Multinational Enterprise*, Macmillan, p. 1.
24) 江夏健一 (1984)『多国籍企業要論』文眞堂，pp. 2-3.
25) ウィルキンズ (1997) もこれらの言葉を同義に用いている．(Wilkins, Mira

[1997] "The Conceptual Domain of International Business", *International Business : An Emerging Vision*, University of South Carolina Press, p. 32)
26) 李正文 (1998)『多国籍企業と国際社会貢献』文眞堂, p. 14.
27) Iversen, C. (1935) *Aspects of International Capital Movements*, Levin and Munksgaard.
28) Barlow, E. R. (1953) *Management of Foreign Manufacturing Subsidiaries*, Harvard University Press.
29) Dunning, John H. (1958) *American Investment in British Manufacturing Industry*, George Allen and Unwin. Reprinted by Arno Press in 1976.
30) Dunning, John H. (1993) *Multinational Enterprises and the Global Economy*, Addison-Wesley, p. 68.
31) Bye, M. (1958) "Self-financed Multiterritorial Units and Their Time Horizon", *International Economic Papers*, Vol. 8, pp. 147–178.
32) Hymer, Stephen H. (1960) *The International Operations of National Firms : A Study of Direct Investment*, Ph. D. Thesis, MIT Press.
33) Vernon, Raymond (1966) "International Investment and International Trade in the Product Cycle", *Quarterly Journal of Economics*, Vol. 80, pp. 190–207.
34) この部分は, 安室憲一 (1992)『グローバル経営論』千倉書房, pp. 22-23 を参照した.
35) 以下では, 江夏健一 (1984)『多国籍企業要論』文眞堂, p. 26 & pp. 30–32 を参照した.
36) Fayerweather, John (1969) *International Business Management : A Conceptual Framework*, McGraw-Hill.
37) Perlmutter, Howard V. (1969) "Tortuous Evolution of the Multinational Corporation", *Columbia Journal of World Business*, January- February.
38) 以下では, 国際化のための調査研究委員会 (1998)『欧米多国籍企業の組織・人材戦略』日本在外企業協会, p. 1 を参照した.
39) 一般的な傾向としては, E 型はアメリカ企業に, P 型はヨーロッパ企業に多く見られる, 企業のグローバル化が進んでいる今日においても, G 型の企業は現実には数少ない.
40) Perlmutter, H. V. & D. A. Heenan (1979) *Multinational Organization Development*, Addison-Wesley.
41) Dunning, John H. (1980) "Toward an Eclectic Theory of International Production : Some Empirical Tests", *Journal of International Business Studies*, Vol. 11 (Spring-Summer), pp. 9–31.
42) 以下では, Dunning, John H. (1992) *Multinational Enterprises and the*

Global Economy, Addison-Wesley, pp. 79-80 を参照した.
43)「内部化の理論」は前述のように, コース (Coase) に始まり, ウィリアムソン (Williamson) によって精緻化されたもので, ダニング, バックレー, カッソン, ラグマンらが, 多国籍企業や海外直接投資の説明にこの理論を援用している. また, 最近ではポーター (1990) が企業や国家の競争力 (competitive advantage) を分析するに当って, 内部化理論の研究を参照している. (Porter, Michael E. [1990] *The Competitive Advantage of Nations*, Free Press)
44) Stopford, J. M. & L. T. Wells Jr. (1972) *Managing the Multinational Enterprise*, Basic Books.
45) 米国の多国籍企業の歴史に関しては, ウィルキンズ (1974) が詳しい. (Wilkins, Mira, *The Maturing of Multinational Enterprise : American Business Abroad from 1914 to 1970*, Harvard University Press)
46) Bartlett, Christopher A. & Sumantra Ghoshal (1989) *Managing Across Borders : the Transnational Solution*, Harvard Business School Press, pp. 64-66.
47) この部分では, 国際化のための調査研究委員会 (1998)『欧米多国籍企業の組織・人材戦略』日本在外企業協会, p. 3 を参照した.
48) Bjrkman, Ingmar & Mats Forsgren (1997) *The Nature of the International Firm*, Handelshojskolens Forlag, pp. 17-18.
49) 諸上茂登・根本孝編著 (1996)『グローバル経営の調整メカニズム』文眞堂, pp. 14-17.
50) 同上書, p. 195.
51) メイソン (Mason, 1994) は, 1972年を「日本の海外投資元年」と呼んでいる. (Mason, Mark & Dennis Encarnation [1994] *Does Ownership Matter?*, Oxford : Clarendon Press, p. 24.) 同様の記述が, 宮崎 (1974) にある. (宮崎義一 [1974]『現代の日本企業を考える』岩波新書, p. 209)
52) 日本貿易振興会 (1993)『世界と日本の海外直接投資』
53) 八代尚宏 (1997)『日本的雇用慣行の経済学』日本経済新聞社, p. 147.
54) 以下では, 吉原英樹 (1997)『国際経営』有斐閣アルマ, pp. 18-41 を参照した.
55) Schütte, Hellmut (1994) *Between Headquarters and Subsidiaries : Regional Solutions for Europe*, 国際経済研究所シンポジウム, 発表論文, p. 3.
56)『海外進出企業総覧'95』会社別編, 東洋経済新報社, 1996.
57) 同上書
58) 以下は, 日本在外企業協会「海外現地法人の社長・アンケート調査分析」『日外協 Monthly』No. 207, 1998年6月号, pp. 12-16 を参照した.
59) 詳しくは, 安保哲夫編著 (1994)『日本的経営・生産システムとアメリカ』ミネルヴァ書房, 島田晴雄 (1988)『ヒューマンウェアの経済学』岩波書店, 吉原

英樹 (1989)『現地人社長と内なる国際化』東洋経済新報社, 石田英夫・白木三秀編『企業グローバル化の人材戦略』東洋経済新報社, Roos, Daniel, James P. Womack & Daniel Jones (1990) *The Machine that Changed the World*, Macmillan を参照されたい.
60) 安室憲一 (1992)『グローバル経営論』千倉書房, p. 73.
61) 以下は本書に関係のあると思われる代表的な組織理論の概観であり, 全ての学説を網羅したものではない.
62) Taylor, Frederick W. (1911) "Shop Management", *Scientific Management*, Harper & Brothers Publishers, p. 22.
63) Taylor (1911) "The Principles of Scientific Management", 同上書, p. 9.
64) Taylor (1911) "Testimony", 同上書, p. 27.
65) 以下は, 藤芳誠一 (1979)『経営基本管理』泉文堂, pp. 260 を参照した.
66) 中川敬一郎 (1981)『比較経営史序説』東京大学出版会, p. 83 及び p. 86.
67) 実際に米国の大企業の組織構造は, この官僚制に基づいて作られたところが多い. ATT, GM, GE 等も最近までそうであったという. (Joynt, Pat & Malcom Warner [1996] *Managing Across Cultures*, International Thomson Business Press, p. 106)
68) Barnard, Chester I. (1938) *The Functions of the Executive*, Harvard University Press.
69) 同上書 (邦訳, p. 67)
70) 同上書 (邦訳, p. 75)
71) 飯野春樹 (1992)『バーナード組織論研究』文眞堂, pp. 18-21.
72) Simon, Herbert A. (1945) *Administrative Behavior*, The Free Press.
73) 藤芳誠一 (1979) 前掲書, p. 212.
74) サイモンは, 組織を分析するに当って遭遇するひとつの問題に, 組織の意味に対する誤解があるという. サイモンは, 組織を「人間の集団内部でのコミュニケーションその他の関係の複雑なパターンを指す」としている. (Simon, Herbert [1976] *Administrative Behavior, 3 rd Edition*, 邦訳 p. 15)
75) Mayo, E. (1933) *The Human Problems of an Industrial Civilization*, The President and Fellow of Harvard College.
76) 以下は, 馬越恵美子 (1995)『ホワイトカラー革新』新評論, pp. 95-98 を参照した.
77) Lawler, E. E. (1971) *Pay and Organizational Effectiveness : A Psychological View*, McGraw-Hill.
78) Maslow, A. (1954) *Motivation and Personality*, Harper & Row.
79) McGregor, D. (1960) *The Human Side of Enterprise*, MacGraw-Hill.
80) Locke, E. A. (1982) "Relation of Goal Level to Performance with a Short

Work Period and Multiple Goal Levels", *Journal of Applied Psychology*, Vol. 67, pp. 312–314.
81) Schein, Edgar H. (1980) *Organizational Psychology* (3rd *Edition*), Prentice-Hall.
82) この点に関して，馬越（1995）は「多様性を許容し，異質性に配慮しつつ，チャンスの平等性を確保する」という新概念「マインドウェア」を提唱した．（馬越恵美子『ホワイトカラー革新』pp. 99–100）

第 2 章　文化と異文化コミュニケーション

　本章においては，始めに「文化」とは何であるかを論じ，次に「国の文化」と「組織の文化」を明らかにする．さらに，異文化コミュニケーションを定義し，東西のコミュニケーションを比較し，コンテキストと情報の相互作用について論じるものである．

I　文化という概念

1．文化とは

文化（culture）の語源　　cultureという言葉はもともと，ラテン語の cultus（崇拝）という言葉に関係する cultura に由来する．cult はラテン語で「住む，耕す，崇拝する」ことを意味し，ure は「その結果として」と表している．culture という言葉は，以前には社会的な優位性を示唆する言葉として，「精神の洗練」「高度な教育に基づくマナー」「文明の知的な部分」を意味する言葉として使われていた[1]．その後，「社会の構成員が共有するもの」という考えに移行したのである．

文化の様々な定義　　文化には，人類学や経営学において様々な定義があり，統一された定義は未だない．

　タイラー（Tylor, 1877）は文化の定義を，「社会の一員である人間が取得した知識，信念，芸術，法律，道徳，慣習，能力，習慣を含む複雑な体系である」としている[2]．また，リントン（Linton, 1945）は，文化を「学習した行動と行動の結果であり，社会の構成員がその要素を分かち合い伝達する」と定義している[3]．バルノー（Barnouw, 1963）は，「文化とは人の集団の生活のあり方であり，学習された行動のパターンであり，言語と模倣を通じて，世代から世代へと受け継がれていくもの」と説明している[4]．

　総合的な定義としては，「文化は環境の中の人間の部分である」というハス

コビッツ (Herskovits, 1955) があり，限定的な定義としては，「文化は共有する意味体系である」というシュワーダーとルバイン (Shweder & LeVine, 1984) がある．シャイン (Schein, 1985) は，「言葉で表されない前提条件が文化の中心にある」と言う．

包括的な文化の定義　　クローバーとクラックホン (Kroeber & Kluckhohn, 1952) は，100以上に及ぶ文化に関する定義をまとめて，次のような包括的な定義を提唱している．

「文化は取得された行動の明示的，暗黙的なパターンから構成され，シンボルによって伝達され，工芸品の具体化を含む，人間集団の業績を成すものである．文化の中心部分は伝統的な考えと，特にそれに付帯した価値観によって構成される．文化体系は行動の結果であるとともに，行動を条件付ける要素でもある．」

したがって，文化とは，「社会集団の全て，あるいはほとんどの構成員によって共有されるもの」「集団の古くからの構成員が若い構成員に伝えるもの」「道徳や法律や習慣のように，行動を形成したり，世界観を構成するもの」と定義される．

図1-2-1　人間のメンタル・プログラミングの3つのレベル

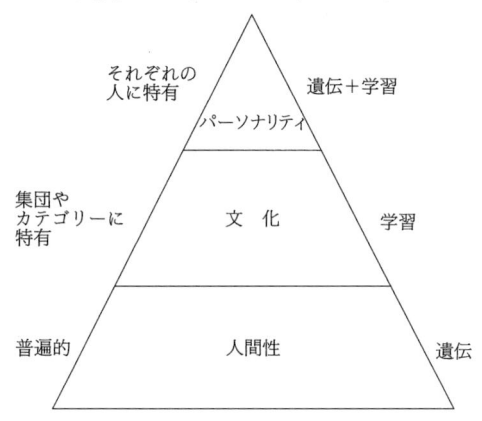

出所：Hofstede, Geert (1991) p.6．(邦訳，p.5より引用)

メンタル・プログラミングとしての文化　ホフステッド（Hofstede, 1991）は，人間は一人ひとり，考えや感情や潜在的な行動のパターンを持っており，これは一生を通じて習得されるが，そのほとんどが幼少の折に習得される，と説いている．そして，コンピューターのプログラムになぞらえて，このパターンを「メンタル・プログラム」（mental programs）または「ソフトウェア・オブ・ザ・マインド」（software of the mind）と呼び，このメンタル・プログラムが広義の文化である，と言う．また，ホフステッドによれば，文化は常に集団的な現象であり，同じ社会環境にある集団の構成員の特徴を成している「集合的なプログラミング」（collective programming）である．[10]

図1-2-1に示すように，文化は遺伝ではなく，習得されたもので，遺伝子ではなく，社会環境に起因し，人間の性質や人格とは切り離して考えるべきである．しかし，文化と人格や性質の間のどこに線を引くのかは，社会学者の論議の対象となっている．

複数の層からなる文化　図1-2-2に示すように，トランペナーズ（Trompenaars, 1998）は，文化は複数の層から構成されるという．一番外側に

図1-2-2　文化の複層モデル

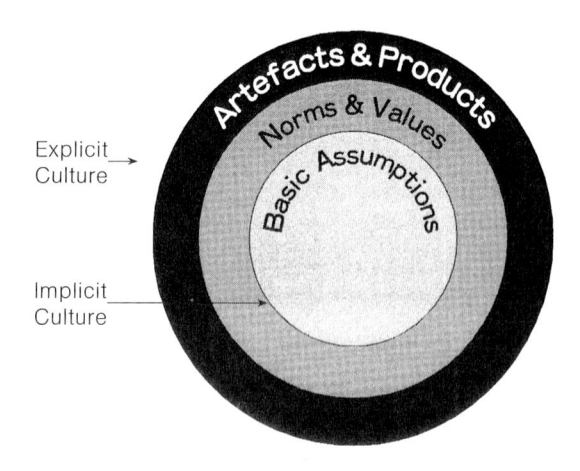

出所：Trompenaars, Fons (1995) "Resolving International Conflict: Culture and Business Strategy", *Business Strategy Review,* Vol. 7, No. 3, p. 51.

あるのが，「明示的な文化」(explicit culture) であり，言語，食べ物，建物，市場，芸術，ファッションといった目で確認できる現実であり，深いレベルの文化を表層的に象徴したものである．次の中間層が，「規範と価値観の層」(norms and value) である．規範とは正しいかそうでないかの判断であり，公式には法律として，非公式には社会のコントロールとして展開されるものである．価値観は善悪の判断であり，集団が共有する考えと密接な関係にある．最も深い層にあるのが，「暗黙の文化」(implicit culture) で，「基本的な前提」(basic assumptions) である．つまり，なぜそうするのかと問われると答えられないような，当事者にとっての自明の理である[11]．

正規分布としての文化　　同一文化の人々が必ずしも同じ価値観や規範を持っているとは限らない．それぞれの文化には広がりがあり，平均を中心として正規分布の形をしていると考えられる．例えば図1-2-3にあるように，平均的に見れば米国とフランスの文化は異なってはいるが，共通点（黒塗りの部分）も多く認められるのである．

さらに，ステレオタイプ (stereotyping) の問題がある．ステレオタイプと

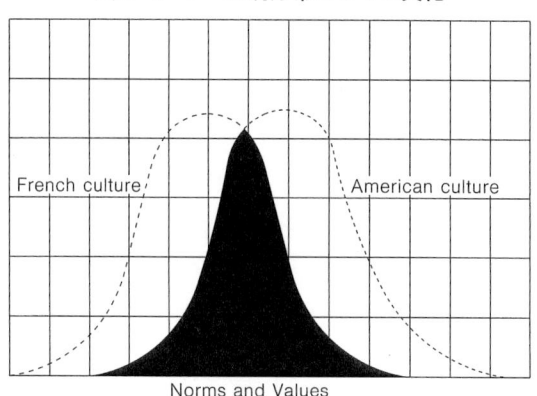

図1-2-3　正規分布としての文化

出所：Trompenaars, Fons & Charles Hampden-Turner (1998) p.25.

図1-2-4　文化とステレオタイプ

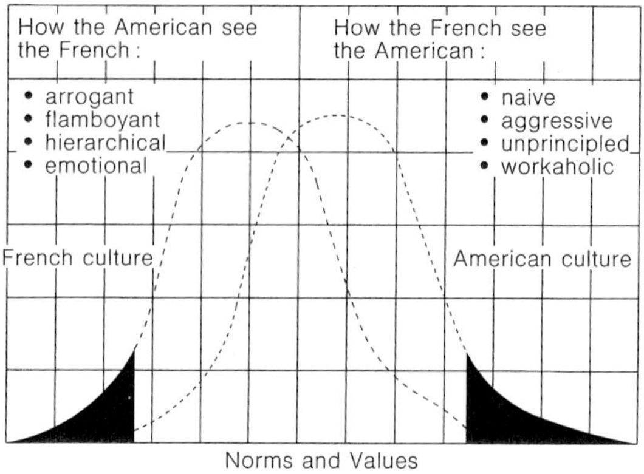

```
How the American see          How the French see
the French:                   the American:
• arrogant                    • naive
• flamboyant                  • aggressive
• hierarchical                • unprincipled
• emotional                   • workaholic

French culture                American culture

              Norms and Values
```

出所：Trompenaars, Fons & Charles Hampden-Turner (1998) p. 25.

は，図1-2-4に示すように，極端に異なる文化（黒塗りの部分）にのみ注目して，それがその文化の特徴であると判断することであり，この方法で文化を比較すると，相違点が過剰評価される危険がある．これは統計学的に言えば，$\mu \pm 2\sigma$の外を問題にしているわけであり，平均(μ)から$\pm 2\sigma$の中に入る95％ではなく，そこから外れる5％をしてその文化の特徴であると論じるようなものである．これは文化論の危険な落とし穴と言えよう．

文化の伝播　心理学者は，「社会にとっての文化とは，個人にとっての記憶のようなものである」という比喩を用いることがある．これは過去の考えが共有され伝達されるという意味で，文化の含意をよく表している．トリアンディス（Triandis, 1994）は，文化を「環境の中の人間が作った部分である」と定義し，客観的な要素としては道具や道路や器具等があり，主観的な要素としては信念や規範や価値観があり，後者によって社会的な行動を予見することができる，と言う．さらに，文化の識別には，言語と時期と場所という3つの尺度が有効であるとしている．すなわち，文化は社会的な相互作用の中から生まれ，子育てのパターンやマスコミや旅行を通じての文化の拡散によって広まるため，

共通の言語と同時期に生存していることと地理的に近接していることが重要であると言う。しかし，歴史的要因や生態学的要因により，例外も存在し得るのである。[12]

2．国の文化と組織文化

National Culture とは何か　nation という言葉が意味することを明確に答えるのは難しい。nation の定義は，文化と意志という2つの切り口から試みることができよう。メイネック（Meinecke, 1970）[13] は，cultural nation と political nation とを区別している。cultural nation というのは，社会主体であり，その構成員は言語や宗教や習慣といった文化的な共通性に基づいた帰属意識を持っている。これに対して political nation は，個人の自由意志と国家に対する主観的なコミットメントに基づいているという。[14]

　MNE（multinational enterprise：多国籍企業）と international business（国際ビジネス）は両方とも nation という言葉を含んでおり，この場合には nation-state（国家）という意味合いが強い。[15] また，ホフステッドは group of people（人の集団）または category of people（人の類別）を nation とみなし，国の文化を切り口として比較分析を行っている。[16] この他，異文化経営論の研究者の大多数が national culture を国の文化として定義している。従って本書においても，national culture を「国の文化」という意味で用いることとする。[17]

組織文化と国の文化　「文化」という言葉が使われるのは，国のレベルに限ったものではない。近年，企業や組織の文化という表現が頻繁に用いられるようになった。「組織文化」は「国の文化」とは次元が異なるものである。どこの国に生まれるのかは自分の意志ではなく，いったんその国の人間になれば，通常，その立場は半永久的に続く。それに対して，組織のメンバーになるのは自分の選択であり，一時的な現象である。

　ホフステッドが行った組織文化に関する調査研究の結果は，国の文化は基本

的な価値観のレベルでの違いが大きいが，組織文化は表層的な実践レベルにおける違いがほとんどであることを示唆している．組織文化は価値観ではなく，実践事項によって構成されるため，管理が多少し易いということが言えよう[18]．国の文化は変化するとしてもそのスピードは大変ゆっくりであるが，組織文化は意図的に変えることができる．多国籍企業では，様々な国の文化を持つ社員をどう活用するかが成功の鍵を握っており，より一層組織文化によって絆を強化する必要がある[19]．国の文化と組織文化をいかにうまく組み合わせるかは，今後ますます重要になるであろう[20]．

組織文化と企業文化　　organizational cultures（組織文化）という言葉が初めて米国の学会誌に登場したのは，1979年の *Administrative Science Quarterly* に掲載された ペティグルー（Pettigrew）の論文であろう[21]．それ以前も1960年代に，米国の経営関係の文献に組織文化（単数形）という言葉が時折使われていたが，当時は組織風土（climate）の方が多く用いられていた[22]．次第に組織文化という言葉よりも，企業文化（corporate culture）という表現が一般に用いられるようになる．

　1982年にこの名前を冠した本が出版され[23]，さらに同年に世に出たピーターズとウォーターマン（Peters & Waterman）の *In Search of Excellence* によって，企業文化という言葉が広く一般に流布するに至った[24]．その後，企業文化に関する多くの文献が，米国のみならず欧州や日本でも出されようになり，経営者にとって，企業文化は企業の構造やコントロールや戦略と同じように重要になったのである[25]．

企業文化の育成と伝播　　企業文化は，どのようにして形成されるのであろうか．通常，企業文化には企業の創設者や経営者の意志が強く反映されている[26]．シェイン（Schein, 1997）は企業文化の育成と伝播には次の10のステップがあるという[27]．

　1）組織の哲学や信条を記した正式な書類
　2）物理的なスペースや建物の設計

3) 企業幹部が自ら範を垂れ (role modeling), 指導する
4) 報酬と昇進の明示的な基準
5) 企業の成功物語やその立役者に関する話
6) 企業幹部が何に注意を払いコントロールしているか
7) 企業の存亡の危機における幹部の反応と措置
8) 組織の構造（分散の度合い, 仕事の割りふり等）
9) 組織のシステムと手続き（情報の種類や流れ, 勤務評定等）
10) 雇用, 選別, 退職の評価基準

企業文化にとっての重要な課題のひとつは, 企業の創設者の意志をいかに後世に伝えながら, 同時に変化する環境に企業文化を適応させることである. この意味で, 企業文化の分析が必要であり, 経営者が企業文化に対する洞察を深め, 社員全員が理解をすることにより, 次世代への円滑な移行が可能になるであろう.[28]

II 異文化コミュニケーション

Intercultural Communication（異文化コミュニケーション）[29] intercultural communication という言葉をはじめて使ったのは, ホール (Hall, 1959) である.[30] コミュニケーションを意識した異文化の研究は, すでに1950年代の初頭に始まっていたが, 異文化コミュニケーション自体に焦点を絞るものではなかった. 従って, このホールの本の出版は, 異文化コミュニケーションの研究にとって大きな励みとなったのである. しかし実際に異文化コミュニケーションの研究が本格化したのは, 1970年代になってからである.

1970年代の初頭に, Speech Communication Association が国際・異文化コミュニケーション委員会 (Commission on International and Intercultural Communication) を設立した. 1974年には, *The International and Intercultural Communication Annual* の第1巻が出版され,[31] 1977年には, *The International Journal of Intercultural Relations* の出版が開始された.

その後1980年代には，さらに異文化コミュニケーションの研究が開花し，研究の方法論，異文化適応，異文化交渉，異文化外交といったテーマを絞り込んだ研究が結実した．またこの間に，国家間の相互依存の度合いが強くなり，国際社会における異文化コミュニケーションは重要度を増す一方，国の文化の違いのみならず，国内の異なった民族や人種間のコミュニケーションが切実な問題となったのである．[32]

Communicationの語源[33]　community, commune, communicationといった言葉を見ると，共通の接頭辞commuがついていることが分かる．これらの言葉は全て「共通の」「共有の」を意味するラテン語のcommunisに由来する．つまりcommunication（コミュニケーション）とは，人々が互いに「共有する行為」を意味する．[34]

コミュニケーションとは，言語を使った，明白な意図を持つメッセージの伝達行為であるのみならず，人々が互いに影響を及ぼしあうプロセスのすべてとも解釈できる．人間は意識的，無意識的に，コミュニケーションを駆使して，他の人々の行動や価値観に影響を及ぼしている．コミュニケーションは文化的背景に依存しており，人の価値観に根差すものであると言えよう．

異文化コミュニケーションの定義　サモバー（Samovar, 1981）によると，「異文化コミュニケーションは，メッセージの作り手がひとつの文化の一員で，メッセージの受け手が別の文化の一員である場合に生じる」[35]．また，グディカンスト（Gudykunst, 1984）は，「異文化コミュニケーションとは，異なった文化的背景の人達の間の意味の付与を含む，相互作用的で象徴的な過程である」としている．[36]　この両者は，「異文化コミュニケーション」の定義で文化的相違を重視する点において，共通している．

人間は日常生活様式としての文化の中で育ち，価値観や規範を学習し，様々に思考を巡らし，人と交流する．通常このような問題を意識しないのは，同一文化の中にいる時である．しかし，ひとたび異なる文化の人と出会うと，コミュニケーションと文化の問題が表面化する．文化が類似した人とのコミュニケ

ーションは容易であるが，文化の差が大きくなるにしたがって，一般にコミュニケーションの難易度が増加する[37]．異文化コミュニケーションとは，生活習慣や価値観を含む文化が異なるもの同士が共有する行為であると言えよう．

コミュニケーションの東西比較　文化とコミュニケーションを明確に定義して研究しようとする姿勢は，いわば西洋的，特にアメリカ的な特徴である．オリバー（Oliver, 1971）によれば，伝統的に西洋と東洋の文化では，コミュニケーションへのアプローチが基本的な点で異なっている．西洋文化では，コミュニケーションの目的は話し手や聞き手の利益を増大させることにあり，東洋文化では，コミュニケーションを通じて両者の調和を図ることが目的とされていたと言う．このため，西洋の理論家はコミュニケーションを個人的色彩の強いものとして捉え，話し手や聞き手の個性を強調してきた．一方，東洋の伝統では，コミュニケーションを脱個人色の方向に持っていこうとして儀礼的側面が強くなったと言う[38]．

高コンテキストと低コンテキスト　コンテキスト（context）とは，物理的，心理的，時間的な環境状況であり，コミュニケーションを行う者同士が共有する

図1-2-5　文化コンテキストと情報の相互作用

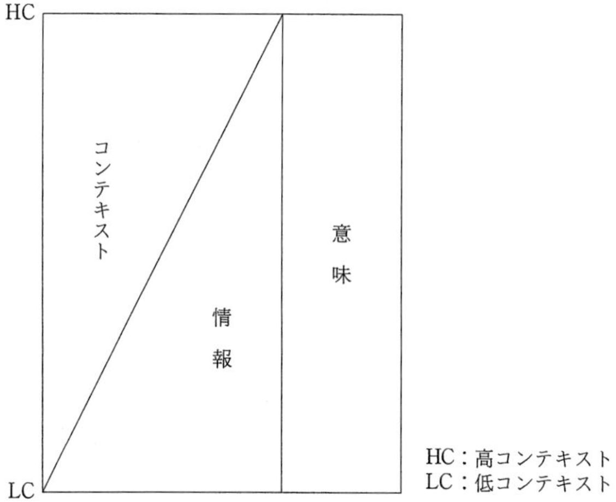

HC：高コンテキスト
LC：低コンテキスト

出所：Hall, Edward T. (1976) p. 102.

前提条件である．ホール（Hall, 1976）は，コミュニケーションにおいて，人がメッセージの記号化と記号解読を行う際にどの程度コンテキストを考慮するかによって，文化を「高コンテキスト文化」と「低コンテキスト文化」に大別した[39]．高コンテキスト文化では，共有する前提条件が多いため，言語コードによる情報はあまり必要がないが，低コンテキスト文化では，コンテキストに依存しないため，言語を駆使しての明確な情報が必要となる[40]．これを図式化したのが，図1-2-5である．

....

本章のまとめ　この章では，文化の定義から論を起こし，国の文化と組織文化及び企業文化を検討し，さらに国際経営に深く関わる異文化コミュニケーションについて考察した．

　本章でも明らかなように，異文化コミュニケーションの分野における切り口は，東洋と西洋を対比させることが多い．また，コンテキスト論においても，国を単位として各国を比較する分析手法が中心である．しかし，経営のグローバル化が進展した今日，同一国であっても，その国内が必ずしも高コンテキストであるとは限らない．さらに，コミュニケーションにおいても，海外に比べて国内の方が円滑に行われるとは限らないのである．

　この問題に関しては，本書の第2部において，日本人駐在員と現地社員の意識の差，さらに本社と国内支社及び海外現地法人の意識の差を調査した2つの実証研究から得られた結果を基に，分析を行って詳細に論じ，国の文化を中心とした従来の分析視座に挑戦してみることとする．

注
1) Joynt, Pat & Malcolm Warner (1996) "Introduction: Cross-cultural Perspectives", *Managing Across Cultures: Issues and Perspectives*, London: International Thomson Business Press, p. 3.
2) Tylor, E. B. (1877) *Primitive Culture: Researches into the Development of Mythology, Philosophy, Religion, Language, Art and Custom* (*Vol. 1*), NY:

Henry Holt, p. 1.
3) Linton, R. (1945) *The Cultural Background of Personality*, NY: Appleton-Century, p. 32.
4) Barnouw, V. (1963) *Culture and Personality*, IL: The Dorsey Press, p. 4.
5) Herskovits, M. J. (1955) *Cultural Anthropology*, NY: Knopf.
6) Shweder, R. A. & R. A. LeVine (1984) *Culture Theory : Essays on Mind, Self and Emotion*, NY: Cambridge University Press.
7) Schein, E. H. (1985) *Organizational Culture and Leadership*, SF: Jossey-Bass.
8) Kroeber, A. L. & C. Kluckhohn (1952) *Culture : A Critical Review of Concepts and Definitions*, Harvard University Press, p. 181.
9) Carrol, M. P. (1982) "Culture", in J. Freedman, ed., *Introduction to Sociology : A Canadian Focus*, Canada: Prentice-Hall, pp. 19-40.
10) Hofstede, Geert (1991) *Culture and Organizations*, UK: McGraw-Hill, pp. 4-5.
11) Trompenaars, Fons & Charles Hampden-Turner (1998) *Riding the Waves of Culture*, NY: McGraw-Hill, pp. 21-24.
12) Triandis, Harry C. (1994) "Cross-cultural Industrial and Organizational Psychology", in Harry C. Triandis, Marvin D. Dunnette & Leaetta M. Hough ed., *Handbook of Industrial & Organizational Psychology*, CA: Consulting Psychologists Press, p. 111.
13) Meinecke, Fredrich (1970) *Cosmopolitanism and the National State*, NJ: Princeton University Press.
14) Alter, Peter (1985) *Nationalism*, London: Edward Arnold, p. 14.
15) Nigh, Douglas (1997) "Who's On First?: Nation-States, National Identity, and Multinational Corporations", *International Business : An Emerging Vision*, University of South Carolina Press, p. 257.
16) Hofstede, Geert (1993) "Cultural Constraints in Management Theories", *Academy of Management Executive*, Vol. 7, No. 1, p. 89.
17) 村山(1998)も指摘するように，国内の文化を「個人」と「組織」と「制度」の文化に区分して論じることも可能であるし，家族や法体系や宗教といった様々な切り方が可能であり，文化は重層的である．しかし，本章は，本書の争点である国の文化を超える経営という視点から，特に国の文化と組織文化及び企業文化に焦点を当てている．(村山元英 (1998)「"見えない"経営論」『経営教育研究 1』日本経営教育学会, p. 58)
18) Hofstede, Geert (1995) "The Business of International Business is Culture", in Terence Jackson (ed)., *Cross-cultural Management*, Oxford: Butterworth-

Heinemenn, p. 159.
19) Hofstede, Geert (1993) "Cultural Constraint in Management Theories", *Academy of Management Executives*, Vol. 7, No. 1, p. 92.
20) オオウチ (Ouchi, 1978) は，A 型 (Type A) を米国企業，J 型 (Type J) を日本企業とし，この 2 つを融合したものを Z 型 (Type Z) とした．Z 型企業は，個人主義の価値観と集団的な相互作用を組み合わせたもので，組織文化を国の文化に適応させた成功例であるという．(Ouchi, W. G. & A. M. Jaeger, [1978] "Type Z Organization: Stability in the Midst of Mobility", *Academy of Management Review*, Vol. 5, pp. 305-314)
21) Pettigrew, Andrew M. (1979) "On Studying Organizational Cultures", *Administrative Science Quarterly*, Vol. 24, pp. 570-581.
22) Blake, Robert R. & Jane S. Mouton (1964) *The Managerial Grid*, TX: Gulf.
23) Deal, Terrence E. & Allan A. Kennedy (1982) *Corporate Cultures: The Rites and Rituals of Corporate Life*, MA: Addison-Wesley.
24) Peters, Thomas J. & Richard H. Waterman (1982) *In Search of Excellence*, NY: Harper & Row.
25) Hofstede, Geert, Bram Neuijen, Denise Daval Ohayv & Geert Sanders (1990) "Measuring Organizational Cultures: A Qualitative and Quantitative Study across Twenty Cases", *Administrative Science Quarterly*, Vol. 35, p. 286.
26) 米国のゼネラル・エレクトリック (GE)，スイスのアセア・ブラウン・ボベリ (ABB)，日本のソニー，松下，ホンダは，その際立った例であろう．
27) Schein, Edgar H. (1997) "The Role of the Founder in Creating Organizational Culture", *Analyzing and Managing Corporate Culture*, American Management Association, p. 15.
28) Fedor と Werther (1998)は，企業の国際的な提携に関しても，企業文化の側面を重視するべきであるとし，法体系，戦略，財務と共に文化を第 4 の軸として，提携関係を図式化している．(Fedor, Kenneth J. & William B. Werther, Jr. [1998] "Creating Culturally Responsive International Alliances", *The People Side of Successful Global Alliances, Special Report of Organizational Dynamics*, American Management Association, pp. 27-39)
29) Intercultural communication を文字どおり訳せば，「文化間コミュニケーション」となるが，日本では「異文化間コミュニケーション」または「異文化コミュニケーション」という訳語が一般的に広く使われている．また，同じ意味の cross-cultural communication も「交差文化コミュニケーション」ではなく，「異文化コミュニケーション」と訳されている．従って，本書では intercultural communication 及び cross-cultural communication を異文化コミュニケーショ

ンと訳すこととする.
30) Hall, Edward T. (1959) *The Silent Language*, NY : Doubleday.
31) Casmir, F. (ed.) (1974-1976) *International and Intercultural Communication Annual*, Vols. 1-3, VA : Speech Communication Association.
32) Asante, Molefi Kete & William B. Gudykunst (ed.) (1989) *Handbook of International and Intercultural Communication*, Sage Publications, pp. 7-8.
33) 以下は,拙著 (1995)『ホワイトカラー革新』pp. 70-76 を参照した.
34) 岡部朗一(1988)『異文化を読む』南雲堂, p. 18.
35) Samovar, Larry A., Richard E. Porter & Nemi Jain (1981) *Understanding Intercultural Communication*, CA : Wadsworth.
36) Gudykunst, William B. & Young Yum Kim (1984) *Communicationg with Strangers*, MA : Addison-Wesley.
37) 古田暁監修／石井敏・岡部朗一・久米昭元著 (1987)『異文化コミュニケーション』有斐閣選書, p. 65.
38) Oliver, Robert T. (1971) *Communication and Culture in Ancient India and China*, Syracuse University Press, pp. 1-11.
39) Hall, Edward T. (1976) *Beyond Culture*, NY : Anchor Press.
40) 日本は高コンテキスト文化で,米国は低コンテキスト文化と言うこともできる.

第3章 異文化経営論の先行研究

本章では異文化経営論の先行研究と学説を比較検討する．第1に，異文化経営論の研究の系譜と方法論を明らかにする．第2に，単一文化と文化圏の研究，数ヶ国の比較研究，及び多数国を対象とした様々な比較文化の研究を検討する．第3に，文化と経営の問題を大局的に捉えた異文化経営論の学説を考察する．なお，多国間の定量分析は，次章に譲ることとする．

I アドラーの文献サーベイと方法論

文献研究の経緯[1] アドラー（Adler, 1983）による1970年代の文献サーベイによれば，マネジメントに関する24の学会誌を調べた結果，組織行動に関する論文のうち，異文化の視点や国際的な視点から書かれたものは，4.2％に過ぎないという[2]．その後，国際ビジネスが飛躍的に伸びたことから，この比率の増加が予想された．しかし，ゴドキンら（Godkin, Braye & Caunch, 1989）[3]，ペングら（Peng, Peterson & Shyi, 1990）[4]，マッケボイ（McEvoy, 1991）[5]の1980年代の文献に関する調査によれば，70年代とほとんど変わらない傾向であるという．

そこで，アドラーとバーソロミュー（Adler & Barthlomew, 1992）は，1985年から1990年に至る時期の組織行動（OB: organizational behavior）と人的資源管理（HRM: human resources management）に関する文献の傾向を調べ，70年代の内容と観点に比べて，どの程度変化したかを分析した[6]．

アドラーらによる文献サーベイの方法と概要 1985年10月から1990年9月までの5年間に発行された経営（management）に関する73の学会誌（academic journal），業界誌（professional journal），その中間に位置する雑誌（academic/professional journal）を対象とし，アドラーらは合計で28,707の論文を調べた．このうち，4分の1（25％）がOBまたはHRMに関する論文で，3分の1

表1-3-1 論文の分類

文化	国際的な視点		
	単一の文化	比較文化	国際的相互作用
文化を含まない	125	20	47
文化を含む	163	127	179
文化の影響あり	152	114	175
文化の影響なし	11	13	4
合　計	288	147	226

(総　計　661)

出所:Bartholomew, Susan & Nancy Adler (1996) p.14を基に作成

(33％)が国際的(international)な視点から書かれたものであった.この2つのグループが交差する部分をinternational OB/HRMとし,このサーベイの対象とした.このinternational OB/HRMのグループに分類される文献はOB/HRMの文献の9.3％を占めており,総数で661である.

次に,表1-3-1に示すように,この661の論文を3つの尺度,すなわち,①国際的な視点の種類,②文化の視点の有無,③文化の影響の有無,によって分類している.

「単一の文化」とは,一国の文化に関する研究である.「比較文化」とは,2ヶ国以上の比較研究である.「国際的相互作用」とは,異なる文化的背景を持つ社員の間に見られる相互作用を意味する.

さらに,読者と方法論に基づいて,ジャーナル(journal)をacademic journal, professional journal, academic/professional journalの3つに分類している(表1-3-2).

この661の論文(international OB/HRMのグループ)を分析した結果,表1-3-3に示すように,3つの傾向が確認された.第1は,単一の文化の研究や比較文化研究から,国際的相互作用の研究へのシフトである.第2は,文化的要素を研究の上で重視する傾向である.第3に,international OB/HRMのグループに属する論文の比率は過去20年の間に増加してはいないが,aca-

表1-3-2　ジャーナルの分類

Academic
Academy of Management Journal
Academy of Management Review
Administrative Science Quarterly
Advanced Management Journal
Group and Organization Studies
Human Relations
International Studies of Management and Organization
Journal of Business Research
Journal of International Business Studies
Journal of Management
Journal of Applied Behavioral Science
Journal of Applied Psychology
Management International Review
Journal of Management Studies
Strategic Management Journal
Organization Studies
ASCI Journal of Management
Human Systems Management
International Journal of Industrial Organization
Journal of Organizational Behaviour
Journal of Business Ethics
Journal of Economic Behaviour and Organization
Journal of Managerial Psychology
Journal of Occupational Psychology

Academic/Professional
Harvard Business Review
Human Resource Management
Columbia Journal of World Business
California Management Review
Organization Dynamics
Academy of Management Executive
Sloan Management Review

Professional
New Management
Vital Speeches
Business Horizons
Business Month
Business Quarterly
Business Week
Across the Board
Forbes
Fortune
Management Japan
Journal of General Management
Asian Business
Far Eastern Economic Review
Personnel Management
Personnel Review
Women in Management Review
Business
Journal of Management Development
Tokyo Business Today
International Journal of Manpower
China Business Review
Business Japan
Journal of Management Consulting
Economist
Canadian Business
Canadian Manager
Executive Excellence
Nation's Business
Report on Business
Human Resource Planning
Management Review
Personnel Administrator
Training
Management Decision
Multinational Business
Futures
Management Today
Journal of General Management
Management Japan
International Journal of Manpower
World
Journal of Business Communication
Management World
Personnel Journal
Training and Development Journal

(n = 73 journals)

出所：Bartholomew, Susan & Nancy Adler (1996) p.16.

表1-3-3　1970年代と1985-1990年の比較

	OB/HRM誌におけるInt'l OB/HRM誌の比率	単一文化*	比較文化*	国際的相互作用*
1970年代合計	14%	46%	34%	20%
1980年代合計	9%	44%	22%	34%
Academic	12%	53%	29%	18%
Professional	7%	37%	18%	46%
Academic/professional	16%	34%	15%	51%

* Int'l OB/HRM誌における比率
出所：Bartholomew, Susan & Nancy Adler (1996) p.18を基に作成

demic/professional journal（学会誌と業界誌の中間に位置するもの）が, 国際的視点と文化的要素を重視する文献の多くを掲載するに至っている点である.[7]

異文化経営論の研究に関する方法論　異文化経営論の研究方法としては, 次の5つがある. 第1は, 単一文化の研究である. 第2は, 2ヶ国または3ヶ国の比較研究である. 第3は, 複数の国を含む地域と地域の比較研究である. 第4は, 多数の国を比較し, dimensions（評価基準）を用いて分析するものである. 第5は, 異文化に遭遇した場合の様々な対応方法を対象とする研究である.[8] また, 調査方法としては, 面接調査による定性的な方法と, 多くの標本を集めての統計的な定量的な方法がある. 後者の場合, 標本数が少ないものが大多数であり, 信頼性の高い研究は限られていると言えよう.[9]

II　比較文化の研究

前述のように, 異文化経営論の研究の中で伝統的に大きな比重を占めるのが, 単一の経営文化の研究と比較研究である. ここにおける単一文化の研究とは, 国際的な視点から, 国や地域や民族系をひとつの文化（圏）の単位として, その特徴を詳述したものである. 比較研究には数ヶ国を比較したものと, 多数国を対象としたものがある.

国の文化を単位とした研究　国別の経営に関する研究の例は, 次の通りであ

る．

　1970年代に関しては，デュビン（Dubin, 1970）の英国の経営に関する研究[10]，カミングスとシュミッツ（Cummings & Schmidt, 1972）のギリシャにおける経営姿勢の研究[11]，ブラント（Blunt, 1973）の南アフリカにおける仕事の満足度に関する研究[12]，ネガンディ（Negandhi, 1973）の台湾の経営と経済成長に関する研究[13]，チャング（Chang, 1976）による中国の経営思考に関する研究[14]，等がある．80年代には，アルブレヒト（Albrecht, 1980）のスウェーデンにおける労働者の経営参加の研究[15]，ザハラ（Zahra, 1980）の岐路に立つエジプトの経営に関する研究[16]，ダンフィとステニング（Dunphy & Stening, 1984）の日本企業の行動と経営に関する研究[17]，バーンバウムとウォング（Birnbaum & Wong, 1985）の香港の銀行経営に関する研究[18]，ボンド（Bond, 1986）の中国人の心理に関する研究[19]，ガーラック（Garlach, 1987）による日本企業の戦略に関する研究[20]，リンカーン（Lincoln, 1987）の日本の産業組織の研究[21]，等がある．また，90年代には，チャイルド（Child, 1990）による中国の経営の特徴に関する研究[22]をはじめ，ローレンス（Lawrence, 1990）によるイスラエルの経営[23]，キャンベルら（Campbel et al., 1993）によるドイツの経営[24]，ソルジュら（Sorge et al., 1993）によるフランスの経営[25]，ガグリアルディら（Gagliardi et al., 1993）によるイタリアの経営[26]，など，数多くの先行研究がある．

地域または民族系をひとつの文化圏とした研究　　地域をひとつの文化圏とした経営に関する研究の例は，次の通りである．

　ヒクソンとピューイ（Hickson & Pugh, 1995）は，英米加のアングロサクソン系，南欧と南米のラテン系，北欧，東欧と中欧，日本，中国，香港を含むアジア，中東，アフリカ，といったように，世界を9つの文化圏に分けて，それぞれの経営文化を詳述している[27]．

　また，バダウィ（Badawy, 1980）の中東の管理職に関する研究[28]，ハイデン（Hyden, 1983）のアフリカに関する研究[29]，エル-アシュカ（El-Achker, 1987）のイスラム圏の企業に関する研究[30]，ホフステッドとボンド（Hofstede & Bond,

1988)の儒教圏をひとつの文化圏として経営と文化の関係を探る研究[31]，ブラントとジョーンズ（Blunt & Jones, 1992）のアフリカにおける企業経営に関する研究[32]，フライマンら（Fryman et al., 1993）の中欧における民営化の研究[33]，等の研究がある[34]．

2ヶ国の比較経営研究　2ヶ国の比較経営研究の例は，次の通りである．

古典的な比較研究としては，ドーア（Dore, 1972）の日英の労使関係や雇用システムを比較した研究がある．この中でドーアは，文化的要素も重要ではあるが，より決定的条件は「後発効果」であると主張し，当時主流であった日本経営システムの「文化決定主義」に疑問を投げかけた[35]．

この他，1970年代の研究としては，グレーブス（Graves, 1972）による経営行動に対する文化の影響に関する英仏の比較研究[36]，コール（Cole, 1973）の企業における移動と参加に関する日米の比較研究[37]，フーバーら（Hoover et al., 1978）によるペルーとユーゴスラビアの労働者の経営参加システムに関する研究[38]，チャイルドとキーザー（Child & Kieser, 1979）の組織と管理職の役割に関する英国と西独の比較研究[39]，等がある．

1980年代には，ドクター（Doktor, R, 1983）のトップ・マネジメントに関する日本と米国の比較研究[40]，ネビス（Nevis, 1983）の文化と生産性に関する米国と中国の比較研究[41]，キャロルとドラクロワ（Carroll & Delacroix, 1982）の新聞業界に関するアルゼンチンとアイルランドの比較研究[42]，モーリスら（Maurice et al., 1982）の産業組織に関するドイツとフランスの比較研究[43]，イングランド（England, 1983）によるマネジメントの日米比較研究[44]，クラークら（Clark et al., 1989）のブラジルと米国の組織に関する比較研究[45]，等がある．

1990年代には，トレバー（Trevor, 1993）が日本と英国のホワイトカラーに関する比較研究を行い，長期志向・ゼネラリスト・内部労働市場を特徴とする日本と，スペシャリスト・プロフェッショナル・外部労働市場を特色とする英国を対比している[46]．また，デイビスら（Davis et al., 1993）は，研究開発（R&D）部門の組織文化について，同じく日英の比較を行っている．調査の結果は，

日本のR&D部門は短期志向で，自由度が少なく基礎研究より生産部門に重きが置かれるといった，従来から言われてきたステレオタイプは現実を正しく反映しておらず，むしろその逆であることを示している．研究職の管理職への昇進が日本は英国に比べて遅いことに，日英の差が見られるという[47]．その他，アクセルソンら（Axelsson, R., D. Cray, G. R. Mallory & D. C. Wilson, 1991）の意思決定スタイルに関する英国とスウェーデンの比較研究[48]等，数多くの研究がある．

3ヶ国の比較経営研究　3ヶ国の比較経営研究には，次の例がある．

イングランドとリー（England & Lee, 1971）が行った日本，米国，韓国の管理職に関する比較研究[49]，モーリスら（Maurice et al., 1980）の生産部門に関するフランスと西ドイツと英国の比較研究[50]，ブラックフォード（Blackford, 1988）の現代の企業に関する英国と米国と日本の比較研究[51]，ホールら（Hall et al., 1990）のドイツ，フランス，米国の文化の違いに関する研究[52]，バーティンスキーら（Vertinsky et al., 1995）の組織の設計とマネジメントの規範に関する中国と香港とカナダの比較研究[53]，等がある[54]．

比較研究の限界　以上のように，これまで多くの単一文化研究及び2ヶ国，3ヶ国の比較研究が行われてきたが，これらの研究結果は，1990年代の急速なビジネスのグローバル化という時代の要件に十分に応えているかは疑問である．

現在の多国籍企業では，本社の在する国の文化がその企業の企業文化となり海外の現地法人はそれぞれその国の文化を体現している，とは限らないのである．また，ひとつの文化に世界中の現地法人が適応を余儀なくされている，ということでもない．バートレットとゴシャールが提唱するトランスナショナル・カンパニーが増えつつある現在，企業は本社が上で海外現地法人が下という上下関係・ヒエラルキー関係から，互いを必要とする平等の関係に移行している．単一文化研究も2ヶ国，3ヶ国の比較研究も，それぞれの国の文化に基づいたスタティックな研究に他ならなかった．これでは，グローバルな視点で

ビジネスを展開する企業の現実を反映するものとは言えない．従って，研究者がその研究視座を大きく変える必要がある．すなわち，企業に必要なのはグローバルにはひとつの企業文化に基づいた絆であり，ローカルにはそのニーズに俊敏に対応する柔軟さである．そのためには，マネジャーが異文化の相互作用を理解し，対応する能力を備えなけなければならない．異文化経営論も異文化の相互作用と企業のダイナミックスを解明する方向に進み，研究者としての成果を挙げることのみならず，実務者に役立つ研究を行うことが求められている．この意味において，単一文化や比較文化の研究より重要なのは，多数国を対象とした調査や大局的に捉える理論である．そこで次に，多国間の研究を考察し，異文化経営論の学説について明らかにしよう．[55]

ローランの多数国を対象とした研究：組織文化が国の文化を拡大する　　ローラン (Laurant, 1983) の研究は，多数国を対象としてはいるが，それぞれを単に相互に対比したのではなく，組織文化と国の文化の視座を基にしている．すなわち，母国の企業に勤める人々を欧米10ヶ国の企業（1国1企業）に渡って調査した結果と，ひとつの多国籍企業の本社と海外現地法人（計欧米10ヶ国）に勤める人々を調査した結果を比べて，どちらの結果に国の文化の差異が強く反映されているかを分析している．[56]

図1-3-1が示すように，調査の結果はローランの予想に反し，多国籍企業の現地法人に勤める現地社員の方が母国企業に勤める社員より，考え方の違いを鮮明に示している．すなわち，多国籍企業に勤めると，ドイツ人はよりドイツ人らしくなり，フランス人はよりフランス人らしくなる，という訳である．ローランはその後，さらに加えて，別の多国籍企業2社で同様の調査を行ったが，結果は同様であった．組織文化は国の文化を減じるどころか拡大している，とローランは結論している．[57]

なぜ，組織文化が国の文化を際立たせるのかについては，明快な答えはないが，少なくとも調査当時においては，多国籍企業の組織文化への適応を余儀なくされると，自ら慣れ親しんだ文化がそれに反応して強く出ていたのではない

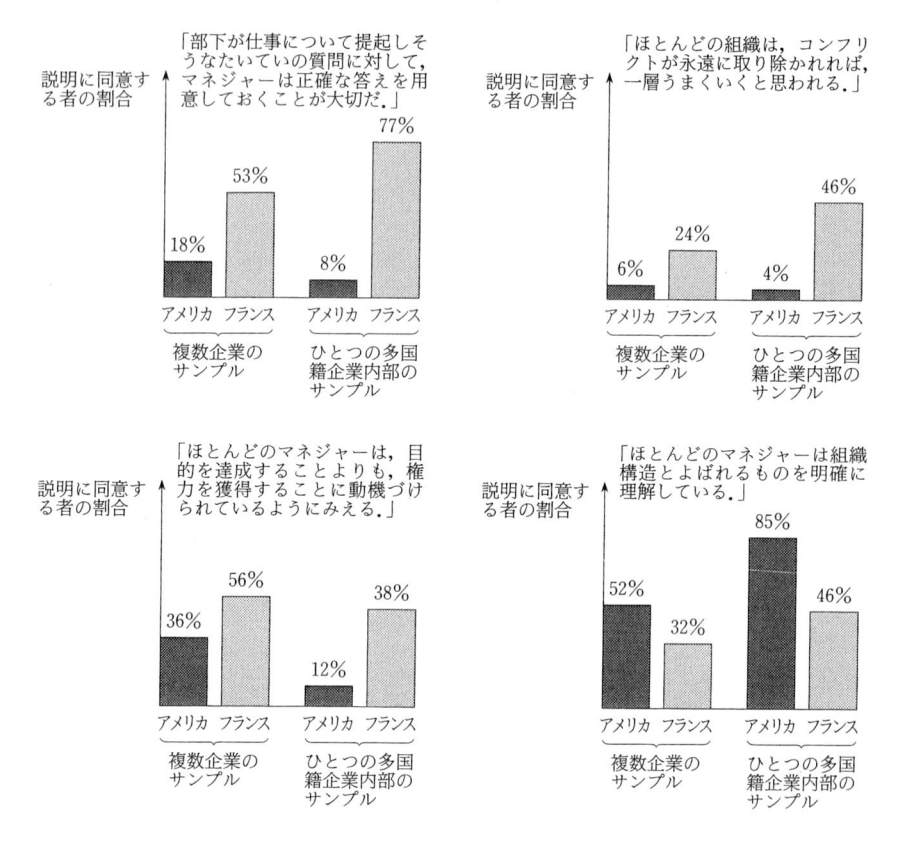

図1-3-1　組織文化は異文化間の差異を拡大する

「部下が仕事について提起しそうなたいていの質問に対して、マネジャーは正確な答えを用意しておくことが大切だ。」

- 複数企業のサンプル：アメリカ 18%、フランス 53%
- ひとつの多国籍企業内部のサンプル：アメリカ 8%、フランス 77%

「ほとんどの組織は，コンフリクトが永遠に取り除かれれば，一層うまくいくと思われる。」

- 複数企業のサンプル：アメリカ 6%、フランス 24%
- ひとつの多国籍企業内部のサンプル：アメリカ 4%、フランス 46%

「ほとんどのマネジャーは，目的を達成することよりも，権力を獲得することに動機づけられているようにみえる。」

- 複数企業のサンプル：アメリカ 36%、フランス 56%
- ひとつの多国籍企業内部のサンプル：アメリカ 12%、フランス 38%

「ほとんどのマネジャーは組織構造とよばれるものを明確に理解している。」

- 複数企業のサンプル：アメリカ 52%、フランス 32%
- ひとつの多国籍企業内部のサンプル：アメリカ 85%、フランス 46%

出所：Laurant (1983). (邦訳, p.58)

かと予想される．また，同じ組織であるということで共通項が多い中で，相違点としての国の文化が際立って浮かび上がるのではないかと推定される．

スミスとピーターソンのリーダーシップの研究　スミスとピーターソン（Smith & Peterson, 1994）は，欧米，中近東，アジアの25ヶ国のマネジャーを対象に部下の新規雇用等の8種類の日常業務の処理の仕方に関して，質問表による調査を行った．その結果，個人主義志向の国では自分の経験や訓練に頼る傾向が強く，集団志向の国では上司や正式な手続きに頼る傾向が強いことが判明した．[58]

また，特に中国やインドやイランでは，自国の価値基準が重視されることが明白に現れている[59]．

アルパンダーとカーターの欲求パターンに関する研究　アルパンダーとカーター（Alpander & Carter, 1995）は，大手製薬メーカー1社の海外現地法人8社（ヨーロッパ4ヶ国と中南米3ヶ国と日本の計8ヶ国）を対象として，5つのタイプの欲求——経済的な安定に対する欲求，支配欲，帰属意識，認められたいという欲求，貢献を実感したいという欲求——に関する調査票による調査を行った．対象者は専門職と係長クラスであり，回答者数は176名であった．すべての国に共通して強かったのは，支配欲である．また，全体として4つのパターンが抽出された．ヨーロッパのパターンは，支配欲の次に経済的安定が重視され，ラテン・アメリカはヨーロッパとは異なり，帰属意識が2番目に重要である．ベネズエラはむしろ，ヨーロッパに近い結果になっている．日本は他人による認識欲が強いパターンを示している．アルパンダーとカーターは，これらの結果を基に，異文化経営における社員のエンパワーメントとモティベーションの向上について論じている[60]．

ルイスの Linear-active, Multi-active, Reactive タイプの研究　ルイス（Lewis, 1996）[61]は，直線的に計画し組織し行動をとるリニア型と同時に複数のことを計画し，重要度に基づいて実行する複線的なタイプのマルチ型を第1の切り口とし，他人を尊重し他人の意見に耳を傾ける度合いを基準とするリアクティブ（反応）型を第2の切り口として，世界数十ヶ国を区分けしている．第1の尺度であるリニア・マルチ型では，最もリニアなのが，ドイツとスイスで，次に米国，スカンジナビア諸国，オーストリア，英国，カナダと続く．最もマルチであるのは，中南米とアラブ諸国並びにアフリカである．また，第2の尺度のリアクティブ型に関しては，最もリアクティブであるのが日本であり，ついで中国，台湾，シンガポール，香港となっている[62]．

本章のⅡにおいては，多国間の研究を検討し，示唆に富む結果を得たが，い

ずれもデータの表層的な分析と現象の説明に留まっており，異文化経営論の中心となる理論にはなり得ていない．

　文化と経営をめぐる多数の国を対象とした研究として最も信頼性が高いという一致した見解が，異文化経営論の研究者のみならず社会学者の間でも得られているのが，ホフステッドによる多国間の統計分析とトランペナーズの同様の研究である．特に前者に関しては，調査対象となった標本数が11万以上と極めて多く，社会学の文献の中で引用回数が最も多い研究のひとつである[63]．また，異文化経営論の代表的研究として，ホフステッドが抽出した各国の文化を比較するための5つの次元が数多くの研究に用いられている[64]．また，トランペナーズはより最近のデータを用いて大量の標本を基に統計分析を行っており，ホフステッドと同様に非常に高い評価を受けている[65]．

　従って，この多数国を対象とした両者の研究に関しては，独立の章を立てて，次章において詳述し，検証することとする．

III　異文化経営論の諸学説

　本章の最後に，文化と経営の問題を大局的に捉えた異文化経営論の諸学説を考察する．

異文化インターフェイス管理　　林（1985）は，1980年代前半の実証研究とエピステミック・コミュニケーション[66]，アコフ・モデル[67]，村上・熊谷・公文モデル[68]といった理論モデルを基にして，「異文化インターフェイス管理」という概念を構築している．

　インターフェイス管理とは，林（1985）によれば，組織内の異文化グループ間の接点に位置して，上位から機能情報を下位に伝達し，下位のフィードバック情報を上位に伝達することを通じて，経営プロセスの効率化を図ることである．このプロセスにおいて，第1文化と第2文化が接触するが，この2つの文化間の橋渡しを行うものが，「インターフェイス管理者」である．組織内の異文化インターフェイス管理を職務とするインターフェイス管理者は経営事象に

第3章 異文化経営論の先行研究

図1-3-2 融合変化の静態モデル

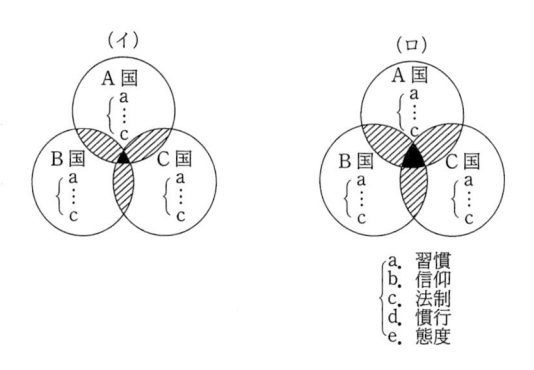

(イ)　　　　　　　　(ロ)

A国 {a…c}、B国 {a…c}、C国 {a…c}

a. 習慣
b. 信仰
c. 法制
d. 慣行
e. 態度

出所：Massie, Joseph L. & Luytjes, Jan (ed.) (1972) *Management in an International Context*, Harper & Row, p. 13.（江夏健一 [1984] p. 192より引用）

関連して，自己の所属する文化の意味体系を他の文化体に説明すると同時に，他の文化グループの意味体系を背景として発生する経営事象を，自己の属する文化の意味体系に照らして，解釈するものである．第1文化と第2文化間のコミュニケーションや自らの異文化経験を積み重ねることにより，新しい知識・意味・価値体系を持った「第3文化体」が発生する．

第3文化体とは，①第1，2文化の言語ができ，②第1，2文化を十分に理解し，③第1，2文化グループのいずれか一方で信頼されていることが条件である．なお，第1，2文化体の両グループで信頼されている第3文化体は「超第3文化体」と定義される．第3文化体と超第3文化体は，異文化の橋渡しが可能であり，海外事業を行う企業の現地化の過程において，大きな役割を果たすものである[69]．

従って，「異文化インターフェイス管理」は，多国籍企業経営と異文化コミュニケーションの中間に位置して両者を結び付ける概念である[70]．

融合変化の動態性　　各国の社会は互いに接触することを通じて，変化を遂げる．この変化を静態的に捉えたのが，「融合変化」[71]の静態モデルである．図1

図1-3-3　融合変化の動態モデル

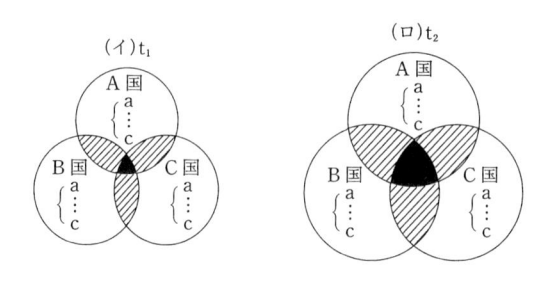

出所：Massie, Joseph L. & Luytjes, Jan (ed.) (1972) (江夏健一 [1984] p.193より引用)

-3-2に示すように，このモデルでは，融合変化の結果，異質の文化や価値観を持つ社会間で共通部分が増大している．つまり，時が経つにつれて，融合が進んで経営文化の同質化が進むという考えである．

しかし，実際には融合が進むとともに，乖離も進展する．この点に着目して，文化的社会的融合変化は文化や価値観の多様化を促すという考えを図式化したのが，図1-3-3である．

このモデルでは，t_1からt_2に移行した時に，融合部分（黒塗り）が拡大しているが，同時に融合していない部分（白抜き）も拡大している．このことは，現実に多国籍企業が海外で事業を行う場合に，現地の文化を加味した経営を行ったとしても，必ずしも経営文化が収斂に向かうのではなく，社会のダイナミックな変化によって時が経つに連れて拡散も生じることから，絶えずその戦略の見直しが必要とされることを示唆している．

マインドスケープ：認識論的パターン　　丸山（1993）は，異文化経営における摩擦は，単に価値観や慣習の違いによるものではなく，基本的な認識や論理のパターンの違いに起因するものであると言い，これをマインドスケープ（mindscapes）と呼んでいる．

表1-3-4に示すように，マインドスケープの型は基本的には，H型，I型，

表1-3-4 マインドスケープの4つの型

H-type	I-type	S-type	G-type
homogenist	heterogenist	heterogenist	heterogenizing
universalist	individualist	mutualist	mutualizing
hierarchical	isolationist	interactive	interactive
classifying	randomizing	contextual	contextualizing
eternal	temporary	pattern-maintaining	pattern-generating
sequential	no order	simultaneous	simultaneous
competitive	uniquing	cooperative	cogenerative
zero-sum	negative-sum	positive-sum	positive-sum
unity by similarity	independence	mutual gain by diversity	mutual gain by diversity
identity	identity	relation	relating
specialization	specialization	convertibility, job rotation	convertibility, job rotation
opposition	separation	absorption	absorption
tension	indifference	continuity	flow
extention	caprice	stability	development
one truth	subjectivity	polyocular	polyocular

出所：Maruyama, Magoroh (1993) p.123

S型，G型の4つがあるとしている．各人がどの型に分類されるかということは，各人のこのリストに対する反応による．①このリストが十分でなく区分けが明確でないとして，自分でリストを作ろうとする人は，H型の人である．②このリストは全くだめであるとして拒否する人は，I型の人である．③このリストは状況によって変化が可能であると考える人は，S型またはG型に分類される[72]．

丸山(1993)は，異文化経営を効率的に行うには次の手順が必要であるとしている．

①マインドスケープの4つの型を認識する．②自分の型以外の型の理解を深める．③その国の文化で主流となる型以外の型の人を活用する．特に，バイ・スケープの人(biscapal persons)[73]が異文化経営においては2つの文化の橋渡しとして重要な役割を果たすことができる[74]．

表1-3-5　組織における文化的多様性のメリットとデメリット

メリット	デメリット
多様性により 　創造性が増大 　広い視野 　多くの優れたアイデア 　　　⇩ 　より的確な問題規定 　多くの代替案 　より効果的な解決策 　優れた意思決定	多様性により 　一体感の欠如 　信頼醸成が困難 　コミュニケーションの複雑化 　　　⇩ 　合意形成が困難 　意思決定に要する労力と時間が増大

出所：馬越恵美子（1997）「企業経営における異文化論的考察」『東京純心女子大学紀要第1号』p. 40（原典：Adler, J. Nancy [1997] *International Dimensions of Organizational Behavior*, South-Western College Publishing, p. 132）

2つの文化の橋渡しが必要であるという点に関して，この概念は前述のインターフェイス管理の概念と共通点がある．両概念とも，国，またはその国の企業には主流の文化があることを前提に，海外との交流において文化的な境界面に立ち，媒介する役割を重視している．

文化的多様性と異文化シナジー　　アドラー（Adler, 1997）は，異文化経営においては文化的多様性（cultural diversity）が避けられないものであるのなら，この特徴を理解した上で，これを管理して効果的に活用することが重要であると説き，異なった文化が接触することによって生み出される相乗効果を，「異文化シナジー」（cultural synergy）と呼んでいる．

文化的に多様であるということは，表1-3-5に示すように，組織にメリットとデメリットをもたらす．

企業が国を越えてビジネスを行う場合，また企業内に異なった文化的背景を持つ社員を抱える企業においては，この表でも明らかなように，文化的多様性が組織の効率的な運営へマイナスの影響を与えるとともに，様々なプラスの相乗効果も期待できる．この相乗効果，すなわち，異文化シナジーを持つ組織で

は，構成員が互いの方法の違いを認識し，かつ本質的に優劣をつけない．つまり，シナジー的な組織では，異なった方法の創造的結合が組織の運営や仕事の上で最善の方法を生み出すと考えられている．文化的多様性自体の管理よりも，その影響を管理することによって，多様性の最小化ではなく，潜在的問題を最小化する努力が払われている．同時にそうした組織は，多様性を無視するのではなく，潜在的メリットを最大化するように行動する．文化的多様性は組織にプラスとマイナスの影響を与える潜在力を持っているが，実際の結果がプラスになるかマイナスになるかは多様性それ自体ではなく，多様性へのアプローチの仕方によって，決まるのである．つまり，文化的多様性に基づいた「異文化シナジー」は，類似点をベースに相違点を融合させることで，より効果的な企業活動と管理システムを生み出すという概念である[75]．

コンティンジェンシー理論　コンティンジェンシー理論は，新しいアプローチではなく，古典的な文献にもいくつかの記載がある．例えば，組織論に関しては，ローレンスとローチ（Lawrence & Lorsch, 1967）[76]，ガルブレイス（Galbraith, 1973, 1977）[77]，ホール（Hall, 1991）[78]，リーダーシップに関しては，フィードラー（Fiedler, 1967）[79]，エバンス（Evans, 1970）[80]，ハウス（House, 1971）[81] 等である．

　ルーサンズら（Luthans et al., 1997）のいうコンティンジェンシー・マトリックスは，"If‐Then" のアプローチであり，"If" は国またはその文化であり，"Then" は多国籍企業において目標を達成するための人的資源管理（IHRM：International Human Resource Management）である．コンティンジェンシー・マトリックスのアプローチは，多国籍企業のコア・コンペタンスを強化するために，国の文化的環境と人事戦略を合致させる最善の方法を試みるものである．

　表1-3-6は，"If" を4ヶ国と想定した場合の，コンティンジェンシー・マトリックスである．

　コンティンジェンシー・マトリックスをIHRMに活用する利点は，ルーサンズらによれば，次の通りである．第1に，トランスナショナル・カンパニー

表1-3-6 コンティンジェンシー・マトリックス

	Japan	Germany	Mexico	China
Recruitment & Selection	Prepare for long process Ensure that your firm is "here to stay" Develop trusting relationship with recruit	Obtain skilled labor from government subsidized apprenticeship program	Use expatriates sparingly Recruit Mexican Nationals at U. S. colleges	Recent public policy shifts encourage use of sophisticated selection procedures
Training	Make substantial investment in training Use general training & cross training Training as everyone's responsibility	Recognize & utilize apprenticeship programs Be aware of government regulations on training	Use bi-lingual trainers	Careful observations of existing training programs Utilize team training
Compensation	Use recognition & praise as motivators Avoid pay for performance	Note high labor costs for manufacturing	Consider all aspects of labor costs	Use technical training as reward Recognize egalitarian values Use "more work more pay" with caution
Labor Relations	Treat unions as partners Allow time for negotiations	Be prepared for high wages & short work week Expect high productivity from unionized workers	Understand changing Mexican labor law Prepare for incresing unionization of labor	Tap large pool of labor in cities Lax labor laws may become more stringent
Job Design	Include participation Incorporate group goal setting Use autonomous work teams Use uniform formal approaches Encourage co-worker input Empower teams to make decision	Utilize works councils to enhance worker participation	Approach participation cautiously	Determine employee's motives before implementing participation

出所：Luthans, Fred, Paul A. Marsnik & Kyle W. Luthans (1997) "A Contingency Matrix Approach to IHRM", *Human Resource Management*, Summer 1997, Vol. 36, No. 2, p. 186.

第 3 章　異文化経営論の先行研究　73

においては誰にもどこでもいつでも適用できる「唯一最善の方法」(there is no "one best way") はない，ということを人事担当者に認識させること，第 2 に，コンティンジェンシー・マトリックスは異文化経営における人事管理の最良の処方箋になること，第 3 に，マトリックスの作成は，人事担当者がアクセスできるデータを駆使して現実に可能であること，である．ただし問題は，急速に変化する世界の環境の中で，いかにして最新のマトリックスを維持するかである．[82]

本章のまとめ　この章では，異文化経営論の研究の系譜とその方法論を明らかにし，国際的視点から見た単一文化（圏）と 2 ヶ国及び 3 ヶ国の比較研究を考察した．これらの研究は，各国の文化を主体としたスタティックな研究であるため，グローバルな市場を舞台に多数の国の現地法人と有機的につながっている今日の先進的な多国籍企業が行っているダイナミックな事業展開や企業経営との間に，かなりのギャップがあることは否定できない．このことを念頭に，さらに多国間の研究を検討し，そこから示唆に富む結果を得たが，いずれもデータの表層的な分析と現象の説明に留まっており，異文化経営論の中心となる理論には成り得ていない．

　さらに本章では，異文化インターフェイス管理やコンティンジェンシー理論等の異文化経営論の諸学説を考察し，いずれも共通項としては，「国の文化」を一義的に捉えていることを確認した．この視座が果たして，現在も加速する企業経営のグローバル化を本当の意味で反映しているものかは，大いに疑問の残るところである．

　このことは，国の文化を超えた経営論，さらには，異文化経営論の新しい展開の必要性を示唆するものである．この点に関しては，次章（多国間定量分析の検証）の後に，第 2 部（異文化経営論の新たな展開）において，実証研究を含めて詳しく論じることとする．

注

1) 以下は，Bartholomew, Susan & Nancy Adler (1996) "Building Networks and Crossing Borders: the Dynamics of Knowledge Generation in a Transnational World", in Joynt, Pat & Malcolm Warner (ed.), *Managing Across Cultures*, International Thomson Business Press, pp. 12–27 を参照した．

2) Adler, Nancy, J. (1983) "Cross-cultural Management Research: the Ostrich and the Trend", *Academy of Management Review*, Vol. 8, pp. 226–232.

3) Godkin, L., C. E. Braye, & C. L. Caunch (1989) "US-based Cross-cultural Management Research in the Eighties", *Journal of Business and Economic Perspectives*, Vol. 15, pp. 37–45.

4) Peng, T. K., M. F. Peterson & Y. P. Shyi (1990) "Quantitative Methods in Cross-national Management Research: Trends and Equivalence Issues", *Journal of Organizational Behavior*, Vol. 12, pp. 87–107.

5) McEvoy, G. M. (1991) *Publication Trends in International Human Resource Management : The Decade of the 1980s*, Working paper, Utah State University, pp. 1–21.

6) Adler, N. J. & S. Bartholomew (1992) "Academic and Professional Communities of Discourse: Generating Knowledge on Transnational Human Resource Management", *Journal of International Business Studies*, Vol. 23, pp. 551–569.

7) これらの文献の多くはその後，加筆修正され，単著または共著として出版されている．

8) また，一国内の異なった文化（民族グループ，人種，ジェンダー等）を異文化とみなした研究もある．

9) 多くの学者が，これまで行われた多国間定量分析の中で validity が高いのは，ホフステッドによる研究とトランペナーズによる研究のみである，と指摘している．この点に関しては，第1部の第4章で詳述する．

10) Dubin, Robert (1970) "Management in Britain: Observations of a Visiting Professor", *Journal of Management Studies*, Vol. 7 (2), pp. 183–198.

11) Cummings, L. L. & S. M. Schmidt (1972) "Managerial Attitudes of Greeks: The Roles of Culture and Industrialization", *Administrative Science Quarterly*, Vol. 17 (2), pp. 265–272.

12) Blunt, P. (1973) "Cultural and Situational Determinants of Job Satisfaction amongst Management in South Africa", *Journal of Management Studies*, Vol. 10 (2), pp. 133–140.

13) Negandhi, A. R. (1973) *Management and Economic Development : The Case of Taiwan*, The Hague: Martinus Nijhoff.

14) Chang, Y. N. (1976) "Early Chinese Management Thought", *California Management Review*, Vol. 19 (2), pp. 71–76.
15) Albrecht, S. L. (1980) "Politics Bureaucracy and Worker Participation: The Swedish Case", *Journal of Applied Behavioral Science*, Vol. 16 (3), pp. 229–317.
16) Zahara, S. A. (1980) "Egyptian Management at the Crossroads", *Management International Review*, Vol. 20, pp. 118–124.
17) Dunphy, D. C. & B. W. Stening (1984) *Japanese Organization Behavior and Management*, Hong Kong: Asian Research Service.
18) Birnbaum, P. H. & G. Y. Y. Wong (1985) "Organizational Structure of Multinational Banks in Hong Kong from a Culture-free Perspective", *Administrative Science Quarterly*, Vol. 30 (2), pp. 262–277.
19) Bond, M. H. (ed.), (1986) *The Psychology of the Chinese People*, Oxford University Press.
20) Gerlach, M. (1987) "Business Alliances and the Strategy of the Japanese Firm", *California Management Review*, Vol. 30 (1), pp. 126–142.
21) Lincoln, J. R. & K. McGride (1987) "Japanese Industrial Organization in Comparative Perspective", *Annual Review of Sociology*, Vol. 13, pp. 289–335.
22) Child, J., (1990) "The Character of Chinese Enterprises Management", in Child, J & M. Lockett (ed.), *Reform Policy and The Chinese Enterprises*, London: JAI Press.
23) Lawrence, P. (1990) *Management in the Land of Israel*, Cheltenham: Stanley Thornes.
24) Campbell, A & M. Warner (1993) "German Management" in David J. Hickson (ed.), *Management in Western Europe: Society, Culture and Organization in Twelve Nations,* De Gruyter.
25) Sorge, A. (1993) "Management in France" in David J. Hickson (ed.), 同上書.
26) Gagliardi, Pasquale & Barry Turner (1993) "Aspects of Italian Management" in David J. Hickson (ed.), 同上書.
27) Hickson, David J. & Derek S. Pugh (1995) *Management Worldwide*, Penguin Books.
28) Badawy, M. K. (1980) "Style of Middle Eastern Managers", *California Management Review*, Vol. 21, pp. 51–58.
29) Hyden, Goran (1983) *No Shortcuts to Progress: African Development Management in Perspective*, Heinemann.
30) El-Ashker, Ahmed Abdel-Fattah (1987) *The Islamic Business Enterprise,*

Croom Helm.

31) Hofstede, Geert & Michael H. Bond (1988) "The Confucius Connection: From Cultural Roots to Economic Growth", *Organizational Dynamics*, Vol. 16 (4), pp. 4-21.

32) Blunt, Peter & Merrick L. Jones (1992) *Managing Organizations in Africa*, De Gruyter.

33) Fryman, Roman, Andrzej Rapaczynski & John S. Earle et al. (1993) *The Privatization Process in Central Europe*, Central European University Press.

34) ハリスとモラン (Harris & Moran, 1996) は，著書の前段でグローバル経営における文化の影響を明らかにした上で，世界を北米，中南米，アジア，ヨーロッパ，中東，アフリカにわけて経営文化の特徴を詳述しているが，これは地域的な区分けであり，それぞれの地域をひとつの文化圏とするのではなく，さらに詳しく各国の特徴を論じている。(Harris, Philip R. & Robert T. Moran [1996] *Managing Cultural Differences* [Fourth Edition], Gulf Publishing Company).

35) Dore, Richard (1973) *British Factory-Japanese Factory*, University of California Press.

36) Graves, D. (1972) "The Impact of Culture upon Managerial Attitudes, Beliefs and Behavior in England and France", *Journal of Management Studies*, Vol. 10, pp. 40-56.

37) Cole, R. E. (1979) *Work, Mobility, and Participation: A Comparative Study of American and Japanese Industry*, CA: University of California Press.

38) Hoover, J. D., R. M. Troub, C. J. Whitehead, & L. G. Flores (1978) "Social Performance Goals in the Peruvian and the Yugoslav Worker Participation Systems", in Susbauer, J. (ed.), *Academy of Management Proceedings '78*, CA, pp. 241-246.

39) Child, J. & A. Kieser (1979) "Organization and Managerial Roles in British and West German Companies: An Examination of the Culture-free Thesis", in C. J. Lammers & D. J. Hickson (ed.), *Organization Alike and Unlike*, London: Routledge & Kegan Paul, pp. 251-271.

40) Doktor, R. (1983) "Culture and the Management of Time: A Comparison of Japanese and American Top Management Practice", *Asia Pacific Journal of Management*, Vol. 1 (1), pp. 65-71.

41) Nevis, E. C. (1983) "Cultural Assumptions and Productivity: The United States and China", *Sloan Management Review*, Vol. 24 (3), pp. 17-28.

42) Carroll, G. R. & J. Delacroix (1982) "Organizational Mortality in the Newspaper Industries of Argentina and Ireland: An Ecological Approach",

Administrative Science Quarterly, Vol. 27, pp. 189–198.
43) Maurice, M. et al. (1982) *Politique d'Education et Organisation Industrielle en France et en Allemagne*, Paris: PUF.
44) England, George W. (1983) "Japanese and American Management: Theory Z and Beyond", *Journal of International Business* (Fall 1983), pp. 131–141.
45) Clark, K. S., M. V. Kim & S. J. Freeman (1989) "Contradictions between Brazilian and U. S. Organizations: Implications for Organizational Theory", in C. A. B. O sigweh (ed.), *Organizational Science Abroad: Constraints and Perspectives*, NY: Plenum Press, pp. 203–226.
46) Trevor, Malcom H. (1993) "Training and the Nature of Managerial Work: An Anglo-Japanese Comparison", in Yano, Shunsuke (ed.), *Global Management and Innovation Strategies*, Chikura-Shobo, pp. 61–76.
47) Davis, Scott T., Masanobu Fukutani, Koichiro Imano, Hiroki Sato & Shigemi Yahata (1993) "The Organization of Research and Development and the Career Formation of R&D Personnel in Britain and Japan", 同上書, pp. 40–60.
48) Axelsson, R., D. Cray, G. R. Mallory & D. C. Wilson (1991) "Decision Style in British and Swedish Organizations: A Comparative Examination of Strategic Decision Making", *British Journal of Management*, Vol. 2, pp. 67–79.
49) England, G. W. & R. Lee (1971) "Organizational Goals and Expected Behavior among American, Japanese and Korean Managers: A Comparative Study", *Academy of Management Journal*, Vol. 14 (4), pp. 425–428.
50) Maurice, Marc, Arndt Sorge & Malcolm Warner (1980) "Societal Differences in Organizing Manufacturing Units: A Comparison of France, West Germany and Great Britain", *Organization Studies*, Vol. 1 (1), pp. 59–86.
51) Blackford, M. G. (1988) *The Rise of Modern Business in Great Britain, the United States and Japan*, University of North Carolina Press.
52) Hall, E. T, & M. R. Hall (1990) *Understanding Cultural Differences: Germans, French and Americans*, Intercultural Press.
53) Vertinsky, Ilan, David K. Tse, Donald A. Wehrung & Kam-hon Lee (1995) "Organizational Design and Management Norms: A Comparative Study of Managers' Perceptions in the People's Republic of China, Hong Kong and Canada", in Jackson Terence (ed.), *Cross-cultural Management*, Buttterworth Heinemann, pp. 79–96.
54) アドラーとグラハム (Adler & Graham, 1989) は，日本と米国とカナダの462人のビジネスマンを対象に，自国人に対する姿勢と外国人に対する姿勢を観察し，同一文化内の行動と異文化行動を比較して分析している．(Adler, Nancy

& John L. Graham [1989] Cross-cultural Interaction: The International Comparison Fallacy?, *Journal of International Business Studies*, Fall 1989, pp. 515–537.)

55) この他の異文化経営論に属する文献としては，ここに挙げた分類のほか，一国内の多様な文化（ジェンダー，民族グループ，人種等）に対するマネジメントに関するものや，コンサルタントが異文化における対応を解説した実践書等がある．（前者の例：Simons F. George, Carmen Vzquez, & Philip R. Harris [1993] *Transcultural Leadership: Empowering the Diverse Workforce*, TX: Gulf Publishing Company. 後者の例：Elashmawi, Farid, & Philip R. Harris [1998] *Multicultural Management 2000*, TX: Gulf Publishing Company.)

56) 調査の対象となった10ヶ国は米国と西欧9ヶ国であり，両調査とも同じ10ヶ国を対象としている．

57) Laurant, André (1983) "The Conceptual Diversity of Western Conceptions of Management", *International Studies of Management and Organization*, Vol. 13, No. 1–2, pp. 75–96.

58) ここでいう「個人主義志向の国と集団志向の国」は，ホフステッドのモデルに基づいている．ホフステッドの研究は次章で詳述する．(Hofstede, Geert [1991] *Cultures and Organizations*.)

59) Smith, P. B. & M. F. Peterson (1994) *Leadership as Event Management: A Cross-cultural Survey Based upon Middle Managers from 25 Nations*, Paper presented as part of a Symposium at the International Congress of Applied Psychology, Madrid.

60) Alpander, G. G. & K. D. Carter (1995) "Strategic Multinational Intra-company Differences in Employee Motivation", in Jackson, Terence (ed.), *Cross-cultural Management*, Oxford: Butterworth Heinemann.

61) Lewis, Richard D. (1996) *When Cultures Collide*, London: Nicholas Brealey Publishing.

62) ルイスは世界数10ヶ国で事務所を持ち，異文化トレーニングを行っており，本調査はそれらの活動で得られたデータに基づいているが，調査の方法論が明確でないこと，また国と地域をミックスして分析していることから，validity の高い調査とは言えない．また，リアクティブ型の背景としては，これらの国が欧米に比べて工業化が遅れて始まったことから，文化的要素とともに後発効果があるのではないかと推定される．

63) *Academy of International Business Newsletter*, Vol. 4, No. 3, Third Quarter 1998, p. 1.

64) Smith, Peter B. (1996) "National Cultures and the Values of Organizational Employees: Time for Another Look", in Joynt, Pat & Malcolm Warner (ed.),

Managing Across Cultures : Issues and Perspectives, International Thomson Business Press, pp. 92-102.

Hickson, David J. & Derek S. Pugh (1995) Management Worldwide, pp. 20-38.

Sharma, D. Deo & Carolin Wallstrm-Pan (1997) "Internal Management of Sino-Swedish Joint Ventures", in Bjrökman, Ingmar & Mats Forsgren (ed.), *The Nature of the International Firm*, Copenhagen : Handelshojskolens Forlag, pp. 363-390.

Triandis, Harry C. (1994) "Cross-cultural Industrial and Organizational Psychology" in Triandis, Harry C., Marvin D. Dunnette & Leaetta M. Hough (ed.), *Handbook of Industrial & Organizational Psychology*, CA : Consulting Psychologists Press, pp. 103-172.

65) Luthans, Fred, Paul A. Marsnik & Kyle W. Luthans (1997) "A Contingency Matrix Approach to IHRM", *Human Resources Management*, Summer 1997, Vol. 36, No. 2, pp. 183-199.

66) エピステミック・コミュニケーションとは，ホルズナー（Holzner, 1968）のエピステミック共同体（相互に類似の適応素因を形成された人間集団 [Holzner, Burkart, *Reality Construction in Society,* MA : Schenkman, Chapter 4]）の概念を用い，異文化コミュニケーションを大きな相違のあるエピステミック共同体間のコミュニケーションとして想定するものである．（林吉郎 [1985]『異文化インターフェイス管理』有斐閣，pp. 168-171 & p. 185）

67) アコフ（Ackoff）・モデルでは，主体が自分の設定する目的に向かって行動するような状態，すなわち向目的態を6つの概念によって規定している．（林吉郎 [1985]，同上書，p. 187）

68) 村上・熊谷・公文モデルの特徴は，社会システムの構成要素としての個人や組織を個別主体として理解し，第一層の内部構造を検出・決定・実施の3単位で捉えることにある．（村上泰亮・熊谷尚夫・公文俊平 [1973]『経済体制』岩波書店）（林吉郎 [1985]，同上書，p. 194 & p. 213）

69) 林吉郎 [1985]『異文化インターフェイス管理』有斐閣，pp. 33-34．

70) 同上書，p. i．

71) 「融合変化（acculturation）」とは，人的関与の結果生ずる変化である．（江夏健一 [1984]『多国籍企業要論』文眞堂，p. 192）

72) Maruyama, Magoroh (1993) "Multicultural Management Frictions and Epistemological Patterns" in Yano, Shunsuke (ed.), *Global Management and Innovation Strategies*, Chikura Shobo, pp. 121-123.

73) バイ・スケープの人（biscapal persons）とは，自分はその国で主流となっている型には当てはまらないが，その主流型ともうまくやれる人である．

74) Maruyama, Magoroh (1993), 前掲書, p. 122 & p. 136.
75) Adler, J. Nancy (1997) *International Dimensions of Organizational Behavior*, South-Western College Publishing, pp. 106–107.
76) Lawrence, P. R. & J. W. Lorsch (1967) *Organization and Environment*, Harvard University Press.
77) Galbraith, J. (1973) *Designing Complex Organizations*, MA: Addison-Wesley.
    Galbraith, J. (1977) *Organization Design,* MA: Addison-Wesley.
78) Hall, R. H. (1991) *Organizations, 5th Edition*, NJ: Prentice Hall.
79) Fiedler, F. E. (1967) *A Theory of Leadership Effectiveness*, NY: McGraw-Hill.
80) Evans, M. G. (1970) "The Effect of Supervisory Behavior on the Path Goal Relationship", *Organizational Behavior and Human Performance*, Vol. 5, pp. 277–298.
81) House, R. J. (1971) "The Path Goal Theory of Leader Effectiveness", *Administrative Science Quarterly*, Vol. 16, pp. 321–338.
82) Luthans, Fred, Paul A. Marsnik & Kyle W. Luthans (1997), p. 196–197.

第4章　多国間定量分析の検証

本章では，前章で述べたように，信頼性が極めて高いという一致した研究者の見解が得られているホフステッドとトランペナーズの研究を詳しく検討する．

I　ホフステッドのモデル

1．ホフステッドの研究系譜[1]

HERMES サーベイ　ホフステッドの研究の発端は HERMES サーベイであり，その準備を行った 1966 年にまで遡ることができる．この調査は，HERMES Corporation（仮名）[2]と呼ばれる，ある多国籍企業の世界 40 ヶ国の現地法人の社員に対して，1968 年と 1972 年の 2 度に渡って行われ，116,000 人から調査票に対する回答を得ている．また，回答者については，職業，年齢，性別のマッチングを行っている．この膨大なデータの分析を 1973 年から 1978 年にかけて行った結果をまとめたのが，1980 年に出版された *Culture's Consequences* である[3]．その後，他の多国籍企業や国際経営学を学ぶ管理職を対象に調査を行い，データを追加してはいるが，ホフステッドの研究の最も重要なベースとなったのが，この HERMES サーベイで得られたデータである．

***Culture's Consequences* (1980)——4 つの次元による 40 ヶ国の比較研究**　これは後に出版される *Cultures and Organizations* (1991)[4] の根幹を成す著作である．経営と組織における「文化」の問題を，独自の分析枠組みを用いて，科学的かつ定量的に分析している．これ以降の経営学や経済学の研究において，文化的要素が関与する場合には，その大多数にホフステッドが提唱した分析枠組みが用いられるようになった．

ホフステッドは，文化を「一つの人間集団の構成員を他の集団と区別する，集団的なメンタル・プログラミング」と定義している[5]．人間のメンタル・プログラミングには個人的，集団的，普遍的の 3 つのレベルがある，としている．

普遍的なレベルは，人類共通の遺伝子に組み込まれたもので，集団的なレベルは，学習を通じて学ぶもので，個人的なレベルは，一卵性双生児でさえも個性が異なるように，一人ひとりのユニークな個性である，と言う．

ホフステッドは，個人にとっての個性が，人の集団にとっての文化であると言い，国をこの集団の単位と捉えて，national culture（国の文化）を切り口として，経営の比較分析を行っている．また，国の文化には安定したパターンが見られ，ある種のメカニズムが作用するとしている．すなわち，中心に社会的規範（societal norms）があり，その集団に共通の価値体系があって，その基には様々な生態学的要因（ecological factors）がある．また，変化する場合は，主に外からの影響による，と言う．

ホフステッドは，調査票の回答について統計分析（主にクロス集計と因子分析）を行って，4つのdimension（次元）を抽出している．この4つとは，Power Distance（権力格差），Uncertainty Avoidance（不確実性の回避），Individualism（個人主義），Masculinity（男性度）であり，それぞれの次元について，40ヶ国のスコアを出して各国の比較をしている．

さらに，スイスのローザンヌ（Lausanne）にあるIMEDE Management Development Institute において自らが回収したデータを基に分析を行い，上記の研究と同様の結果を得ている．また，38の他の研究者による調査結果と上記の4つの次元との相関性を調べて，強い相関性を得ている．

ホフステッドの研究成果は画期的なものであったが，この *Culture's Consequences* と題する本の編み方は専門的で，一般的には理解し難い内容であり，調査対象である HERMES Corporation の管理職の価値観を記したものである，との誤解も受けた．この反省を生かして，その約10年後に，ホフステッドは新たな著作を世に出している．それが，*Cultures and Organizations* である．

Cultures and Organizations（1991）——5つ目の次元を加えた多国間分析　　1980年代には文化の違いに関する研究が数多く行われ，多くの文献が出版された．

第4章 多国間定量分析の検証　83

1991年に出された *Cultures and Organizations* は，*Culture's Consequences* (1980) を基にさらに他の研究者の研究結果とホフステッド自身が行った新しい研究の成果を含んでいる．

ここでは国の数としては，前回の40ヶ国に対してさらに10ヶ国と3地域が加わり，合計で53となった．また，新たに5番目の次元として，長期志向 vs. 短期志向（long-term vs. short-term）が抽出されている．これはカナダ人で長年極東に住むボンド（Bond, Michael）による，中国人の思考に基づいて作成した調査票による調査結果を分析して得られたものである[6]．さらに，IRIC研究所が1985年から1987年にかけてデンマークとオランダの20の組織部門で実施した研究プロジェクトから得た新たな知見を基に，組織文化についての分析も行っている．この他に，異文化との遭遇が現実にもたらす問題や異文化コミュニケーションに関しても，具体的な提案をしている．

この本（*Cultures and Organizations*）はホフステッドの一連の研究の要であり，特にこれら5つの次元（権力格差［Power Distance］，不確実性の回避［Uncertainty Avoidance］，個人主義 vs. 集団主義［Individualism vs. Collectivism］，男性度 vs. 女性度［Masculinity vs. Femininity］，長期志向 vs. 短期志向［long-term vs. short-term］）は，ホフステッド理論の中核を成すものである．そこで，これらの次元による各国の比較分析は，本章の後段で詳述することとする．

組織文化の研究　　ホフステッドは，組織や企業の文化は組織全体に想定される特徴であり，個人ではなく社会システムとしての文化であるが，組織文化はその構成員の認識を通じて測定されると言う[7]．

IRIC研究所は1985年と1986年にデンマークとオランダで企業文化の調査を行い[8]，そのデータを基に因子分析を行い，組織文化における6つの次元を抽出している[9]．

　① 過程重視 vs. 結果重視　（Process-oriented vs. results-oriented cultures）
　② 職務志向 vs. 社員志向　（Job-oriented vs. employee-oriented cultures）
　③ プロ意識 vs. 帰属意識　（Professional vs. parochial cultures）

④ 開放的システム vs. 閉鎖的システム （Open system vs. closed system cultures）

⑤ タイト・コントロール vs. ルース・コントロール（Tightly vs. loosely controlled cultures）

⑥ 現実的 vs. 規範的 （Pragmatic vs. normative cultures）

過程重視 vs. 結果重視の次元では，企業文化の均質性が問われている．過程重視の文化では社員の認識に一致が見られないが，結果重視の文化では社員全員が仕事に対して共通の認識を持っている．すなわち，企業文化の均質度が企業の競争力（strength）の尺度となっている．

職務志向 vs. 社員志向の次元では，職務志向の文化では社員の業績のみが重視されているが，社員志向の文化では社員の厚生が重視されている．この次元では，企業の創設者や労使紛争等の企業史が大きな影響を持っている．

プロ意識 vs. 帰属意識の次元では，プロ意識が強いのは通常は高学歴の社員であり，帰属意識というのは，職業より企業への所属を重視する傾向である．

開放的システム vs. 閉鎖的システムの次元は，社内及び社外コミュニケーションのスタイルと外部者及び新規採用者に対する許容度を示している)．[10]

タイト・コントロール vs. ルース・コントロールの次元は，企業が正式の手続きを尊重する度合いを表している．[11] また，現実的／規範的の次元は，環境にどう対応するか，特に顧客重視かどうかを見る次元である．

ホフステッドによれば，企業文化は国の文化に比べて相対的に表層的ではあるが，集団的習慣になっているため，変えるのはそれほど容易ではない．企業文化を変えるには，企業トップが率先して計画し，数年かけて，評価をしながら実行することが必要である．

東欧の研究[12] 　ホフステッドは最近の東欧における歴史的転換をきっかけに，1971年に収集したIBMのユーゴスラビア（当時）のデータを見直して，次のような結果を得ている．

まず，スロベニア，クロアチア，セルビアの際立った特徴は，「権力の格差」

と「集団主義」と「不確実性の回避」が強いという点である.特に,セルビアは他の欧州諸国と比べて,「権力の格差」と「不確実性の回避」の度合いが著しく大きくなっている.また,ボリンジャー(Bollinger, 1988)のIBM調査の設問を使ったロシアにおける研究でも,「権力格差」と「不確実性の回避」の度合いが極めて高い結果が得られている.EU諸国の中では,ギリシャの「不確実性の回避」の度合いはセルビアと同じくらい高くなっている.現在セルビアに対して同情的なのはギリシャとロシアであるということを考えると,これはこの3ヶ国が共通のメンタル・プログラムを備えていることに起因すると予想される.

この調査結果は,旧ユーゴに民主主義の導入が望ましいとしても,民主主義が根づくには最低限の個人主義が必要であるため,メンタル・プログラミングから見て実現への道は遠く,国の将来を占うに当たっては,国の文化,国民のメンタル・プログラムを重視する必要があることを示唆している.

以上,ホフステッドによる一連の研究の系譜を明らかにした.組織文化に関する研究を除けば,いずれも「国の文化」を分析の単位にしており,1960年代後半から1970年代に行ったHERMES社(仮名)(後にIBMと判明)の社員の調査データを基にしたものが大半を占めている.ただし,冒頭でも述べたように,「文化」という要因を経営学において科学的に導入した功績は極めて大きいと言えよう.

2. 4次元モデルによる国別経営文化の分析

4次元モデル(4 D-Model)　ホフステッドの4次元モデルは,①権力格差[Power Distance],②不確実性の回避[Uncertainty Avoidance],③個人主義 vs. 集団主義[Individualism vs. Collectivism],④男性度 vs. 女性度[Masculinity vs. Femininity]から構成される.

データは,1968年と1972年に収集され,IBMの72の現地法人と38の職

種と 20 の言語をカバーし，100 問から成る質問表に対して，合計で 116,000 人以上の回答を得ている．

　IBM の社員の価値観を調べることで，その国の文化を理解することができるのか，という疑問に関しては，ホフステードは次のように答えている[13]．確かに IBM の社員はその国の一般大衆を代表するものではないが，各国の比較研究の標本は必ずしも代表的である必要はない．

　重要なことは，各国の調査対象者が国籍以外は性別，職種，学歴等でマッチしていて，機能的な差がないことであり，IBM の社員はこの点で最適である．従って，IBM のデータは明白に国の文化による違いを示すことになる．この調査は，IBM の企業文化を表すのではなく，あくまでも A 国の社員の回答と B 国の社員の回答とを比べてその差を分析することを目的とするからである．

　分析対象国の数に関しては，当初，標本数が 50 人以下の現地法人は除外して，40 の現地法人から得たデータのみを対象とした．後に，10 ヶ国を追加し，さらに 14 ヶ国を 3 地域（東アフリカ，西アフリカ，アラブ諸国）に分類し，分析対象単位を 53（国と地域）とした．残りの 8 ヶ国は回答者数が余りにも少なかったため，除外した．

　データの統計処理に関しては，価値観に関する 32 の設問の回答から国ごとの平均値を出し，それに対して因子分析を行った．因子分析の結果，因子負荷量の大きい項目を選択し，それらの項目の組み合わせによりファクター（次元）を抽出した[14]．

　また，既に述べたように，他のデータ・ソースとの相関性をチェックして，この 4 次元モデルの検証（validation）が行われている[15]．

権力格差指標（PDI：Power Distance Index）　　PDI は，次の 3 つの設問によって構成されている．

① 上司と意見が一致しない場合に，それを表現することを社員が恐れることがあるか？（管理職以外への設問）
② 上司の意思決定のスタイルは，専制的か温情的か？

表1-4-1　50ヶ国と3地域における権力格差指標（PDI）の値

Score rank	Country or region	PDI score	Score rank	Country or region	PDI score
1	Malaysia	104	27/28	South Korea	60
2/3	Guatemala	95	29/30	Iran	58
2/3	Panama	95	29/30	Taiwan	58
4	Philippines	94	31	Spain	57
5/6	Mexico	81	32	Pakistan	55
5/6	Venezuela	81	33	Japan	54
7	Arab countries	80	34	Italy	50
8/9	Equador	78	35/36	Argentina	49
8/9	Indonesia	78	35/36	South Africa	49
10/11	India	77	37	Jamaica	45
10/11	West Africa	77	38	USA	40
12	Yugoslavia	76	39	Canada	39
13	Singapore	74	40	Netherlands	38
14	Brazil	69	41	Australia	36
15/16	France	68	42/44	Costa Rica	35
15/16	Hong Kong	68	42/44	Germany FR	35
17	Colombia	67	42/44	Great Britain	35
18/19	Salvador	66	45	Switzerland	34
18/19	Turkey	66	46	Finland	33
20	Belgium	65	47/48	Norway	31
21/23	East Africa	64	47/48	Sweden	31
21/23	Peru	64	49	Ireland (Republic of)	28
21/23	Thailand	64	50	New Zealand	22
24/25	Chile	63	51	Denmark	18
24/25	Portugal	63	52	Israel	13
26	Uruguay	61	53	Austria	11
27/28	Greece	60			

出所：Hofstede, Geert (1991) *Cultures and Organizations,* p.26.

③　部下は，どのような上司の意思決定スタイルを好むのか？

これら設問からも分かるように，PDIは，組織の権力構造の下位に属する構成員が権力の分布が不平等であることを受容する程度によって，測定している．

50ヶ国と3地域のPDIの値は，表1-4-1に示す通りである．

表1-4-1にあるように，ラテン諸国とアジアとアフリカではPDIが高く，米国，英国，ラテン諸国を除いたヨーロッパ諸国は低くなっている[16]．

表 1-4-2　50ヶ国と3地域における個人主義指標（IDV）の値

Score rank	Country or region	IDV score	Score rank	Country or region	IDV score
1	USA	91	28	Turkey	37
2	Australia	90	29	Uruguay	36
3	Great Britain	89	30	Greece	35
4/5	Canada	80	31	Philippines	32
4/5	Netherlands	80	32	Mexico	30
6	New Zealand	79	33/35	East Africa	27
7	Italy	76	33/35	Yugoslavia	27
8	Belgium	75	33/35	Portugal	27
9	Denmark	74	36	Malaysia	26
10/11	Sweden	71	37	Hong Kong	25
10/11	France	71	38	Chile	23
12	Ireland (Republic of)	70	39/41	West Africa	20
			39/41	Singapore	20
13	Norway	69	39/41	Thailand	20
14	Switzerland	68	42	Salvador	19
15	Germany F.R.	67	43	South Korea	18
16	South Africa	65	44	Taiwan	17
17	Finland	63	45	Peru	16
18	Austria	55	46	Costa Rica	15
19	Israel	54	47/48	Pakistan	14
20	Spain	51	47/48	Indonesia	14
21	India	48	49	Colombia	13
22/23	Japan	46	50	Venezuela	12
22/23	Argentina	46	51	Panama	11
24	Iran	41	52	Equador	8
25	Jamaica	39	53	Guatemala	6
26/27	Brazil	38			
26/27	Arab countries	38			

出所：Hofstede, Geert (1991) p.53.

個人主義指標（IDV：Individualism Index）　ホフステッドによれば，個人主義とは個人間のつながりが弱い社会のことで，自分や自分の家族は自分で面倒を見るという考えである．集団主義はその反対であり，人は生まれた時から強力な団結した集団に組み込まれ，忠誠を誓う代わりに一生を通じて保護されるような社会である．

50ヶ国と3地域のIDVの値は，表1-4-2に示す通りである[17]．

表1-4-2にあるように，欧米はIDVの値が高く，中南米は低くなってい

図1-4-1 権力格差指標（PDI）と個人主義指標（IDV）における 50ヶ国と3地域の位置

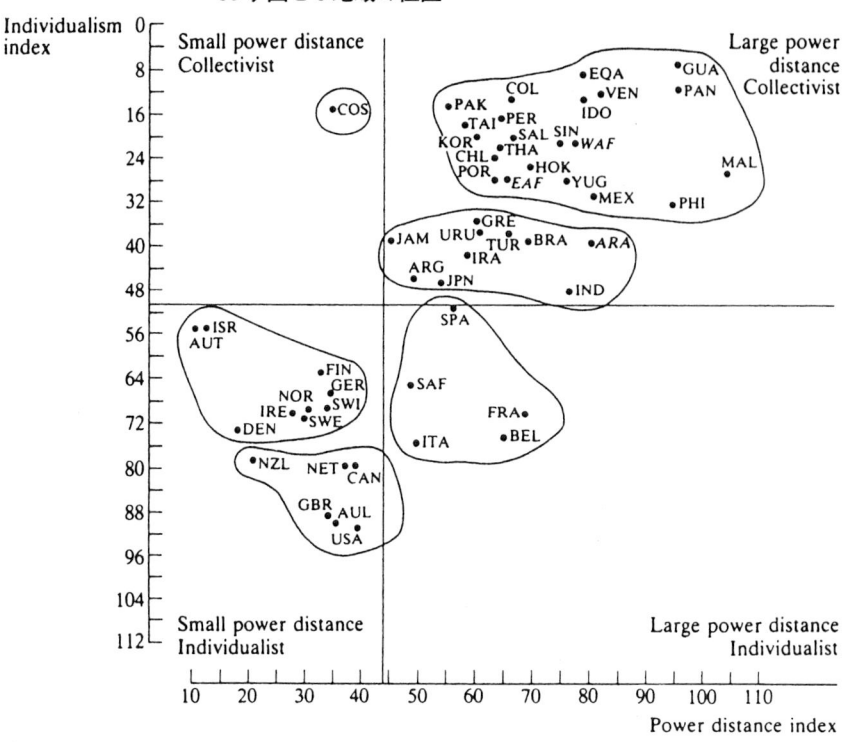

出所：Hofstede, Geert (1991) p.54.

る．

　個人主義指標（IDV）の基となったのは，仕事の目標（work goals）に関する14の設問である．ここでは，まず，「次に挙げる要素は，あなたにとって理想的な仕事においてどの程度重要ですか」と尋ね，14項目の重要度に関する答えを求めている．ここで得られた結果は，個人主義指標と男性度という2つの次元を反映するものとなった．このうち，個人主義指標の基となるのは，次の6つの項目である．

① 余暇の重視（Personal time）　② 仕事における自由度（Freedom）
③ 挑戦を好む（Challenge）　　　④ 訓練の重視（Training）

⑤ 仕事場の物理的条件（Physical conditions）⑥ 技能の活用（Use of skills）

前半の3つの項目が個人主義を表し、後半の3つの項目が集団主義である。

権力格差と集団主義の相関性　　表1-4-1と表1-4-2で明らかなように、PDIが高い国の多くはIDVが低くなっている。つまり、この2つの次元は負の相関関係にあると言えよう。すなわち、権力の格差が大きい国は集団主義の傾向が強いということである。この2つの次元の関係を図解したのが、図1-4-1である。

この図にあるように、左下から右上まで数ヶ国からなるグループを形成している。右上のグループに見られるように、集団に依存している文化は権力者にも依存しており、反対に左下のグループのように集団から独立している文化では権力者に対する依存度も低い。例外はフランスとベルギーであり、個人主義でありながら権力格差も大きい。

その反対にオーストリアとイスラエルでは、権力格差は小さいが集団主義に近い。また、コスタリカは例外的に、権力格差が小さいのに集団主義指標の値が著しく高い[18]。

また、表1-4-3は、調査対象となった国と地域名の略称である。

男性度指標（MAS：Masculinity Index）　　個人主義指標（IDV）の説明で述べたように、仕事の目標（work goals）に関する14の設問の結果は、個人主義指標と男性度という2つの次元を反映するものとなった。このうち、男性度（masculinity）と女性度（femininity）を表すのは次の8つの項目である。

① 高い収入（Earnings）　　② 仕事で人に認められる（Recognition）
③ 昇進（Advancement）　　④ 挑戦を好む（Challenge）
⑤ 上司と良い関係（Manager）　　⑥ 同僚との協力（Cooperation）
⑦ 快適な生活環境（Living area）　　⑧ 雇用の安定（Employment security）

1から4が男性度を示し、5から8が女性度を表す[19]。

50ヶ国と3地域の男性度指標（MAS）は、表1-4-4の通りである。

男性度が最も高いのは日本であり、その他、オーストリアやイタリアやスイ

表1-4-3 国と地域名の略称

ARA	Arab-speaking countries (Egypt, Iraq, Kuwait, Lebanon, Libya, Saudi Arabia, United Arab Emirates)	ISR	Israel
		ITA	Italy
		JAM	Jamaica
		JPN	Japan
		KOR	South Korea
ARG	Argentina	MAL	Malaysia
AUL	Australia	MEX	Mexico
AUT	Austria	NET	Netherlands
BEL	Belgium	NOR	Norway
BRA	Brazil	NZL	New Zealand
CAN	Canada	PAK	Pakistan
CHL	Chile	PAN	Panama
COL	Colombia	PER	Peru
COS	Costa Rica	PHI	Philippines
DEN	Denmark	POR	Portugal
EAF	East Africa (Ethiopia, Kenya, Tanzania, Zambia)	SAF	South Africa
		SAL	Salvador
		SIN	Singapore
EQA	Equador	SPA	Spain
FIN	Finland	SWE	Sweden
FRA	France	SWI	Switzerland
GBR	Great Britain	TAI	Taiwan
GER	Germany F.R.	THA	Thailand
GRE	Greece	TUR	Turkey
GUA	Guatemala	URU	Uruguay
HOK	Hong Kong	USA	United States
IDO	Indonesia	VEN	Venezuela
IND	India	WAF	West Africa (Ghana, Nigeria, Sierra Leone)
IRA	Iran		
IRE	Ireland (Republic of)	YUG	Yugoslavia

出所：Hofstede, Geert (1991) p.55.

スといった欧州大陸の国も高い値を示している。反対にデンマーク，オランダ，ノルウェー，スウェーデン等の北ヨーロッパは女性度が高くなっている。[20]

不確実性回避指標（UAI：Uncertainty Avoidance Index） ホフステッドは，「不確実性回避」を，ある文化の構成員が確実でない未知の状況に対して恐れを抱く度合い，と定義している。この感情は，神経的なストレスや明示的なルールや不文律等の予見性に対するニーズとして表現される。

この次元は，次の3つの項目の答えから抽出されている。

表1-4-4　50ヶ国と3地域の男性度指標（MAS）

Score rank	Country or region	MAS score	Score rank	Country or region	MAS score
1	Japan	95	28	Singapore	48
2	Austria	79	29	Israel	47
3	Venezuela	73	30/31	Indonesia	46
4/5	Italy	70	30/31	West Africa	46
4/5	Switzerland	70	32/33	Turkey	45
6	Mexico	69	32/33	Taiwan	45
7/8	Ireland	68	34	Panama	44
7/8	Jamaica	68	35/36	Iran	43
9/10	Great Britain	66	35/36	France	43
9/10	Germany FR	66	37/38	Spain	42
11/12	Philippines	64	37/38	Peru	42
11/12	Colombia	64	39	East Africa	41
13/14	South Africa	63	40	Salvador	40
13/14	Equador	63	41	South Korea	39
15	USA	62	42	Uruguay	38
16	Australia	61	43	Guatemala	37
17	New Zealand	58	44	Thailand	34
18/19	Greece	57	45	Portugal	31
18/19	Hong Kong	57	46	Chile	28
20/21	Argentina	56	47	Finland	26
20/21	India	56	48/49	Yugoslavia	21
22	Belgium	54	48/49	Costa Rica	21
23	Arab countries	53	50	Denmark	16
24	Canada	52	51	Netherlands	14
25/26	Malaysia	50	52	Norway	8
25/26	Pakistan	50	53	Sweden	5
27	Brazil	49			

出所：Hofstede, Geert (1991) p. 84.

① 仕事上のストレス（job stress）

② ルールに対する志向性（rule orientation）

③ 現職における希望勤続年数（How long will you continue working for IBM?）[21]

50ヶ国と3地域の不確実性回避指標（UAI）は，表1-4-5の通りである。

この次元においては，ラテンアメリカとラテン系のヨーロッパと地中海沿岸諸国，さらに日本と韓国において，高い値が見られる。

表1-4-5　50ヶ国と3地域の不確実性回避指標（UAI）

Score rank	Country or region	UAI score	Score rank	Country or region	UAI score
1	Greece	112	28	Equador	67
2	Portugal	104	29	Germany FR	65
3	Guatemala	101	30	Thailand	64
4	Uruguay	100	31/32	Iran	59
5/6	Belgium	94	31/32	Finland	59
5/6	Salvador	94	33	Switzerland	58
7	Japan	92	34	West Africa	54
8	Yugoslavia	88	35	Netherlands	53
9	Peru	87	36	East Africa	52
10/15	France	86	37	Australia	51
10/15	Chile	86	38	Norway	50
10/15	Spain	86	39/40	South Africa	49
10/15	Costa Rica	86	39/40	New Zealand	49
10/15	Panama	86	41/42	Indonesia	48
10/15	Argentina	86	41/42	Canada	48
16/17	Turkey	85	43	USA	46
16/17	South Korea	85	44	Philippines	44
18	Mexico	82	45	India	40
19	Israel	81	46	Malaysia	36
20	Colombia	80	47/48	Great Britain	35
21/22	Venezuela	76	47/48	Ireland (Republic of)	35
21/22	Brazil	76	49/50	Hong Kong	29
23	Italy	75	49/50	Sweden	29
24/25	Pakistan	70	51	Denmark	23
24/25	Austria	70	52	Jamaica	13
26	Taiwan	69	53	Singapore	8
27	Arab countries	68			

出所：Hofstede, Geert (1991) p. 113.

5番目の次元：長期志向指標（LTO：Long-term Orientation Index） これは，ボンド（Bond, Michael, 1986）によるCVS（Chinese value survey）調査を基に抽出した次元である．CVSは世界23ヶ国の学生を対象に，国ごとに100人ずつに対して調査表による調査を行ったものである．調査表は中国人の学者の協力を得て作成されている．[22]

CVSの調査結果を分析した結果，IBMスタディには見られなかったもうひとつの次元が発見され，ボンドはこれを「儒教ダイナミズム」（Confucian

表1-4-6　23ヶ国の長期志向指標（LTO）

Score rank	Country or region	LTO score
1	China	118
2	Hong Kong	96
3	Taiwan	87
4	Japan	80
5	South Korea	75
6	Brazil	65
7	India	61
8	Thailand	56
9	Singapore	48
10	Netherlands	44
11	Bangladesh	40
12	Sweden	33
13	Poland	32
14	Germany FR	31
15	Australia	31
16	New Zealand	30
17	USA	29
18	Great Britain	25
19	Zimbabwe	25
20	Canada	23
21	Philippines	19
22	Nigeria	16
23	Pakistan	00

出所：Hofstede, Geert (1991) p.166.

dynamism）と呼んでいる．実際にはこれは「長期志向」を意味し，次の4つの項目で構成される．

① 忍耐（persistence, perseverance）
② 秩序と肩書きの重視（ordering relationships by status and observing this order）
③ 倹約（thrift）
④ 恥の文化（having a sense of shame）[23]

23ヶ国における長期志向指標は，表1-4-6の通りである．

この表で明らかなように，LTOの値が高いのは，中国，香港，台湾，日本，

韓国などの東アジアの国である．これらの国々は近年急速に経済成長を遂げており，ホフステッドは，儒教的な価値観と経済成長の間に相関性を見出している[24]．

3．ホフステッド・モデルの評価

ホフステッド・モデルは大きな反響を呼び，その後このモデルを使った数多くの研究が行われ，様々な評価結果が出ている．

ホフステッド・モデルを使った研究　　ホップ（Hoppe, 1990）[25]はオーストリアにあるザルツブルグ・アメリカ研究セミナー（Salzburg Seminar in American Studies）という，主に欧州諸国の政治，ビジネス，労働のエリートを対象とした研修機関において，研修生に対してホフステッドの4次元モデルを使った調査を行った．ホップは19ヶ国を対象としたが，そのうちの18ヶ国が4次元モデルの調査対象となった国と共通している．4つの次元のうち，男性度 vs. 女性度の次元を除くすべての次元において，IBMの調査結果と高い相関性が見られた．男性度 vs. 女性度の次元に関しても，17ヶ国では相関性が見られたが，スウェーデンだけがIBMの調査と異なる結果となった[26]．

バルクマとバームラン（Barkema, Harry G. & Freek Vermeulen, 1997）は，1966年から1994年に至る期間において，オランダの多国籍企業25社が72ヶ国で行った828の海外進出の案件を調査して得た結果を，ホフステッドの5つの次元のモデルを使って文化的価値観の違いによる影響力を分析した．その結果，文化はこの調査期間において，表層的なもの（衣食住等）は各国の間に収斂が見られたが，国の文化に埋め込まれた人間の価値観の違いは解消することはなく，価値観の違いにより海外事業が早期撤退をしたり，価値観の違いが戦略上の大きな要素として重視されているなど，依然として文化的要因は大きな影響を持っていることが確認され，文化的要因を重視するホフステッド・モデルの妥当性が明らかになった．ただし，文化の価値は国境で割り切れるものではないため，国を文化の単位とすることは簡略化のし過ぎである，としている[27]．

シャルマとウォルストロム‐パン（D. Deo Sharma & Carolina Wallstrom-Pan, 1997）は，中国における中国とスウェーデンの合弁事業に関して，労働者から管理職に至るあらゆるレベルの社員を対象に面接調査を行い，ホフステッドの5つの次元のうち，男性度指標を除く4つの次元を基に分析を行った結果，ホフステッドの所見と同様の結果を得ている[28]。

また，ソンダーガード（Sondergaard, 1994）は，ホフステッド・モデルを使った61の replication study を調べた結果，4次元モデルは大半において確認された，との指摘も行っている[29]。

さらに，スミス，デューガン，トランペナーズ（Smith, Dugan &, Trompenaars, 1996）は43ヶ国の企業の8,841人を調査した結果，ホフステッドの4つの次元のうち，個人主義と権力格差の2つの次元に関して，妥当性を確認している[30]。

トリアンディスによる評価　　トリアンディス（Triandis, 1994）は，ホフステッドの4次元モデルがマネジメントの実践に関する結論を引き出し，次のように経済学理論の validity（妥当性）に結び付けた点を高く評価している。

- 自己の利益：権力格差が大きく集団主義的な国では，重視されない。
- 自己実現に基づく心理的要素：集団主義の国には，必ずしも当てはまらない。
- 労使関係：個人主義の国では頭脳的アプローチで，集団主義の国では精神的アプローチ。
- 職務と人間関係の優先順位：個人主義の国では，人間関係よりも職務を優先。
- 職場における家族の役割：集団主義の国では，縁故採用が認められる。
- 和合の重要性：集団主義の国では重要度が高い。
- 温情主義的経営の受容度：権力格差の大きい国では受容度が高い。
- 地位や身分の差の受容：権力格差の大きい国では受容される。
- 敬老の念：権力格差の大きい国に存在する。

- 不満申し出の窓口：権力格差の少ない国に存在する．
- 目標管理（Management by objectives）やセオリーZ：権力格差の大きい国では実現不可能．
- 人事評価システム：権力格差が小さく個人主義の国においてのみ有効．
- 正式なルール：男性度の高い国において必要である．
- 計画の種類：不確実性回避の度合いが低い国で計画が盛んである．
- 時間の意味：不確実性回避の度合いが高い国で重視される．
- 感情の表現：不確実性回避の度合いの高い国で，一定の条件下で寛容である．
- 逸脱に対する許容度：不確実性回避の度合いの高い国では，許容度は低い．
- 競争，公正，強者信奉の傾向は男性度が高い国で強く，団結，平等，弱者救済の傾向は男性度が低い国で強い．

またトリアンディスは，他の研究結果を概念的に再構築する分析枠組み（benchmark）を提供したことに関して，ホフステッドに極めて高い評価を与えている．[31]

ホフステッド・モデルの弱点　ミード（Mead, 1994）は，ホフステッド・モデルを分析した結果，次の3つの問題点を見出している．

　第1に，国を文化の分析単位としている点である．米国，ブラジル，スイス，ベルギー，スペインなどのように，国内に多数の文化を内包する国もあり，一国の文化的均質性は必ずしも担保されない．

　第2に，ホフステッドの行った調査の回答者は，ひとつの業種（コンピューター）の1社に限られているという点である．IBMの社員は，その大半が高学歴で中流階級で都市部に居住し，その国の少数派に過ぎない．また，IBMの入社動機も国によって異なり，終身雇用が望ましい国と，独立して企業を起こすことが奨励される国とでは自ずから異なっている．

　第3は技術的な問題で，4つの次元のうち，例えば，権力格差と男性度の次元は，重複する可能性がある．

さらに，ミードはホフステッドが提唱する次元（dimension）の定義自体にも，問題があると指摘している．例えば，個人主義 vs. 集団主義の次元において用いられている「個人主義」の定義は，競争と個人の業績に結び付けたアングロサクソン系の考えである．個人主義は協力に対する対局の考えや権力に対する不信として，概念化することもできよう．集団主義にしても，日本人のように会社をベースにする場合もあるし，中国人のように家族中心の場合もある[32]．

　第4章のⅠでは，ホフステッドの研究と理論，及びその評価について明らかにした．ここに述べられているように，ホフステッド・モデルにはいくつかの問題点はあるものの，国の文化を分析単位として，これほど多くの国にわたって，これほど膨大な標本数を駆使して詳細に分析した研究は，かつて存在しなかったし，ホフステッドの研究が発表された以後も存在していない[33]．従って，国際経営における文化的要素を重視する研究としては，最大規模で最善の古典的な研究として位置づけられるであろう[34]．

Ⅱ　トランペナーズのモデル

1．トランペナーズの研究系譜

博士論文を発端に　　ホフステッドの研究がアカデミックなものであったのに対して，トランペナーズの研究はより実践的であり，具体的にどのような状況でどうしたら良いかという，海外で事業をする場合の具体的なアドバイスを与えている[35]．

　トランペナーズの研究は，博士課程在籍中の1979年に開始したロイヤル・ダッチ・シェル・グループの5社（オランダ，スウェーデン，シンガポール，ギリシャ，ベネズエラ）と衣料メーカー5社（米国，オーストリア，オランダ，スペイン，イタリア）を対象にした調査票による調査が発端となっている[36]．この中ですでにトランペナーズは文化的相違の基本となる7つの次元を提唱している[37]．

7つの次元:Riding the Waves of Culture　15年に渡る経営に対する文化の影響に関する研究の成果をまとめたのが, *Riding the Waves of Culture* (1993) である[38]. この中でトランペナーズは, 30社の協力を得て, 世界50ヶ国で行った調査の結果を発表している[39]. この調査は, これらの企業が事業を行っているそれぞれの国において, 同様の学歴と職務と持った100人以上の社員を対象にしている. その内75％は管理職であり, 25％は事務職で, 合計15,000人から回答を得ている.

トランペナーズが特に重視しているのは, 第1に, 企業の経営や組織には唯一最善の方法はないこと, 第2に, 自分の文化と様々な文化の違いを理解し, ビジネスでそれを生かすこと, 第3に, 国際的な組織におけるグローバルかローカルかというジレンマに対して文化的洞察を与えること, の3点である.

この調査では, 特定の状況下においてどの方法で問題を解決するかは, 文化によって異なることに着目している. この場合, 人との関係, 時間との関係, 環境との関係の3つの視点から分析を試みている.

人との関係においては, 次の5つの次元がある.

① 普遍主義 vs. 個別主義 (Universalism vs. Particularism)
② 個人主義 vs. 集団主義 (Individualism vs. Collectivism)
③ 中立的 vs. 感情的 (Neutral vs. Affective)
④ 特定的 vs. 拡散的 (Specific vs. Diffuse)
⑤ 業績 vs. 属性 (Achievement vs. Ascription)[40]

この5つに, 時間との関係 (Attitudes to time) と環境との関係 (Attitudes to the environment) を加えて, 7つの次元を軸に各国の比較分析を行っている.

データベースを拡充:Riding the Waves of Culture, Second Edition　このトランペナーズの近著 (1998)[41] では, 回答者数が前著 (第1版) の2倍である30,000人に増えており, テーダベースを拡大している. さらに, 国内の民族の多様性について詳述し, ジェンダーや年齢や組織構造の文化に対する影響についても付言している. ただし, 分析枠組みについては, 前著と同様である. こ

の分析のベースとなった7つの次元がトランペナーズ・モデルの根幹を成すパラメータである．この点に関しては，後段で詳細に検討することとする．

東アジアの経済成長に焦点を当てる：*Mastering the Infinite Game* この本は，ハンプデン゠ターナーとの共著（Hampden-Turner, Charles & Fons Trompenaars［1997］）[42]であり，ここでトランペナーズは自らのデータベースを基に，東アジアに焦点を当てて，その急速な経済成長を文化的要因によって説明しようとしている．

企業のマネジャーの傾向は次の2つに大別されると言う．

1）欧米のマネジャー

●具体的な基準（例：利潤）　●勝利と妥協　●個人主義　●業績重視

●普遍主義（法則を好む）　●時間と競争

2）東アジアのマネジャー

●拡散的（知識重視）　●コンセンサス　●協力的　●人となりを重視

●個別主義　●時間と踊る

さらに重要なことは，東アジアのマネジャーは2）の特徴を持ちながら，1）にも対応できるという点である．これに対して欧米のマネジャーは1）を重視し，2）を軽視する傾向があり，これはいわば勝ち負けのはっきりした「有限のゲーム」（finite game）である．東アジアのアプローチは絶えず有効に自己を再構築しつつ，最適化を図る「無限のゲーム」（infinite game）であり，東アジアの強みはここにある，とトランペナーズらは言う．[43]

東アジアの経済成長は1997年の後半より急速に鈍化し，1998年にはアジア金融危機と言われるまでに事態は深刻化している．以前から，ホフステッドも前述のように世界の経済成長と文化的要素の相関関係を主張しているが，国の経済発展を文化的側面で説明しようとする視点は，果たして実際にどの程度有効なのか，疑問が持たれるところである．この点については，第3部で異文化経営論の新展開について明らかにする時に，合わせて論じていきたい．

図1-4-2 普遍主義を選択した回答者の割合

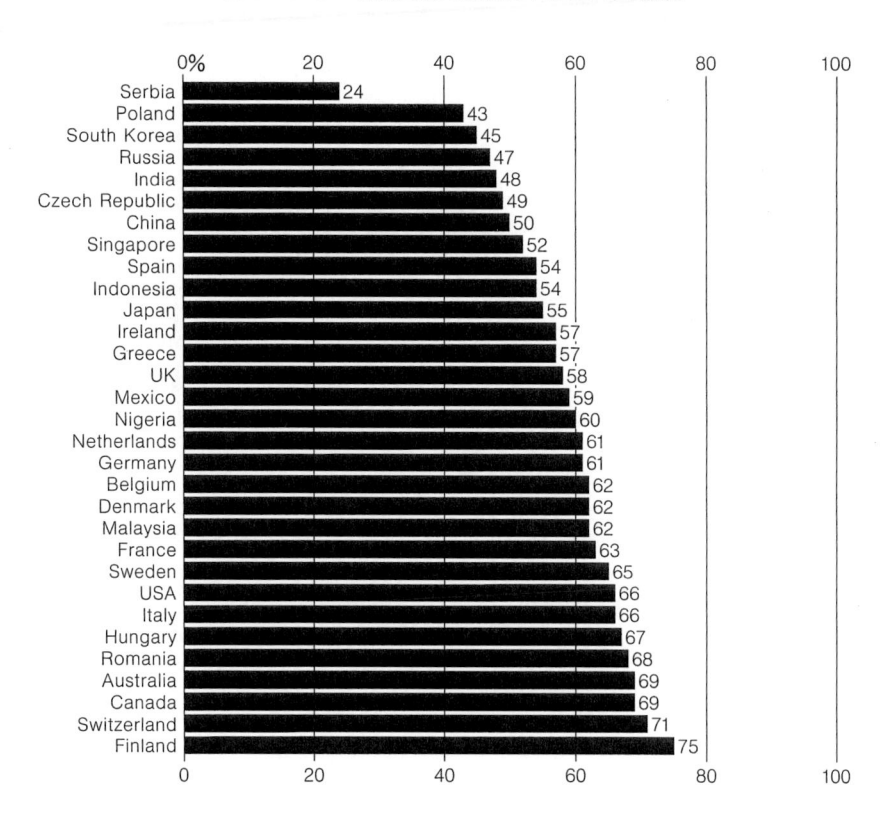

国	%
Serbia	24
Poland	43
South Korea	45
Russia	47
India	48
Czech Republic	49
China	50
Singapore	52
Spain	54
Indonesia	54
Japan	55
Ireland	57
Greece	57
UK	58
Mexico	59
Nigeria	60
Netherlands	61
Germany	61
Belgium	62
Denmark	62
Malaysia	62
France	63
Sweden	65
USA	66
Italy	66
Hungary	67
Romania	68
Australia	69
Canada	69
Switzerland	71
Finland	75

出所：Trompenaars, Fons & Charles Hampden-Turner (1998) *Riding the Waves of Culture, Second Edition*, p. 35.

2．新たな視角を加えた7次元モデル

以下に，トランペナーズが提唱する「7つの次元」について，それぞれ検討を加える．

普遍主義と個別主義（Universalism vs. Particularism）　普遍主義の人はルールを好み，例外を認めない傾向がある．個別主義の場合にはルールはどうあれ，状況によって判断する．トランペナーズは3つの例題を提示して，回答者にそれ

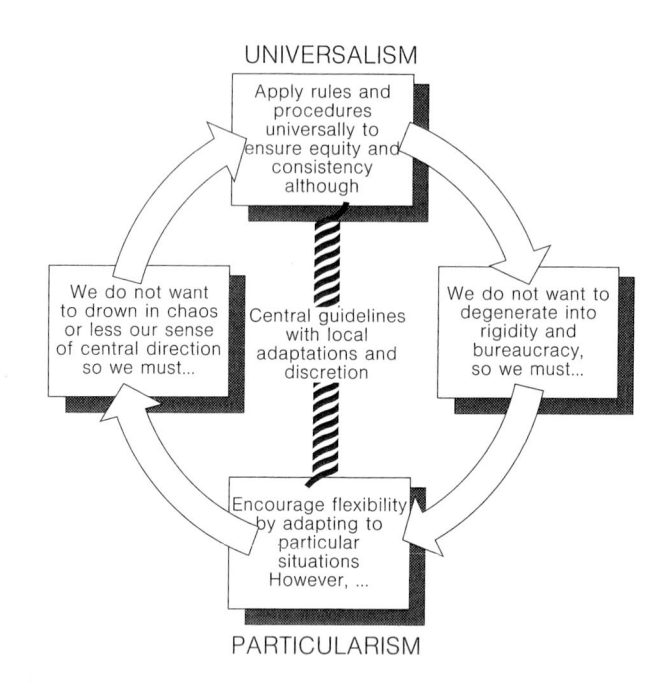

図1-4-3　普遍主義と個別主義の和合

UNIVERSALISM

Apply rules and procedures universally to ensure equity and consistency although

We do not want to drown in chaos or less our sense of central direction so we must...

Central guidelines with local adaptations and discretion

We do not want to degenerate into rigidity and bureaucracy, so we must...

Encourage flexibility by adapting to particular situations However, ...

PARTICULARISM

出所：Trompenaars, Fons & Charles Hampden-Turner (1998) p.44.

ぞれの状況でどのような行動をとるかを選択させている．その結果，図1-4-2に示すように国の違いが現れている．[44]

　この図で明らかなように，プロテスタント系の国で特に普遍主義の傾向が強い．またこれらの国では，問題が起きた時に裁判所に持ち込むことが多い．また，普遍主義ではビジネスにおいて契約が非常に重視される．このため，ルールはひとつのガイドラインとして考え，むしろ人間関係を重視する個別主義の人とビジネスをする場合には，コンフリクトが起こる可能性がある．従って，普遍主義の人が個別主義文化の国でビジネスを行う場合には，自国にいるよりも時間をかけて人間関係を構築する必要がある．

　トランペナーズは普遍主義と個別主義が和合するためには，会社の方針は本

第4章 多国間定量分析の検証　103

図1-4-4　個人主義を選択した回答者の割合

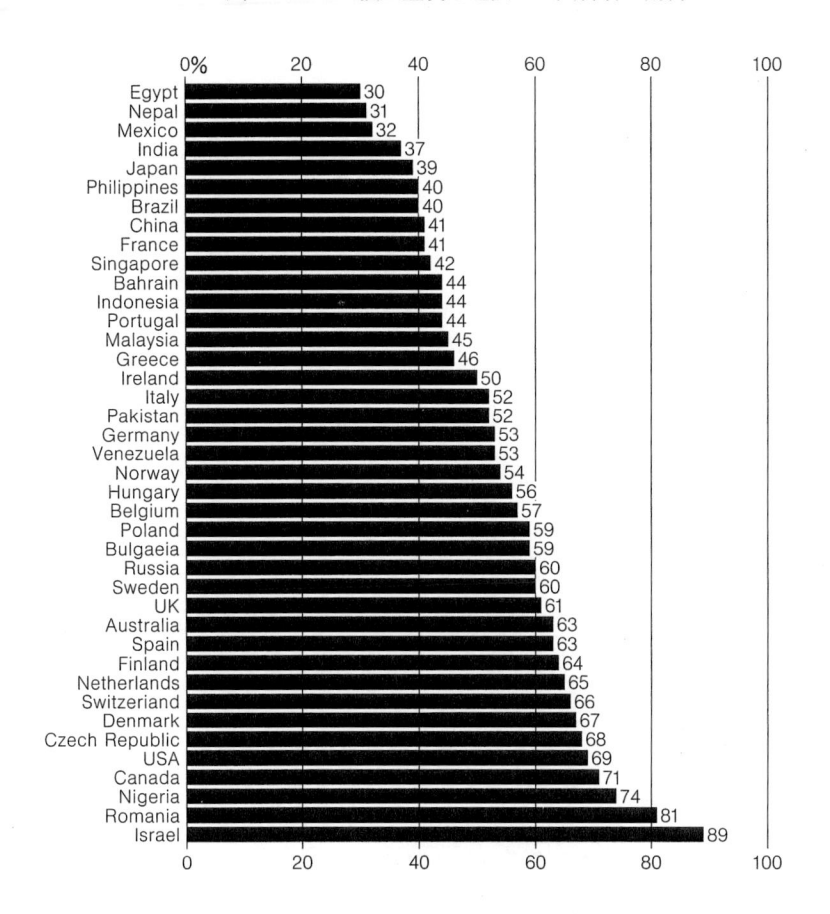

国	%
Egypt	30
Nepal	31
Mexico	32
India	37
Japan	39
Philippines	40
Brazil	40
China	41
France	41
Singapore	42
Bahrain	44
Indonesia	44
Portugal	44
Malaysia	45
Greece	46
Ireland	50
Italy	52
Pakistan	52
Germany	53
Venezuela	53
Norway	54
Hungary	56
Belgium	57
Poland	59
Bulgaeia	59
Russia	60
Sweden	60
UK	61
Australia	63
Spain	63
Finland	64
Netherlands	65
Switzerland	66
Denmark	67
Czech Republic	68
USA	69
Canada	71
Nigeria	74
Romania	81
Israel	89

出所：Trompenaars, Fons & Charles Hampden-Turner (1998) p.52.

社が決定するが，それに対して現地は適応しつつ自由裁量も認められる，というアプローチが必要であるとしている（図1-4-3）。[45]

個人主義と集団主義（Individualism vs. Communitarianism）[46]　個人主義とは個人を主体に考える傾向であり，集団主義とは共通の目的を主に考える傾向である。図1-4-4に示すように，イスラエル，ルーマニア，ナイジェリア，カナダ等

図1-4-5 感情を表現しない，中立的姿勢を選択した回答者の割合

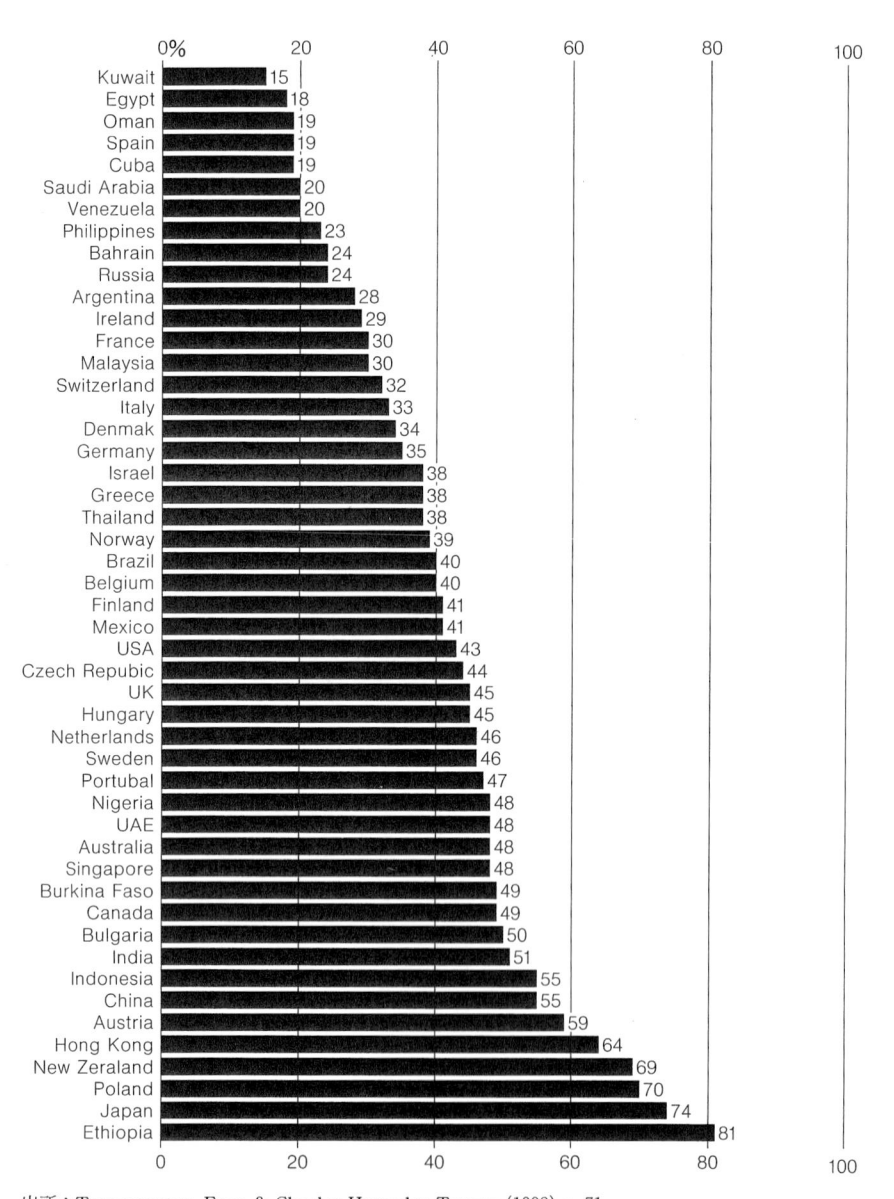

国	%
Kuwait	15
Egypt	18
Oman	19
Spain	19
Cuba	19
Saudi Arabia	20
Venezuela	20
Philippines	23
Bahrain	24
Russia	24
Argentina	28
Ireland	29
France	30
Malaysia	30
Switzerland	32
Italy	33
Denmak	34
Germany	35
Israel	38
Greece	38
Thailand	38
Norway	39
Brazil	40
Belgium	40
Finland	41
Mexico	41
USA	43
Czech Repubic	44
UK	45
Hungary	45
Netherlands	46
Sweden	46
Portubal	47
Nigeria	48
UAE	48
Australia	48
Singapore	48
Burkina Faso	49
Canada	49
Bulgaria	50
India	51
Indonesia	55
China	55
Austria	59
Hong Kong	64
New Zeraland	69
Poland	70
Japan	74
Ethiopia	81

出所：Trompenaars, Fons & Charles Hampden-Turner (1998) p. 71.

図1-4-6 特定的を選択した回答者の割合

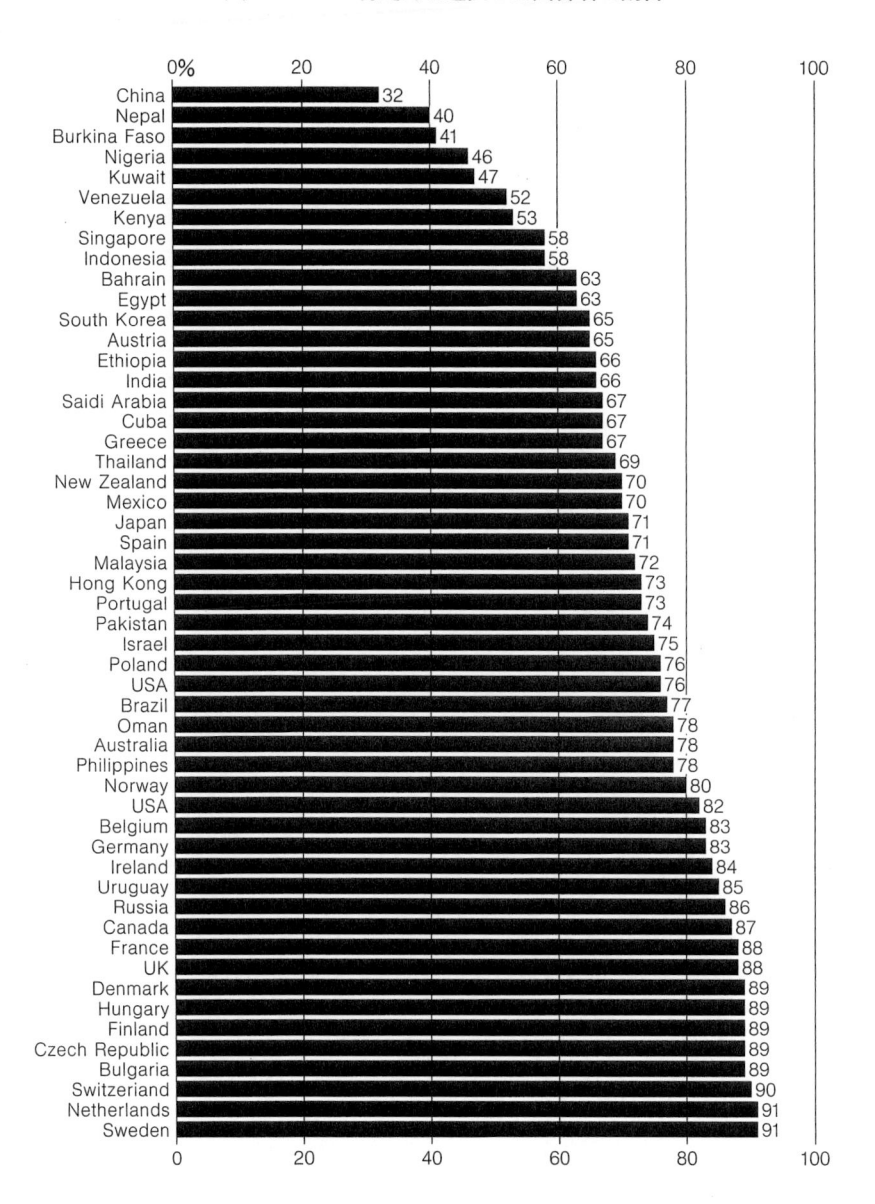

国	%
China	32
Nepal	40
Burkina Faso	41
Nigeria	46
Kuwait	47
Venezuela	52
Kenya	53
Singapore	58
Indonesia	58
Bahrain	63
Egypt	63
South Korea	65
Austria	65
Ethiopia	66
India	66
Saidi Arabia	67
Cuba	67
Greece	67
Thailand	69
New Zealand	70
Mexico	70
Japan	71
Spain	71
Malaysia	72
Hong Kong	73
Portugal	73
Pakistan	74
Israel	75
Poland	76
USA	76
Brazil	77
Oman	78
Australia	78
Philippines	78
Norway	80
USA	82
Belgium	83
Germany	83
Ireland	84
Uruguay	85
Russia	86
Canada	87
France	88
UK	88
Denmark	89
Hungary	89
Finland	89
Czech Republic	89
Bulgaria	89
Switzerland	90
Netherlands	91
Sweden	91

出所：Trompenaars, Fons & Charles Hampden-Turner (1998) p. 90.

が個人主義的色彩が強い．欧米は一般的に個人主義の回答が多いが，フランスは例外的に中国や日本とほぼ同様に集団主義の傾向が表れている[47]．

　個人主義と集団主義が相容れるには，明確な目標を与えて，個々のイニシアティブを重視し，責任をはっきりさせることである，とトランペナーズは助言している[48]．

中立的と感情的（Neutral vs. Emotional）[49]　これは感情をどの程度表現するかを表す次元である．図1-4-5に示すように，最も中立的なのは，エチオピアと日本である[50]．ヨーロッパは国によって度合いが異なり，オーストリアがヨーロッパでは最も中立的で，スペイン，イタリア，フランスは感情的な度合いが強い．

　中立的な人が感情的な人とうまくやるには，相手に暖かく接し，情熱を持って応えること，話の中心は人であり物ではないことを知ることが必要であり，反対に感情的な人が中立的な人とうまくやるには，交渉の前にできる限り書類を準備し，具体的な話題を中心にすることが大切である，とトランペナーズは説明する[51]．

特定的と拡散的（Specific vs. Diffuse）　「特定的」というのは，ビジネスの上下関係や肩書きが仕事の場に限られている場合である．「拡散的」というのは，仕事以外の私生活でもこの立場が浸透している場合である．図1-4-6に見られるように，米国，英国，スイス，北欧等は特定的であり，中国，ネパール，ナイジェリアなど拡散的である[52]．

　拡散的な文化は高コンテキストで，一般論から入って時間をかけて具体的なポイントに至るが，特定的な文化は低コンテキストで，具体的な核心からはじめる傾向がある[53]（図1-4-7）．

業績と属性（Achievement vs. Ascription）　その人の「業績」によって社会的評価が決まる文化と，年齢や階級や学歴などのいわゆる「属性」によって評価される文化がある．

　図1-4-8に示すように，国によって「業績」と「属性」の傾向が分かれてい

図1-4-7 議論の進め方における拡散的アプローチと特定的アプローチの違い

Diffuse, high conext
(from general to specific)

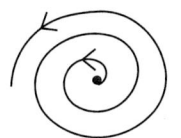

Specific, low conext
(from specific to general)

出所:Trompenaars, Fons & Charles Hampden-Turner (1998) p. 91.

るが,トランペナーズは,プロテスタント系の国が業績を重視し,カトリックや仏教やヒンズー系の国が「属性」を重視している,と説明している[54]。

双方の文化に属する人々が共同でビジネスをするに当たっては,業績重視の文化の人は年配で立場が上の人を交渉のチームに配置し,相手の地位を尊重するように配慮すること,また,属性重視の文化の人はデータを十分に準備し,実務知識のある人を担当に当たらせること,これによって両者が歩み寄ることができる,とトランペナーズは説いている[55]。

時間との関係(Attitudes to time)　時間に対する感覚も,文化によって様々である。過去と現在と未来の関係を丸で表したのが,図1-4-9であるが,国の文化による差が明確に出ている。

ロシアやベネズエラは過去,現在,未来の間のつながりが切れているが,フランス,カナダ,ノルウェーでは過去,現在,未来がオーバーラップしており,特に日本やマレーシアでは重なる部分が大きく,過去,現在,未来が緊密な関係があることが示唆される。

環境との関係(Attitudes to the environment)　図1-4-10は,環境を自分でコントロールしようとする傾向を表している。

環境との関係の次元には,自然をコントロールしようとする姿勢と自分は自然の一部として存在するという2つのアプローチがある。このことはまた,自分の人生を自分でコントロールしようとする姿勢と自分以外の力を認める姿勢との違いでもある。この図は,自分でコントロールしようとする傾向を表した

図 1-4-8　業績を重視する回答者の割合

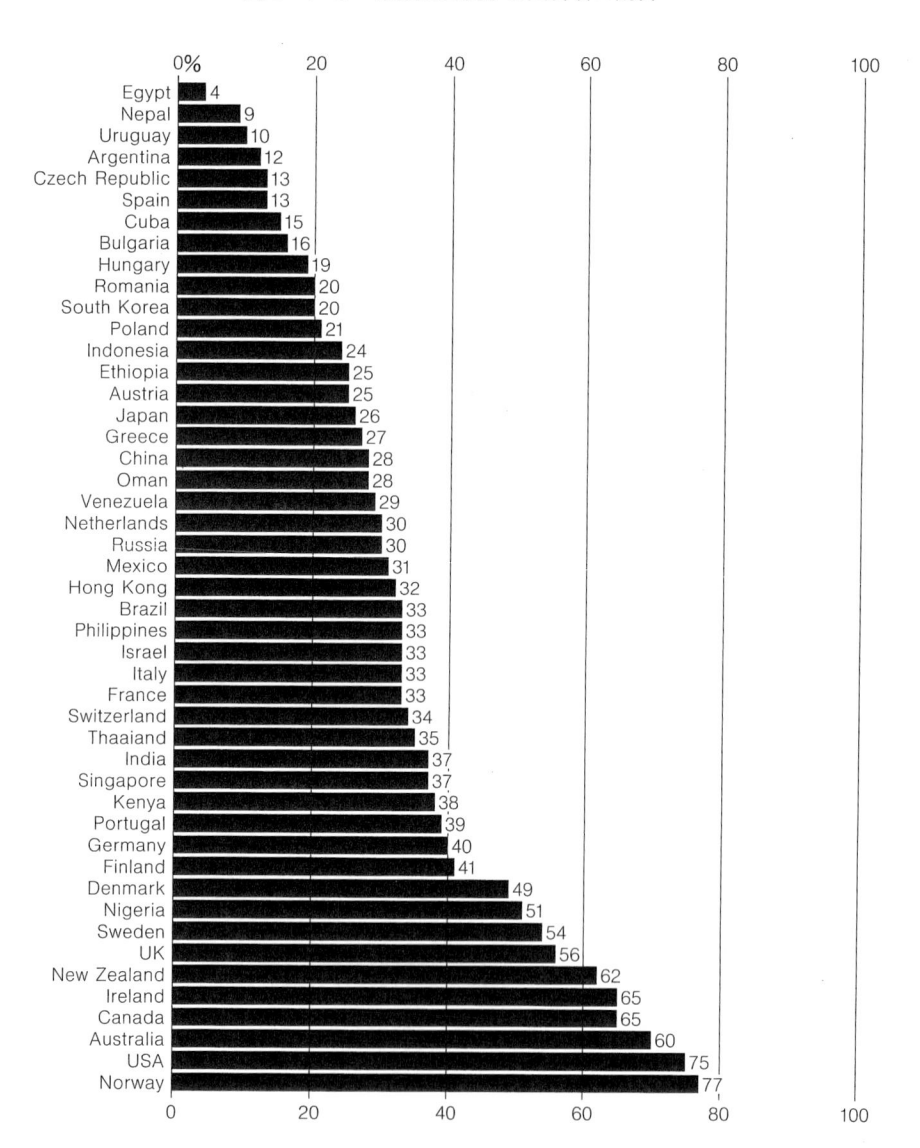

国	%
Egypt	4
Nepal	9
Uruguay	10
Argentina	12
Czech Republic	13
Spain	13
Cuba	15
Bulgaria	16
Hungary	19
Romania	20
South Korea	20
Poland	21
Indonesia	24
Ethiopia	25
Austria	25
Japan	26
Greece	27
China	28
Oman	28
Venezuela	29
Netherlands	30
Russia	30
Mexico	31
Hong Kong	32
Brazil	33
Philippines	33
Israel	33
Italy	33
France	33
Switzerland	34
Thaailand	35
India	37
Singapore	37
Kenya	38
Portugal	39
Germany	40
Finland	41
Denmark	49
Nigeria	51
Sweden	54
UK	56
New Zealand	62
Ireland	65
Canada	65
Australia	60
USA	75
Norway	77

出所：Trompenaars, Fons & Charles Hampden-Turner (1998) p. 108.

第 4 章 多国間定量分析の検証　109

図 1-4-9　過去，現在，未来の関係

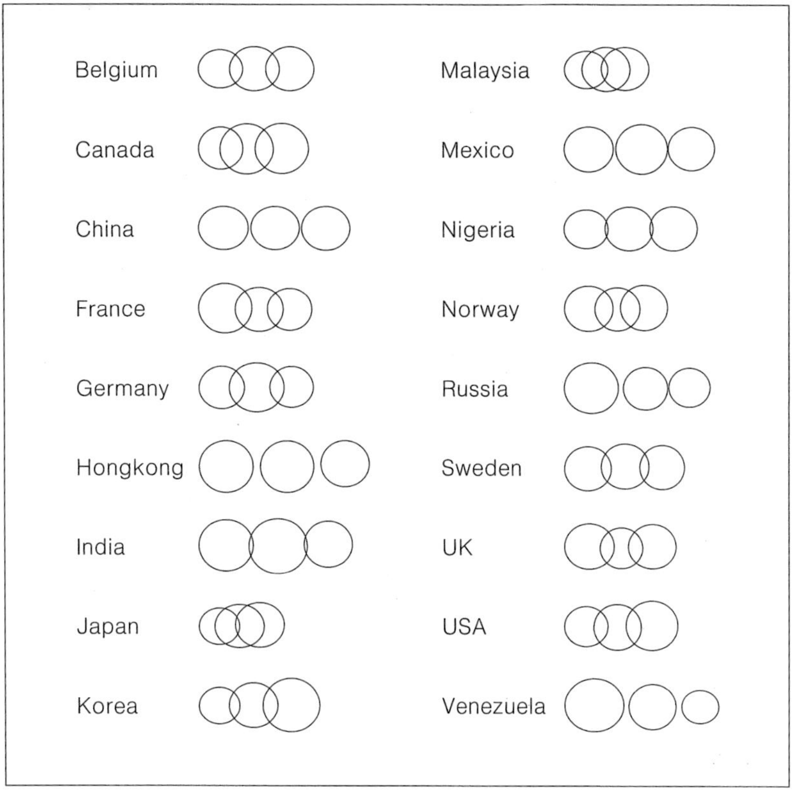

Belgium	◯◯	Malaysia	◯◯
Canada	◯◯	Mexico	◯ ◯
China	◯ ◯	Nigeria	◯◯
France	◯◯	Norway	◯◯
Germany	◯◯	Russia	◯ ◯
Hongkong	◯ ◯ ◯	Sweden	◯◯◯
India	◯◯	UK	◯◯◯
Japan	◯◯	USA	◯◯◯
Korea	◯◯	Venezuela	◯ ◯

出所：Trompenaars, Fons & Charles Hampden-Turner (1998) p.130.

ものである．欧米は総じて高い割合であり，ロシアや中国は低くなっている．

　ここでは，トロンペナーズが提唱する7つの次元を明らかにした．ホフステッドもトロンペナーズも経営において文化的要素がいかに重要であるかに力点を置いている点では，共通している．次に，両者の比較において，トロンペナーズ・モデルの評価を行う．

図1-4-10　自力型の回答者の割合

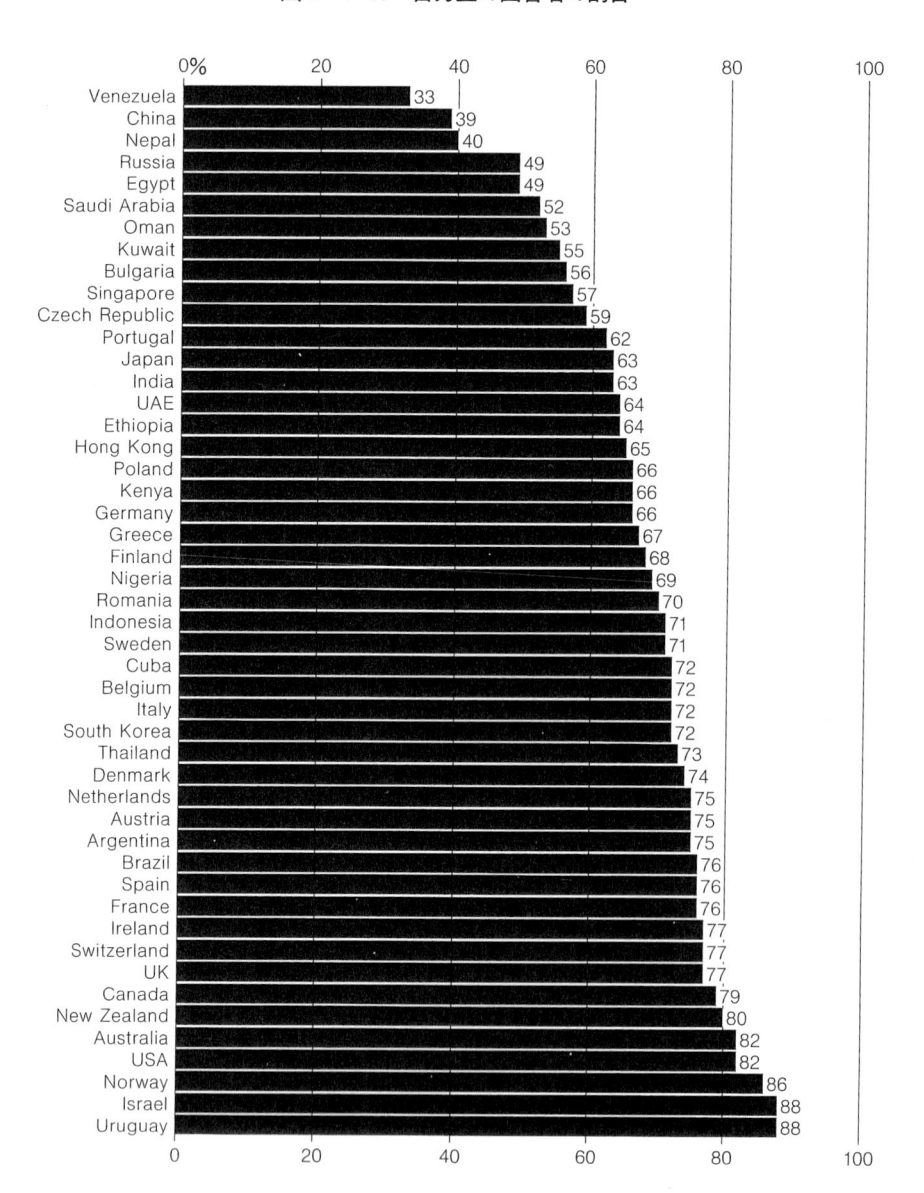

国	%
Venezuela	33
China	39
Nepal	40
Russia	49
Egypt	49
Saudi Arabia	52
Oman	53
Kuwait	55
Bulgaria	56
Singapore	57
Czech Republic	59
Portugal	62
Japan	63
India	63
UAE	64
Ethiopia	64
Hong Kong	65
Poland	66
Kenya	66
Germany	66
Greece	67
Finland	68
Nigeria	69
Romania	70
Indonesia	71
Sweden	71
Cuba	72
Belgium	72
Italy	72
South Korea	72
Thailand	73
Denmark	74
Netherlands	75
Austria	75
Argentina	75
Brazil	76
Spain	76
France	76
Ireland	77
Switzerland	77
UK	77
Canada	79
New Zealand	80
Australia	82
USA	82
Norway	86
Israel	88
Uruguay	88

出所：Trompenaars, Fons & Charles Hampden-Turner (1998) p.148.

3．トランペナーズ・モデルの評価

IHRM（国際人的資源管理）に最適　前述のように，トランペナーズの研究は実務上の適切なアドバイスを提示している点で，ホフステッドの先を行っているという評価がある[56]．例えば，多国籍企業が西欧諸国で現地法人を設立する場合には，「普遍主義」の文化であることを考慮して人事政策や労使関係は法律や規則に則ったものとし，契約を重視する．反対に中国やロシアの場合には，「個別主義」の文化であることを考慮して，契約よりもむしろ人間関係を重視する戦略を取る．このように，トランペナーズが見出した次元を，実際に役立たせることができる．

仕事と家庭の関係も明らかに　ホフステッドもトランペナーズも，米国等の個人主義の文化とアジア等の集団主義の文化との違いを明らかにしている．しかし，もう少し突っ込んだ問題として，仕事と家庭に関する価値観については，トランペナーズの方が詳しい．例えば，中国，スペイン，シンガポール等の「拡散的」な文化においては，仕事と私生活が密接に関係しているが，オーストリアやスイスのような「特定的」な文化においては，仕事と私生活は分離している，という結果になっている．

より最近のデータを網羅　トランペナーズはホフステッドの調査には含まれなかった，より最近のデータ（東欧等）が盛り込まれている．また，時の経過とともに，同じ国でも異なる結果が出ている．例えばメキシコに関しては，ホフステッドの調査結果では「集団主義」となっているが，トランペナーズの調査では，比較的個人主義に傾いている．前者が1970年代の調査であり，後者が1980年代から1990年代で，より新しいデータであることから，メキシコ経済の民主主義への移行が反映されていると推定される．また，トランペナーズの調査では，ルーマニアやチェコ等の旧共産圏のヨーロッパ諸国が予想に反して，「個人主義」の傾向を示している[57]．

トランペナーズ・モデルの弱点　最も大きな弱点は，調査のデータベースにある．ホフステッドは全世界のIBMの社員を調査し，対象が明確であるが，ト

ランペナーズは回答者の属性に関する明確な定義をしていない．また，ホフステッドは回答者の詳細なマッチングを行っており，国籍のみが異なるように操作しているが，トランペナーズはこの点も明確ではない．

従って，ホフステッドがアカデミックな研究であるのに対して，トランペナーズはビジネスを行う上での実践的な指針を主眼とした研究であると言える．

....

本章のまとめ　この章では，異文化経営論の研究において，多数国を対象とした研究の中の古典的な存在であるホフステッド・モデルと，最近ホフステッドと比較対照されるまでに評価が高まったトランペナーズの研究結果を詳しく考察した．両者とも，国の文化を分析単位として，膨大な標本数と統計手法を駆使して詳細に分析した研究は，高く評価できるものである．しかし，その長所がまた弱点ともなっている．すなわち，国を文化の分析単位としている結果，それぞれの国の文化の違いが強調されて，それを越えて共通の価値観を追求し，本社と海外現地法人が並列的に有機的に結びつくといった経営のグローバル化に即した視点が欠けている．従って，1980年代及び1990年代の初頭に至るまでの時代の要件には合致するが，21世紀の企業経営を視座に入れた場合は，いささか時代錯誤の感を免れない．また両者の研究には，文化的多様性の活用とベストプラクティスとしての経営における共通の価値観の追求という2つの軸が織り成すマトリックス，さらには属性を越えて全社員を動機づけし，最大限の能力を引き出し，企業にとっても個人にとっても実りある経営への熱望と哲学が感じられない．

従って，数量かつ信頼性においては高く評価できるものの，その分析においては表層的であり，その示唆することも時代に合わない．この意味において，従来の異文化経営論は行き詰まっており，新展開が必須である．第2部ではその新たな可能性を探る．

第4章 多国間定量分析の検証 113

注

1) ホフステッド（Hofstede, Geert）は，オランダに生まれ，オランダの大学で機械工学の修士号と社会心理学の博士号を取得している。職歴は多岐にわたり，多国籍企業の工具，工場長，国際部の心理学の責任者を経て，オランダでIRIC (Institute for Research on Intercultural Cooperation) を設立し，いろいろな大学で教鞭を取るに至った。現在は，IRIC のシニア・フェロー及び，マーストリヒトのリンバーグ大学（the University of Limburg）と香港大学（the University of Hong Kong）の名誉教授である。海外での経験も豊富で，スイス，ベルギー，フランス，オーストリアに住んだことがあり，世界各地で講演活動を行い，多数の著書と論文がある。
2) 後に，HERMES Corporation は IBM であることが明らかにされた。
3) Hofstede, Geert (1980) *Culture's Consequences*, Sage Publications.
4) Hofstede, Geert (1991) *Cultures and Organizations*, London: McGraw-Hill.
5) Hofstede, Geert (1980), Abridged Edition, p. 21.
6) ホフステッドは，ボンド（Bond）並びにフランケ（Franke, Richard H.）と共同して，経済成長の国際比較を行っている。その結果，人々の価値観の調査を基に得られた文化的指標を使うと，1965年から1980年までの時期と，1980年から1987年までの時期の2つの時期における経済成長の違いの50%以上を説明できる，と結論している。ここでは特に，ホフステッドがIBMのデータ分析で使った「西洋的アプローチ」（Western perspectives）の他，ボンドが中国人の社会科学者の協力を得て行った中国人の価値観に関するサーベイ（Chinese Values Survey: CVS）で得られた「儒教ダイナミズム」（Confucian dynamism）という尺度を用いている。(Franke, Richard H., Geert Hofstede, & Michael H. Bond [1991] "Cultural Roots of Economic Performance: A Research Note", *Strategic Management Journal*, Vol. 12, pp. 165-173)
7) Hofstede, Geert, Michael H. Bond & Chung-leung Luk (1993) "Individual Perceptions of Organizational Cultures: A Methodological Treatise on Levels of Analysis", *Organizational Studies*, Vol. 14(4), pp. 488-489.
8) この調査では，デンマークの企業5社とオランダの企業5社の合計10社の20の部門（units）の社員に対して，インタビューと調査票による調査が行われ，1,295の回答を得ている。(Hofstede, Geert, Bram Neuijen, Denise Daval Ohayv & Geert Sanders [1990] "Measuring Organizational Cultures: A Qualitative and Quantitative Study across Twenty Cases", *Administrative Science Quarterly*, Vol. 35, pp. 289-290)
9) 以下は，Hofstede, Geert (1995) "The Business of International Business is Culture" in Jackson, Terence (ed.) *Cross-cultural Management*, Buttterworth Heinemann, pp. 160-162 を参照した。

10) 調査対象となったデンマークとオランダの企業の間にシステマティックな相違が見られたのは，この次元だけである．デンマークの企業が開放的なのは社会的な特徴であり，このことは，組織文化が国の文化を反映していることを示している（同上書，p.161）．
11) 銀行や製薬メーカーはタイト・コントロールであり，研究所や広告代理店はルース・コントロールであろう．(Hofstede, Greert [1995] "The Business of International Business is Culture", p. 161)
12) 以下は，Hofstede, Geert (1996) "Images of Europe : Past, Present and Future", in Joynt, Pat & Malcolm Warner (ed.) *Managing Across Cultures*, International Thomson Business Press, pp. 162–163 を参照した．
13) Hofstede, Geert (1991) *Cultures and Organizations*, London : McGraw-Hill, pp. 251–252.
14) さらに，ゼロから100の間に各国の数値が当てはまるように，一定の数を加算または乗算して指数を算出する．詳しくは，Hofstedes, Geert (1991) *Cultures and Organizations*, pp. 24–25 を参照されたい．
15) Hofstede, Geert (1991) ditto., p. 252.
16) 同上書，pp. 25–28.
17) 同上書，pp. 51–52.
18) 同上書，pp. 54–56.
19) 同上書，pp. 81–82.
20) ホフステッドは，男性度 vs. 女性度に関して，アリンデルやベストらと共に，近著の中で国の文化の次元に加えて，ジェンダーの文化的側面について明らかにしている．(Hofstede, Geert & Associates [1998] *Masculinity and Femininity*, Sage Publications)
21) Hofstede, Geert (1991) pp. 111–112.
22) Bond, Michael (ed.) (1986) *The Psychology of the Chinese People.* Oxford University Press.
23) Hofstede, Geert (1991) pp. 161–165.
24) この点は，1990年代後半の東アジアの経済危機に見られるように，その信憑性が疑われると筆者は思う．この問題は，第2部第5章において再度取り上げる．
25) Hoppe, Michael H. (1990) *A Comparative Study of Country Elites : International Differences in Work-related Values and Learning and their Implications for International Management Training Development*, Ph. D. thesis, University of North Carolina.
26) ホフステッドのIBM調査においては，スウェーデンも他の北欧諸国と同様に女性度が高い結果であったが，ホップの調査ではスウェーデンのみが北欧諸国

の中で唯一,男性度が高い国となっている。これは恐らくホップの調査ではスウェーデンの回答者が全員,経営者団体に所属していたため,偏りがあったからではないかと推定される。(Hofstede, Geert [1991] p. 97)

27) Barkema, Harry G. & Freek Vermeulen (1997) "What Differences in the Cultural Backgrounds of Partners are Detrimental for International Joint Ventures?", *Journal of International Business Studies*, Vol. 28, No. 4, Fourth Quarter 1997, pp. 845–864.

28) Sharma, D. Deo & Carolina Walstrom-Pan (1997) "Internal Management of Sino-Swedish Joint Ventures", in Bjrkman, Ingmar & Mats Forsgren (ed.), *The Nature of the International Firm*, Copenhagen: Handelshojskolens Forlag, pp. 364–387.

29) Sondrtgaard, M. (1994) "Research Note: Hofsted's Consequences: A Study of Reviews, Citations and Replications", *Organizational Studies*, Vol. 15, No. 3, pp. 447–456.

30) Smith, P. B., S. Dugan & F. Tompenaars (1996) "National Culture and the Values of Organizational Employees: A Dimensional Analysis across 43 Nations", *Journal of Cross-cultural Psychology*, Vol. 27, pp. 231–264.

31) Triandis, Harry C. (1994) "Cross-cultural Industrial and Organizational Psychology", in Triandis et al. (ed.), *Handbook of Industrial & Organizational Psychology*, CA: Consulting Psychologists Press, pp. 128–129.

32) Mead, Richard (1998) *International Management*, 2 nd Edition, Blackwell Publishers, pp. 41–42.

33) スミス (Smith, 1996) は,ホフステッド・モデルを検証して,次の結論を得ている。①ホフステッドが明らかにした文化的多様性は,引き続き存続している。②ホフステッドが提唱した次元のうち2つの次元——「個人主義」と「権力格差」——は,トランペナーズ等の行った最近の大規模な調査によっても追認されており,世界各国の文化的多様性を分析する上で,現在でも有効な次元である。③この2つの次元は,異文化交渉や合弁事業や多国籍企業にチームワークといった,日常の様々な局面に深く関わるものである。(Smith, Peter B. [1996] "National Cultures and the Values of Organizational Employees: Time for another Look", in Joynt, Pat & Malcolm Warner (ed.), *Managing Across Cultures*, International Thomson Business Press, pp. 92–102).

34) ホフステッドは1995年に「各国における事業目標」(Business Goals in Different Countries) と題する新たな研究に着手しており,現在も続行中である。このプロジェクトは,米国,オーストラリア,フランス,ドイツ,香港,オランダを対象に6つの大学のMBA (経営学修士)の学生を中心に進められている。ホフステッドによると,すでに「かなりセンセーショナルな」(rather sensa-

tional) 結果が得られており，プロジェクト完成の暁には論文にまとめる予定であるという. (*Newsletter, Academy of International Business*, Vol. 4, No. 3, Third Quarter 1998, p. 1)

35) トランペナーズは，オランダのアムステルダムに，ユナイテッド・ノーションズ (United Notions) 社を設立し，そこを拠点にして世界中で講演活動を行っている．さらに，1998年10月に，国際的な会計及びコンサルティングの企業である KPMG と戦略提携 (strategic partnership) を結び，事業の拡充を図っている．

36) この結果は，ペンシルベニア大学のウォートン・スクールにおけるトランペナーズの博士論文に収録されてる. (Trompenaars, Fons, *The Organization of Meaning and the Meaning of Organization : A Comparative Study on the Conceptions of Organizational Structure in Different Cultures*, The Wharton School of the University of Pennsylvanina)

37) Universalism vs. Paticularism ; Collectivism vs. Individualism ; Affective vs. Neutral relationships ; Specificity vs. Diffuseness ; Achievement vs. Ascription ; Orientation towards time ; Internal vs. External Control.

38) Trompenaars, Fons (1993) *Riding the Waves of Culture*, London : Nicholas Brealey Publishing.

39) アクゾー (AKZO), AT&T, BSN, イーストマンコダック (Eastman Kodak), エルフアキテーヌ (Elf Aquitaine), グラクソ (Glaxo), ハイネケン (Heineken), ICI, ロータス (Lotus), マース (Mars), モトローラ (Motorola), フィリップス (Philips), KLM, ロイヤルダッチシェル (Royal Dutch/Shell), TRW, バン・リア (Van Leer), ボルボ (Volvo), 等の企業である．

40) ascription は，生まれながらの属性，家柄，学歴を意味する．本書では「属性」と呼ぶこととする．

41) Trompenaars, Fons & Charles Hampden-Turner (1998) *Riding the Waves of Culture, Second Edition*, McGraw-Hill.

42) Hampden-Turner, Charles & Fons Trompenaars (1997) *Mastering the Infinite Game*, Oxford : Capstone Publishing.

43) 同上書, Executive Summary.

44) 実際には例題ごとに結果を出しているため，3通りの図があるが，これら3つの結果には共通点が非常に多い．本書では3つのうち代表的な図をひとつ選んで掲示した．その選択は，トランペナーズ (1995) に従っている．他の次元に関しても，同様である. (Trompenaars, Fons [1995] "Resolving International Conflict : Culture and Business Strategy", *Business Strategy Review*, Vol. 7, No. 3, pp. 51-68)

45) Trompenaars, Fons & Charles Hampden-Turner (1998) 前掲書, pp. 33-44.

46) *Riding the Waves of Culture* (1993) では，communitarianism ではなく，collectivism と呼んでいる．両方とも集団主義，グループ志向を意味する．
47) これは一般的に信じられているフランス人のイメージとは異なるかもしれないが，フランス人の行動をよく見ると，8月にいっせいにバカンスに出かけたり，地中海クラブに入って集団で楽しむなど，実は集団志向が強いことが分かる．
48) Trompenaars, Fons & Charles Hampden-Turner (1998) 前掲書, pp. 51-59.
49) *Riding the Waves of Culture* (1993) では，emotional ではなく，affective と呼んでいる．両方とも感情的という意味である．
50) 例えば，不祥事を起こした企業の謝罪会見などの公の場で経営者が涙を流すことは，日本では例外ではない．従って，日本は必ずしも「中立的」とは言えないと筆者は思う．
51) Trompenaars, Fons & Charles Hampden-Turner (1998) 前掲書, pp. 70-82.
52) 同上書, p. 89.
53) 高コンテキスト，低コンテキストについては，本書の第1部第2章を参照されたい．
54) Trompenaars, Fons & Charles Hampden-Turner (1998) 前掲書, pp. 105-108.
55) 同上書, p. 121.
56) Luthans, Fred, Paul A. Marsnik & Kyle W. Luthans (1997) "A Contingency Matrix Approach to IHRM", *Human Resource Management*, Vol. 36, No. 2, p. 186).
57) この点に関しては，ホフステッドの調査結果では，旧ユーゴスラビアは集団主義の傾向を示している．（詳しくは，本章のⅠホフステッドのモデル　1．ホフステッドの研究系譜を参照されたい．）

第2部　異文化経営論の新たな展開
——実証研究と経営文明論の展望——

　第2部では，経営において主に国の文化という文化的要素を重視して文化を経営戦略の主眼とする従来の異文化経営論に対して，それとは異なった新しい視座を提示するものである．第5章では，現実のビジネスに照らし，また，異なった視点の学説によって「文化論」[1)]の限界を論じ，新しい学説による異文化経営論の新構築を試みる．第6章では，第5章で得られた論理を基に，日本企業の欧州現地法人を対象に行った実証研究を通して，国の文化と企業文化の比較を行う．また第7章では，この論理をさらに進めて，グローバル企業における本社と国内支社と海外現地法人の意識上の距離を考察することによって，国の文化を超えたグローバル経営の可能性を探る．さらに第8章では，異文化を包含する企業戦略を明らかにして，文化を超える経営文明論の提唱を行うものである．

第5章　異文化経営論の再構築

I　「文化論」の限界

1．グローバル・ビジネスの進展

標準化とグローバリゼーション　　国際ビジネスにおいて，従来は各国の顧客のニーズに合わせて財・サービスを提供するという発想であったが，現在は世界共通の財・サービスの提供へと移行しつつあることをまず，認識する必要がある．八城政基シティコープ・ジャパン会長（当時）は「ビジネスの現場で，以前は日本の顧客の求めているものは違う，アメリカのものを持ってきてもだめだという議論が多かったが，現在は世界中の消費者が求めているものは 90％は世界共通であり，ローカルな適応が必要なのはせいぜい 10％である」と言う[2]．これがビジネスのグローバリゼーションであり，標準化である．これは特に情報技術の革新によるところが大である．情報技術の普及により，今や情報は国を越えて世界中で即時伝達可能であり，その意味では世界は同一化の過程にあるとも言えよう[3]．この点において，従来の国の文化を中心とした「文化論」の現実との乖離が見られるのである．

世界共通の経営倫理　　企業の経営倫理には，どの国で事業をしようともその企業の倫理を貫くという普遍主義とその国の文化と慣習に合わせて調整するという文化相対主義がある．前者の場合には，賄賂が公然と行われている国ではその慣行に従わないためビジネスを諦めるということも起こりうる．例えば，IBM や TI（テキサス・インスツルメント）がこれに該当する[4]．IBM では，自社の価値観を世界のどの国でも貫徹しており，贈収賄をせずに取引を行っており，その結果として受注競争に敗れてもやむを得ないという姿勢を貫いている[5]．

　このような「自由，誠実，清廉」といった人類にとって普遍的な価値観は，

国の文化を超えるものであることは言うまでもない.従って,歴史,経済,政治等の様々な理由によって普遍的な経営倫理に未だ覚醒していない国においては,経営倫理の面においては現地の文化に迎合することなく,企業倫理を貫くことが必要である.この点においては,国の文化を超えることに意義があり,これはすなわち,国の文化を超越することが必要な場合があることを示唆している.

2.非文化的要因の重要性

国の文化の距離が成功要因? モロシニら(Morosini et al., 1998)は,1987年から1992年にかけて行われた52件の海外での買収案件を対象に調査を行い,ホフステッドの4次元モデルを使って国の文化の距離を測定した結果,その距離と海外案件の買収の業績が正の相関関係にあることを発見している[6].

具体的には,モロシニらは米国,英国,フランス,ベルギー,ドイツ,スウェーデン,スイス,フィンランド,オランダの企業によるイタリア企業の買収と,イタリア企業による海外案件の買収を対象に調査票による調査を行い,回答を得た52件について分析を行った.買収後2年間における販売の伸び率を業績(performance)とみなして,これを従属変数として回帰分析を行った結果,文化的距離が買収後の業績にプラスの効果をもたらすことが判明した.つまり,買収する企業の国と買収される企業の国の間の文化的距離が大きければ大きいほど,買収後の2年間の販売の伸びが大きいのである.

モロシニらは,国の文化の違いが大きいということは,買収企業と被買収企業が異なった創造性や革新性を持ち,意思決定の方法も両者の間で異なり,それがプラスに働いていること,つまり買収後の業績が良いということは,多国籍企業は文化的距離の遠い企業を買収することによって,容易には模倣できない異なった商慣習を手中にすることができ,企業全体の競争力を高めることになる,と説明している[7].しかしここでは,企業文化のような国の文化以外の要素による影響は分析していない.また,調査対象企業がイタリア企業を中心と

する欧米企業であること，買収の決定においてすでに買収の効果がマネジャーによって評価されており，その評価が高い案件のみが実際に買収されるということ，これらの制約条件も勘案してこの調査結果を解釈すべきである．国際経営において国の文化的差異が多少プラスに働く，というこの調査結果は，反対に文化的差異が作用しない可能性を示唆しているとも言えよう．

後発効果論　ホフステッドは，近年のアジアの急速な経済成長の原因を国の文化という要因に求めた（第1部第4章Ⅰホフステッドのモデル）．また，トランペナーズもアジアの経済成長の牽引力をマネジャーの価値観という文化的要因に結び付けて論じている（第1部第4章Ⅱトランペナーズのモデル）．国の文化を中心とするこれらの論理とは別に，非文化的要因による様々な説明が考えられる．

ドーア（Dore）は，日本とイギリスの雇用システムや経営を比較した*British Factory-Japanese Factory*において[8]，日本の雇用システムの特徴を日本の文化的伝統によって規定されるいう解釈ではなく，「後発効果」によって説明した．すなわち，遅れて工業化に着手し，先進国に追いつこうとする国は，特殊な条件下で産業や企業を育てなければならない．ある意味では先進国の工業化過程に比べると有利であり，ある意味ではより厳しい制約条件下にあり，それに対する合理的な対応が日本の雇用システムであり経営システムであると言う．

また，フクヤマ（Fukuyama）も，文化以外に産業構造に影響を与える様々な要因の存在を認め，市場の規模や社会の経済発展の程度や法律・商業・金融等の諸制度といった要因とともに，「遅れて発展した」という要因を挙げている．遅れて発展した国々の特徴は，発展推進における国家の重要な役割，銀行を中心とした財政基盤を持つ集約産業構造，そして温情主義的労使関係など，日本とドイツの経済に顕著に現われていると言う．しかしまたフクヤマは，産業構造，労働慣行及び職場の組織に関しては，後発発展国同士にも，先発発展国と後発発展国の差と同じくらいの大きな相違が見られるとして，「信頼」と

いう別の尺度で説明を試みている[9]．

資源の総動員による当然の帰結　アジアの新興工業国の急成長を「アジアの奇跡」やアジア特有のシステムに起因するという説に異論を唱えているのが，クルーグマン（Krugman）である[10]．アジアの新興工業国の高度成長は資源の総動員が最大の要因であり，1950年代のソ連の急成長との共通点を見出し，その経済成長のほとんどは，投入の急速な増加によって説明できるという．シンガポールを例にとって見ても，人口に占める雇用者の比率，教育水準，投資額等が飛躍的に伸びているが，効率性の向上は伴っていない．他のアジアの新興工業国でも同様の傾向である．日本の場合は，投入の大幅な増加と共に効率性も向上したが，その日本においても成長が減速している．従って，アジアの急成長は特有のシステムがあったからではなく，資源を総動員することによる報酬を受け取ったと解釈すべきであり，経済理論からして当然の帰結である，とクルーグマンは説いている[11]．

3．国際経営学における文化論の衰退[12]

合目的論と因果関係論　合目的論（purposive theory）とは，企業の目標や意図に基づいた行動の予見に関する理論であり，因果関係論（causal theory）とは，原因と反応によって説明する理論である．国際経営学における文化論は，これまで合目的論ではなく，因果関係論の範疇において展開されてきた．サリバン（Sullivan, 1997）は，因果関係論ではすでに限界に達しており，今後は合目的論に移行せざるを得ないこと，文化論では管理職の行動やその変化が十分に説明できないこと，また，合目的論者が国際経営学の主流を占め，さらにそのパラダイムの正当性を追求していること，をその理由に挙げている．しかし同時に，社会学者や一般大衆は異文化行動において国の文化を引き続き重視するであろうこと，また，経済理論の説明力と予見に関しては文化論なしでは説明できないこと，等の理由によって，文化論の衰退は国際経営学にとって必ずしも好ましくない，と言う．

文化論の弱点　文化的な価値観は，確かに全体のコンテキストの中で重要な位置を占めるが，必ずしも文化的な要因が原因であるとは言えない．つまり，一定の文化的環境があっても，組織や集団や個人といった要素によって，結果が異なるからである．通常，文化の単位は国であるが，科学的検証に耐え得る異文化経営論の研究は数少ない．

文化論は次の面で弱点があると言える．

① 現実を説明する能力がどの程度あるのかが不明である．
② 文化論は観察された行動を極めて簡略化する傾向がある．
③ 文化論の提唱する次元や分析枠組みの一貫性が検証されていない[13]．
④ 文化論は，文化的価値観と実際の行動との間に直接の因果関係があることを前提としており，その次の段階に議論を進めることはしない[14]．
⑤ 文化論では，人間が目的を目指して行動するよりも，むしろ原因に対して反応するという受け身の性質であることを前提としている．
⑥ 文化論は通常，価値観や姿勢を説明し，実際の行動を説明するものではない[15]．

文化論を救うには？　文化論は，以上のような弱点はあるものの，説明力において経済理論を補完するものである．従って，今後も存続する価値があり，そのためには次の方策が必要であろう．

① 合目的論への転換：文化を直接の原因ではなく，原因に関係する情報として経営のプロセスに組み込むこと．組織，経済，社会，個人といった多くのインプットのひとつに過ぎないと考えること．
② 構造方程式モデルの開発：文化的価値観は場合によって内生変数であったり，外生変数であったりする．この複雑な関係に対応したモデルの構築が望まれる．
③ 価値観の変化とその影響力の吟味：国の文化に根差す価値観は，組織文化の影響によって変化することもある．また，政治経済の状況変化によって文化も変化する．このプロセスを研究し，変化するものと変化しないも

のを見極める必要があろう．
④　ジャーナルの編集への積極的な関与：文化論者がより積極的に，学会誌等に関わり，自らの立場を擁護する必要がある．
⑤　経営理論の検証：モティベーションやリーダーシップやコミュニケーション理論や文化を媒介変数として，異文化的視点から検証することが望ましい．マネジメント理論の多くは米国で開発されているため，国際的な適用性に問題があると予想され，異文化的視点からの検証がその普遍性の是非を明らかにするであろう．

以上，文化論と現実との整合性，非文化的要素の可能性，国際経営学における文化論の衰退と弱点を通じて，文化論の限界について論じた．またさらに，文化論存続の意義と可能性と方策について検討を加えた．そこで次に，これらの論点を踏まえて，異文化を包含する国際経営学の諸学説の検討を行い，異文化経営論の新展開を探ってみたい．

II　異文化を包含した国際経営学の学説

企業が海外で事業を行う場合には，必ず自国の文化とは異なる文化との対応が必要となる．異文化経営論とは，異なる文化が関わる状況における経営を対象とする学問であるが，そのアプローチとしては文化的要素を第一義的に捉えるものと，異文化を包含しつつも文化を二義的に捉えて主に文化以外の視点から論じるものの2つのアプローチがある．前者が狭義の異文化経営論とすれば，後者は広義の異文化経営論，または従来の異文化経営論の拡大延長上にある「異文化包含論」ないし「異文化融合論」とも言うべき分野であろう．

本章の前段で，文化論——特に国の文化を中心とする文化論——の限界について明らかにした．それでは，21世紀を目前にした現在の経営における新しいパラダイムとは何であろうか．また，刻一刻と変りつつある現状に対応する広義の異文化経営論，つまり異文化を二義的に視座に含め，また異文化を融合

する可能性を示唆する学説には,どのようなものがあるのだろうか.また,現実に異文化の融合を実現している企業の事例研究にはどのようなものがあるのだろうか.この3つの視点から,異文化経営論の新展開を論じていきたい.

1. 情報・知識・グローバル化という新しいパラダイム

諸学説を論じる前に,現在の時代を特徴づける新しいパラダイムを検討する.

情報化時代の意味　「情報」とは,『広辞苑』によれば,「或ることがらについてのしらせ」または「判断を下したり行動を起したりするために必要な知識」と定義されている[16].英語では information(情報)とは,「語られたこと,知識」(something told, knowledge)となっている[17].また,情報化社会とは「情報が物質やエネルギーと同等以上の資源とみなされ,その価値を中心にして機能・発展する社会」となっている[18].つまり,情報化時代とは,情報の価値を中心として社会が発展する時代である.

情報という言葉は日本語でも英語でも「知識」を意味しているように,「そのことを知っている」ことに価値がある.すなわち,情報化時代では,経済活動や企業経営において,情報が不可欠であり生命線ともなり得るのである.量的にも質的にも優れた情報を持った者,またその情報を知識として活用できる者が競争力を持ち,市場における勝者となる.また,情報ネットワークの発達によって,開示された情報へのアクセスには,物理的な距離は障害とはならない.従って,開示されていない情報へアクセスできるかどうかが,情報格差の有無を決めるのである[19].

企業経営がグローバル化している時代には,情報が大きな価値を持ち,異なる文化や言語の人々が,いかに同じ内容の情報に同時にアクセスできるかということが,企業経営の効率性と社員のモティベーションの上で,極めて重要になるのである.

グローバリゼーションと技術革新　グローバリゼーションの進捗状態は業界によって異なるが,共通する点は,グローバル仕様の製品に対する顧客のニーズ

の増加と研究・開発・生産における規模と範囲の経済の重要性である．テクノロジーは，企業がグローバル化による規模と範囲の経済の実現を図ることを可能にし，また，グローバル企業は技術革新によって競争力を高めようとする．テクノロジーとグローバリゼーションは，互いに促進し合うことによって進展しつつある．そして，この動向と不可分なのが，情報技術の発達である．情報技術は競争力の質を急速に変化させており，人と企業の仕事のやり方を根本から変えつつある．[20]

経営のグローバル化によって，企業は世界各地に現地法人を設立し，その結果，本社と海外現地法人の間には物理的な距離が生じる．しかしこれは，情報技術を戦略的に導入することによって克服することができる．従って，従来のような本社の所在する国で技術革新を集中的に行って，一方的に海外の現地法人に提供するのではなく，海外における技術革新もグローバル市場に適用・適応可能なものは取り入れる等，双方向のやり取りが進展しつつある．

情報技術のもたらす効果　　情報技術の効果としては，まず生産工程のコストの大幅な引き下げが考えられるが，これは特定の業種に限られるものである．従って，あらゆる業種に共通の効果は，調整コストの引き下げである．今まで人間の手を介して行われていた処理業務の多くが，情報技術に置き換わる．また，情報伝達を主たる業務としていた中間管理職が不必要となり，フラットな組織が実現できる．さらに，組織間の調整も情報技術によって改善される．証券取引所において電子取引が導入されつつあることは，その一例である．[21]

「知識」が唯一の持続可能な競争力の源泉　　従来の比較優位理論は，19世紀と20世紀の産業の立地を説明するために構築されたもので，もはや時代遅れといっても過言ではあるまい．

21世紀を垣間見る現在の主要産業は，マイクロエレクトロニクス，バイオテクノロジー，新素材，電気通信，民間航空機製造，工作機械とロボット，コンピューターのハードとソフト等である．これらはいわゆる頭脳産業（brainpower industries）であり，地球上のどこにいても，頭脳があってその組織化が

できれば実現可能な産業である．従って，サロー（Thurow, 1996）も指摘しているように，これからの真の競争力（competitive advantage）は，人間の頭脳とスキルにあると言えよう[22]．

　知識産業や頭脳産業は，はじめから資源が与えられているわけではない．先見の明と十分な投資なくしては，どの国も為し得ないが，その反面，努力次第でどの国でも開発できる産業である．この意味では，冒頭の比較優位理論は形を変えて存続すると言い換えることもできる．すなわち，努力することによって，投資の規模と内容次第で取得することができる比較優位なのである[23]．

　この意味において，企業がグローバルな規模で事業を行い，世界中の「智」を駆使することは極めて重要であり，そのためには一国の文化が支配することのない，異文化を活用できる経営システムの構築が必須である．

2．リンケージとネットワークの理論

R&D・製造・マーケティングのリンケージ理論　小田部（1998）は，多国籍企業では国境を越えたオペレーションの調整と統合による利点が極めて大きいと指摘している．企業は世界市場での競争に勝つために，自らの競争優位と世界各地の比較優位を駆使しているが，これがいわゆるグローバル・ソーシング戦略（global sourcing strategy）の目的である．そこで最も重要なのが，地理的に分散したR&Dと製造とマーケティングをグローバルなベースで管理し調整することである．この場合に，ロジスティックス，在庫管理，物理的及び意識上の距離，自文化中心主義，海外の商習慣の知識不足等々，様々な障害が考えられる[24]．

　ロロデックス・コーポレーション（Rolodex Corporation）のCEO（最高経営責任者）は，R&Dと製造とマーケティングのグローバルなリンケージ（連携）がいかに重要であるか，次のように説明している．

① 強力なリンケージにより，お互いの責任範囲に対する理解を育むことができるようになり，R&Dと製造とマーケティング間の個人的／ビジネス

上の関係が強化される．

② 強力なリンケージにより，プロジェクトの開始時から終了時まで，常に重要な議題が優先的に検討されるようになる．R&Dと製造部門がマーケティングの戦略や競合他社の動向や，グローバルな位置関係を理解することが肝要である．あらゆる事項に関して，3者間でオープンに前向きに議論し合うことが大切である．

③ 強力なリンケージにより，迅速な決断が可能となる．世界仕様の製品のリードタイムが短縮されている現在，3者間の密接な連携によってチームが同時に平行してプロジェクトの進行を図り，スピードアップして他社に先駆ける必要がある[25]．

④ 強力なリンケージにより，自分の枠を超えて他のチームのニーズと問題を理解し，チーム全体のニーズを満たす必要性を認識することができ，3者間のチームプレーの重要性に対する理解が浸透する[26]．

このように，多国籍企業においては，R&Dと製造とマーケティングの部門のリンケージが成功の鍵を握っており，そのためには，法律，政治，文化といった外的に異なった環境に適応し，同時に3者の異なった「部門別の組織文化」間の調整を行う必要があろう．すなわち，外なる異文化と内なる異文化の双方を包含する戦略がリンケージ理論の中核を成すものである[27]．

情報ネットワーク型組織：自立と自律の論理　花田（1998）は，日本企業と米国企業の組織パラダイムの変遷を比較して，シナジー・プラットフォームを基にした情報ネットワーク型組織を提唱している．

従来型の組織モデルは，社員の長期に渡る囲い込み雇用を前提とし，情報や知識や技術を企業の内部で開発し共有化した「情報内部蓄積型」であった．これに対して，新しい組織モデルは，外部の情報や知識や技術に対する依存度が大きく，外部のネットワークを駆使する「外部情報発見獲得型」である[28]．

この新しい情報共有化を組織運用の基礎に据えたダイナミックな組織は，米国のシリコンバレーでよく見られるフラットな組織であり，アウトソーシング

図2-5-1 プラットフォーム型戦略と囲い込み型戦略

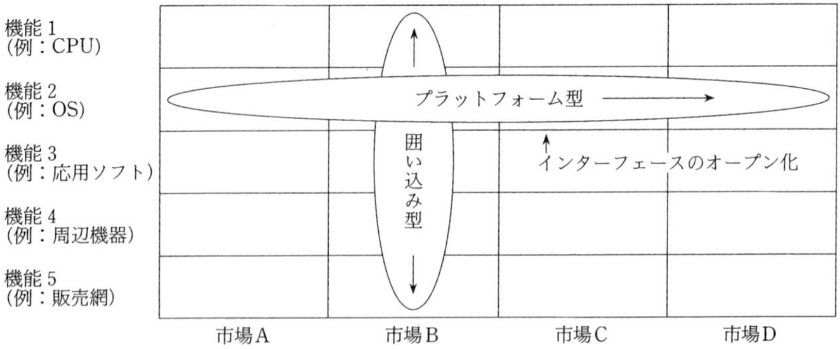

機能1 (例：CPU)				
機能2 (例：OS)		プラットフォーム型 →		
機能3 (例：応用ソフト)		囲い込み型	インターフェースのオープン化	
機能4 (例：周辺機器)				
機能5 (例：販売網)				
	市場A	市場B	市場C	市場D

出所：國領二郎（1998）「プラットフォーム型経営戦略と協働の未来形」『組織科学』Vol. 31, No. 4, p. 5.

を活用して外部組織と補完しあう形態である[29]．このアウトソーシングをさらに進めて，情報資源を積極的に共有化し様々な組織・個人と長期的な相互依存関係を構築する組織形態が，バーチャル・コーポレーションである．それを円滑に機能させるためのインフラを，新しい付加価値を生み出すプラットフォームという意味から，花田（1998）は「シナジー・プラットフォーム」と呼んでいる．このシナジー・プラットフォームでは，人材の流動化，技術や情報の共有化，仕事の付加価値化，異質の人材・意識の多様化の積極的評価を実現することによって，人々の間に強力な基盤が構築されるのである．このような組織で活躍する人は，実力があり，かつ自分を律することのできる人であり，これからの組織ではそのような自立・自律型の人材確保と育成が求められており[30]，今後はますます，様々な価値観・文化的背景を持つ人々を組織が活用する，異文化包含の組織システムが必要不可欠となろう．

コミュニケーション・プラットフォーム理論に見る協働の未来形　プラットフォーム型の経営とは，國領（1998）によれば，自社が関わる商品の供給連鎖のうちで，提供する分野を絞る一方で，自社がコミットする分野についてはより多くの地域で高いシェアを取ろうとする経営方式のことである．この形態は，供給連鎖を市場ごとに囲い込む従来の産業構造や経営戦略の対極にある[31]（図2

図 2-5-2　次世代の組織化モデル

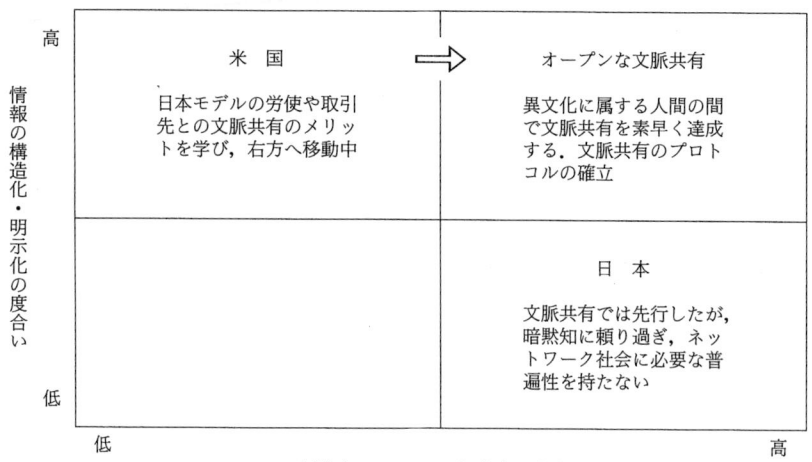

	低　　　文脈（コンテクスト）共有の度合い　　　高
情報の構造化・明示化の度合い　高	**米　国**　日本モデルの労使や取引先との文脈共有のメリットを学び，右方へ移動中　→　**オープンな文脈共有**　異文化に属する人間の間で文脈共有を素早く達成する．文脈共有のプロトコルの確立
低	**日　本**　文脈共有では先行したが，暗黙知に頼り過ぎ，ネットワーク社会に必要な普遍性を持たない

出所：國領二郎（1998）p.10.

-5-1）．

　このプラットフォーム型経営が効率よく運営されるには，関係者間で円滑なコミュニケーションが行われなければならない．ホール（Hall）の提唱したコンテキスト（文脈）の概念を用いれば[32]，日本型の経営は「文脈共有度は高く，構造化・明示化の度合いは低い」，米国型経営は「文脈共有度は低く，構造化・明示化の度合いは高い」とそれぞれ定義することができよう．これを図式化したのが，図2-5-2である．

　日本企業に多く見られるように，高度に文脈を共有すると，日常的なコミュニケーションの効率は高くなる．多くを語らなくとも，関係者間では通じるからである．しかしその反面，このコミュニケーションのパターンは，閉鎖社会の形成を促し，そこで創造された知識は共通の文脈を持たない外部世界では理解不可能となってしまう．これに対して，多民族国家の米国では文脈を共有し難いため，知識を極力明示化して誰にでも理解ができるような形にしている．

　1980年代は，低文脈型の米国企業が高文脈型の日本企業に負けたとも言え

るが，その後米国は情報技術の活用によって「明示的な情報の共有化」を図って，急速に競争力を回復した[33]．この結果，地理的に離れていても，広く文脈形成に参加できるというプラットフォーム型経営に即応したコミュニケーション方式が確立していったのである[34]．

國領 (1998) は，コミュニケーションの要件を，①語彙 ②文法 ③手続き ④規範の4つのレベルにおける言葉の共有問題だと整理している．コミュニケーションを行い，文脈を蓄積し，それを事後的に第三者が検索し理解するには，関係者がこの4つのレベルの言葉を共有することが前提である[35]．この「コミュニケーション・プラットフォーム」こそが，今後の経営において極めて重要であり，このプラットフォームが成立すれば，言語や価値観などの様々な点で異なる文化の人々の能力を活用し，かつ効率的に企業経営を行うことができるであろう．この意味において，コミュニケーション・プラットフォームの意義は極めて大きい．

3．異文化活用型企業の事例

ヨーロッパの小国に多い経営陣が多国籍化した企業　欧米の多国籍企業13社を調査した結果をまとめた「欧米多国籍企業の組織・人材戦略」(1998)[36]によると，総じて，ドイツとフランスとアメリカの企業では本社の中枢は本国人が握る傾向があるが，スイスやオランダのような小さい国の企業は外国市場への依存度が大きく，本社における経営陣の国籍も多様化している．異文化を経営に取り込んだ企業の事例の多くは，ヨーロッパの小国に多い．その中で，際立ったケースとして，アセア・ブラウン・ボベリ（ABB）について検討する．

ABB：分散化と多国籍化　ABBの本社はスイスのチューリッヒにあり，スウェーデンのアセア社とスイスのブラウンボベリ社が合併して，1987年に創設された．主な事業は，発電，変圧器，建設システム，輸送機器であり，総売上げは年間約300億ドル（約4兆4千億円）で，全世界で21万人強を雇用している．地域別の売上げは，ヨーロッパ57％，アメリカ18％，アジア・オー

ストラリア・アフリカ25％となっている．

　その本社機構は極めて小さく，スタッフはわずか150人しかいない．国籍はスウェーデン人とスイス人が多いが，全体で20ヶ国の国籍の社員が働いている．本社の執行役員会（Executive Committee）のメンバーは8名であり，スイス人，スウェーデン人，ドイツ人，アメリカ人の4つの国籍から構成されている．[37)]

　ABBでは，情報ネットワークを駆使してそれぞれの市場のニーズに即応できるようなシステムを作っている．アバカス（Abacus）と呼ばれる経営情報システムによって，世界各地の5,000のプロフィット・センターからデータを収集して，予算と実績を対照して予測を出し，事業分野別，国別，各国の会社別のデータを集計して，様々な分析を行っている．[38)]

　ABBの会長であったパーシー・バーネビック（Percey Barnevick）は，この非常に複雑な多国籍の企業を成功に導いた立役者である．スピードとアクションをモットーとし，特定の国のアイデンティティを持たない多国籍の企業，グローバルでありながら同時にローカルであり，大きいながら小さく，中央に集中しながら同時に分散化を進めるという，良い意味での「内部矛盾」を追求した．バーネビック氏は次のように述べている．

　「ABBは，大企業の弊害を無くすために，分散化を強力に進めてきました．ABBは小企業のダイナミズムと創造力を重視し，コミュニケーションとフィードバックを大切にしています．多くの異なった文化の人々が協働し，世界の市場で事業を行うには，誰もが自分の意見を率直に述べる姿勢を育成し，反対意見を自由に言えるような雰囲気を作ることが必須です．」[39)]

　分散化と多国籍化を進めて，1990年代にグローバル企業として大成功を収めたABBは，バートレットとゴシャール（Bartlett & Ghoshal）がいうトランスナショナル・カンパニー（transnational company）に最も近い企業だと言えよう．[40)]

マグレガー・ナビール社の事例　　マグレガー・ナビール（MacGregor Navire）

は，フィンランドのコーン・コーポレーション（Kone Corporation）の子会社であり，社員数は900人という中堅企業ではあるが，船舶用貨物運搬機器のメーカーとしては世界有数の企業である．この会社は1980年代にフィンランドの企業と英国の企業が合併して設立された．その事業は極めて多国籍化されており，例えば，ノルウェーで機器を設計し，台湾で製造し，南米で販売するといったように，国境を越えたビジネスを行っている．

この企業のCEO（最高経営責任者）は合併後，志を同じくする5名の経営陣を任命し，居住地を自由に選択させたところ，フィンランド，デンマーク，スウェーデン，英国の4ヶ国に分散する結果となった．これらの経営陣は全員複数の言語を話すが，毎週行われるテレビ会議では全員が英語で話すことになっている．毎月，経営陣は事業本部のひとつに集まり，マネジャー全員と話し合いを行う．討議は自由闊達に行うが，各人の責任範囲は明確であるため，日々の連絡は最小限で済み，物理的な距離の弊害はまったくない．また，個人的な信頼関係の育成にも重きを置いている．[41]

このように，国籍は異なっても企業の目標とビジネス上の価値観を共有し，複数の言語を使いこなす人材を集めたマグレガー・ナビール社は，異文化を活かした事例として異文化経営のひとつのモデルを提供している．

……………………………………………………………………………………

本章のまとめ　　この章においては，ビジネスのグローバル化の進展と現実の国際経済の動きに照らして非文化的要因の重要性を明らかにし，「文化論」の弱点を論じた．その上で，異文化を包含する国際経営学の諸学説と事例研究を考察し，新たなパラダイムの可能性を探った．そこで浮かび上がってきたのが，「情報／知識」と「リンケージ」と「コミュニケーション・プラットフォーム」である．いずれの概念も，比喩的に言うならば，「多数の文化という団子に突き刺す串」である．それは異なる文化を結び付け，個別の文化を包含する全体としての共通性を追求する概念に他ならない．このような概念は実世界に適用可能なのであろうか．また，実際に「国の文化」を超えた経営を行うことがで

きるのであろうか．文化的に異なる背景を持つ社員を共通の価値観の下に束ねて行くには，どのようなビジョンと実行の指針が必要なのであろうか．

本章に続く第6章，第7章においては，これらの観点から，実証研究の結果を論じ，そこから新たな異文化経営論の展開の可能性を探っていきたい．

注
1) ここでいう文化論とは，異文化経営論において国の文化を一義的に捉える考え方を指す．
2) 八城政基「欧米企業のグローバリゼーションとアジア戦略」『日外協マンスリー』1998年7／8月号，p.51.
3) 安積仰也 (1994)「組織論と国際比較」『組織科学』Vol.27, No.3, p.47.
4) 米国企業の経営倫理担当責任者会議 (EOA) の会長で，TI社の倫理担当役員であるカール・スクーグランド (Carl M. Skooglund) は，日本経営倫理学会主催の講演会 (1998) で次のように語った．「弊社は世界中で事業を行っており，経営倫理に関しては世界共通の指針があります．例えば，賄賂が日常的に行われている国でそれをしないと仕事を受注できない場合は，そのビジネスは諦めます．弊社が企業として最優先することはビジネスではなく経営倫理ですから．」
5) 水谷雅一 (1995)『経営倫理学の実践と課題』白桃書房，pp.137-138.
6) Morosini, Piero, Scott Shane & Harbir Singh (1998) "National Cultural Distance and Cross-Border Acquisition Performance", *Journal of International Business Studies*, Vol.29, No.1, pp.137-158.
7) Morosini, Piero, Scott Shane & Harbir Singh (1998), pp.153-154.
8) Dore, Richard (1973) *British Factory - Japanese Factory*, University of California Press.
9) フクヤマは，各国の民間経済における企業規模を比較した際に，日本・アメリカ・ドイツの企業は大規模なものが多いのに比して，フランス・イタリア・台湾・香港・中国のほとんどの民間企業は比較的小規模なものが多数を占めている点に着目して，「信頼」を切り口として各国の比較分析を行っている．この分析によれば，ホフステッドの研究結果とは異なり，米国は個人主義ではなく，日本も集団主義ではなく，むしろ両国は共に強力な社会集団を自発的に生み出す能力を持つ「高信頼社会」であると言う．(Fukuyama, Francis [1995] *Trust*, NY : International Creative Management [邦訳，pp.4-5, p.99, p.470 & p.476])
10) Krugman, Paul (1996) *Pop Internationalism*, The MIT Press, Ch.11.

11) この論旨は，フォーリン・アフェアーズ誌に発表されたもの（Krugman, Paul [1994] "The Myth of Asia's Miracle", *Foreign Affairs*, November/December 1994, Vol. 73, No. 6, pp. 62-78）である．当時，加熱していたアジア・ブームに水を差すものとして各方面で反論を呼んだが，その後，アジアが景気後退期に入り金融危機を呈するにあたり，改めてその妥当性が見直された．
12) 以下は，Sullivan, Jeremiah (1997) "Theory Development in International Business Research : The Decline of Culture", in Toyne, Brian & Douglas Nigh (ed.) *International Business*, University of South Carolina Press, pp. 380-395 を参照した．
13) 例えば，日本の企業ではコンセンサスを重視するというが，権力格差も大きく，縦の関係も強い．この2つの次元は相容れるのかという疑問がある．
14) 例えば，日本の終身雇用制度に関しては，この制度が日本の忠誠心を重視する文化に根差すものであるという解釈が従来主流であったが，経済状況が変化する現在，これが消失しつつある現実に照らせば，この制度は第2次世界大戦後に日本がおかれた状況において生み出されたひとつの管理手段である，と解釈することもできる．
15) 例えば，アメリカ人は個人主義だとされており，それが企業における個人の業績を基にした評価システムや報酬制度の根拠になっている．しかし，同時にアメリカ人は，職場でも私生活でも好んで集団を形成する傾向がある．この行動を文化論は十分に説明していない．
16) 新村出編（1991）『広辞苑』岩波書店，p. 1284．
17) Urdang, Laurence (ed.) (1995) *The Oxford Desk Dictionary*, Oxford University Press, p. 291.
18) 新村出編（1991）『広辞苑』p. 1284．
19) 佐和隆光（1997）『日本の難問』日本経済新聞社，pp. 50-51．
20) Bradley, Stephen P., Jerry A. Hausman & Richard L. Nolan (1993) "Global Competition and Technology" in Stephen, Bradley et al. (ed.), *Globalization, Technology, and Competition*, Harvard Business School Press, p. 3.
21) Malone , Thomas W. & John F. Rockart (1993) "How Will Information Technology Reshape Organizations? Computers as Coordination Technology", in Bradley, Stephen P., Jerry A. Hausman & Richard L. Nolan (ed.), *Globalization, Technology, and Competition*, Harvard Business School Press, pp. 40-41.
22) Thurow, Lester C. (1996) *The Future of Capitalism*, NY : William Morrow and Company, p. 71 & p. 74.
23) 野中ら（1996）は，「知識」を企業行動を説明する基本的分析単位としている．企業組織は知識を単に処理するのではなく，知識を創造することが大切である

という発想のもとに，組織的知識創造が企業の国際競争力の最も重要な源泉であるという結論に至っている．そして，社内で知識創造に従事している全員を指して，「ナレッジ・クリエイティング・クルー」という用語を使っている．これは，「ナレッジ・プラクティショナー」(第一線の社員と中間管理職)，「ナレッジ・エンジニア」(中間管理職)，「ナレッジ・オフィサー」(経営幹部) から構成される．(野中郁次郎・竹内弘高 [1996]『知識創造企業』東洋経済新報社，p. iii & p. 228)

24) Kotabe, Masaaki (1998) "Efficiency vs. Effectiveness Orientation of Global Sourcing Strategy : A Comparison of U. S. and Japanese Multinational Companies", *Academy of Management Executive*, Vol. 12, No. 4, pp. 107–119.

25) 経営の「スピード」に関連して，ゴールドマンら (1995) が，アジル・カンパニー (agile company) という経営概念を創出している．アジル・カンパニーとは，激動する今日の経営環境に適した「俊敏，機敏な」企業であり，高価値の製品・サービスを迅速かつ継続的に市場に出して顧客を豊かにすることを主要目的とする企業のことである．(Goldman, Steven L., Roger N. Nagel & Kenneth Preiss [1995] *Agile Competitors and Virtual Organizations Strategies for Enriching the Customer*, NY : International Thomson Publishing, [邦訳, p. 1])

26) Kotabe, Masaaki (1998) 前掲書．

27) 諸上ら (1996) も，グローバル・マーケティング戦略に関して，R&D, 製造，サービスとの連結関係の必要性を認識し，従来の「標準化／適応化」から「グローバル調整」へのパラダイム転換の必要性を説いている．(諸上茂登・根本孝 [1996]『グローバル経営の調整メカニズム』文眞堂, pp. 105–107)

28) 花田光世 (1998)「情報ネットワーク型組織と人事システム」『日本労働研究雑誌』1998 年 8 月号, No. 458, p. 26.

29) 米国の組織パラダイムの変化に関しては，Peters, Thomas & Robert H. Waterman, Jr. (1982) *In Search of Excellence*, A Time Warner Company と Peters, Thomas (1994) *The Tom Peters Seminar : Crazy Times Call for Crazy Organizations*, Vintage Books, Random House の記述が対照的である．

30) 花田光世 (1998) 前掲書, p. 31 & 34.

31) 國領二郎 (1998)「プラットフォーム型経営戦略と協働の未来形」『組織科学』Vol. 31, No. 4, p. 4.

32) 詳しくは，本書の第 1 部第 2 章 II 異文化コミュニケーションを参照されたい．

33) 以心伝心や口頭での伝達ではなく，E メール等によってコミュニケーションを文書化し記録に残す方法もそのひとつである．

34) 國領二郎 (1998) 前掲書, p. 11.

35) 國領二郎 (1998) 前掲書, pp. 11–12.

36) 国際化のための調査研究委員会 (1998)『欧米多国籍企業の組織・人材戦略』日本在外企業協会. 13社とは, ヒューレット・パッカード (Hewlett-Packard), エクソン (Exxon), ゼロックス (Xerox), ゼネラル・エレクトリック (General Electric), グラクソ・ウェルカム (Glaxo Wellcome), ICI, ロイヤル・ダッチ・シェル (Royal Dutch/ Shell), ネスレ (Nestle), ABB (Asea Brown Boveri), シーメンス (Siemens), BASF, トムソン・CSF (Thomson-CSF), LVMHモエヘネシー・ルイヴィトン (LVMH Moet Hennessy Louis Vuitton) である.
37) 同上書, p. 106.
38) Bradley, Stephen P. (1993) "The Role of IT Networking in Sustaining Competitive Advantage", in Bradley, Stephen P., Jerry A. Hausman & Richard L. Nolan (ed.), *Globalization, Technology, and Competition*, Harvard Business School Press, p. 124.
39) Kets de Vries, Manfred F. R. (1998) "The Transformational Abilities of Virgin's Richard Branson and ABB's Percy Barnevik", *Organizational Dynamics*, Winter 1998, pp. 12–14.
40) トランスナショナル・カンパニーに関しては, 本書の第1部第1章II多国籍企業論と日本企業を参照されたい.
41) Snow, Charles C., Sue Canney Davison, Scott A. Shell & Donald C. Hambrick (1998) "Use Transnational Teams to Globalize Your Company", in Luthans, Fred (ed.), *Special Report of Organizational Dynamics*, American Management Association, p. 102.

第6章　現地法人の「国の文化」と「企業文化」に関する実証研究

I　企業文化は国の文化を超えるか

　本章においては，第5章で指摘された「国の文化」の経営における重要度の相対的低下を，日本企業の海外現地法人を対象とした実証研究によって，具体的に明らかにするものである．

　日本は企業の多国籍化という面で欧米に数十年の遅れをもつが，1980年代以降，広く海外でビジネスを展開する日本企業が急増し，今日では多国籍企業と称される日本企業も相当数ある[1]．現地法人は，日本から派遣された日本人社員と現地で雇用した現地社員とによって，運営されているが，これまで行われた多くの研究は，現地社員と日本人駐在員の間には，ビジネス上の判断や価値観にかなりの違いがあり，こうした差異は，国の文化の差に起因すると言われてきた．しかし，経営のグローバル化が進むにつれ，このような国の文化の重要度が変化しつつある．社員の文化的背景は，今後も無視できない要因であろうが，現地化が進むにつれ，国の文化の違いよりも企業文化の差異が重要度を増すという可能性もあると思われるが，実際にはどうなのであろうか．本研究では，この問題意識を基に，日本企業3社の海外現地法人における現地社員と日本人駐在員の回答の差に代表される「国の文化」と，これら3社の「企業文化」を分析するものである[2]．

II　ソニー・東銀・A銀の調査

ヒアリングと調査票による調査　　本研究の調査方法は，ヒアリングと調査票による統計調査である．対象は，ソニー，東京銀行（現　東京三菱銀行），A銀行のフランスとルクセンブルグの現地法人であり，実施時期は1993年である[3]．

調査手法は，ヒアリングに関しては，現地法人の日本人の幹部社員と現地人の幹部社員に対して，事前にFAXにて送付した質問事項を基に，前者は日本語で，後者はフランス語で直接行った．面接はテープに録音し，ヒアリング直後と後日に聞き，全文を筆者が日本語に翻訳して，書き記した．

調査票による統計調査では，日本人駐在員と現地社員とに共通する25項目の設問と日本人駐在員と現地社員に対してそれぞれ別個に設けた10項目の設問による調査票を用いた．面接調査の折に幹部社員に手渡し，社内で配るよう依頼した．回収はソニーは回答者がそれぞれ筆者に郵送し，東京銀行とA銀行は担当者がまとめて筆者に郵送した．回答は現地社員の場合はごく少数のフランス語を除き，ほとんど英語であり，筆者は必要に応じて両言語を日本語に翻訳した[4]．

ヒアリングの目的は，直接会って話を聞くことによって，具体的に業務の内容や会社の実体を知り，細かい状況を把握することにある．また調査票による統計調査の目的は，一定数の標本数を確保することにより，各社の日本人駐在員と現地社員の意識の違いを客観的に探り，かつ対象企業3社の企業文化を理解することにある．

日本労働研究機構の総合プロジェクト研究の一環　本研究は，日本労働研究機構の「労働市場の国際化とその社会経済的影響に関する総合的研究」をテーマとする総合プロジェクト研究の一部として1992年から1996年にかけて行われた「日本企業のグローバル化と人材活用の諸問題」に関する第5部会（主査：島田晴雄慶應義塾大学教授）に筆者が委員として参加した折に，その一環として行ったものである[5]．現地法人の調査を行う前に，東京において当該部会の委員であった東芝，トヨタ自動車，ソニー，東京銀行，丸紅の人事担当者，また，バイエルとローヌ・プーラン　ジャパンの社長に対して，部会委員によるヒアリングを行い，各社のケーススタディを行った．さらに，異文化経営や労働問題に関して日本を代表する専門家に講義を依頼し，問題の認識を深めた．本研究の海外調査は，これらの事前準備を基にして，筆者が行ったものである[6]．

本研究の制約条件　この研究は，日本企業の中でも大手3社に絞り，さらに地理的にはパリとルクセンブルグというフランス語圏の現地法人に限っている[7]．また，最善の努力をしたが，調査表の回収標本数は53に留まっている．従って，本研究における仮説の検証はこれらの制約条件下で行われたものである[8]．

しかし，対象企業が日本を代表する大手企業であり，メーカーと銀行という異業種を含むこと，また，各社とも海外展開の歴史が比較的長いことから，この調査で見出された傾向は，日本企業全体の将来を展望する上で，重要な示唆を与えていると思われる[9]．また，現地法人では，日本人駐在員のみならず現地社員に対しても直接にヒアリングを行い，数時間にわたって忌憚のない意見を聴取したことにより，細かい状況分析が可能となった．さらに，ヒアリング調査と統計調査の結果を比較検討することにより，量的には制約があるものの，質的には高い調査であると思われる．

なお，本書においては紙幅の制約上，ヒアリング調査の結果については割愛する[10]．

III　ことばの概念と定義

本研究においては，日本人駐在員と現地社員，及び，国の文化と企業文化を対比して，論じている．これらの用語は，次の概念と定義に基づいて用いるものとする．

国の文化 (national culture)　本研究の調査対象地域は，ヨーロッパのフランス語圏である．フランスの場合は現地社員のほとんどがフランス国籍を有するが，ルクセンブルグの場合には，国内の労働市場が限られており，かつ国土が小さいため，同じフランス語圏であるベルギーから労働力が多数流入している．したがって，本調査における国の文化は，日本人駐在員に代表される日本の国内文化と，現地社員に代表されるヨーロッパのフランス語圏の文化を意味している．

企業文化 (corporate culture)　企業文化は会社文化とも表現され，この他に企

業風土や社風などの同様の意味を持つ言葉もある．本研究では，調査票に対する回答に基づいて，コミュニケーションの円滑度，経営の透明度，現地化の進捗度，満足度，グローバル志向性，モティベーションの視点から，調査対象3社の企業文化を分析するものである．

現地社員　　現地社員とは日本企業が海外で雇用した現地の人（外国人）を指す．例外として，現地で採用した日本人がごく少数いるが，この場合は混乱を避けるため，その都度明記した．したがって，但し書きがない場合は，現地社員は，現地雇用の日本人以外を指す．また，現地社員は社長をはじめとする上級管理職も含むものとする．

現地人　　現地人という言葉は，英語の HCN (host country national) を指し，日本人以外の外国人で，海外の現地の人を意味する．

Ⅳ　因子分析が語る経営文化

1．現地社員と駐在員のアンケート調査

　ヒアリングと並行して，日本人駐在員と現地社員を対象に調査票（アンケート）による調査を行った．

　調査票は日本人駐在員と現地社員とに共通する25項目の設問とそれぞれに対する別個の10項目の設問から構成されている[11]．この調査票は，ヒアリングの折に幹部社員に手渡し，社内で配るよう依頼した．回答の回収に関しては，ソニーは回答者がそれぞれ筆者に郵送し，東京銀行とA銀行は担当者がまとめて筆者に郵送した．

1）標本数

　回答者の数は表2-6-1の通りである．

2）t検定

　t検定は現地社員の勤続年数を用いて行った．理由は以下の通りである．

　現地法人の日本人駐在員はソニーフランス（以下，ソニーと略す）が8人，ルクセンブルグ東京銀行（以下，東銀と略す）が5人，ルクセンブルグA銀行

第6章 「国の文化」と「企業文化」に関する実証研究　143

表2-6-1　日本人駐在員と現地社員の回答数

ソニーフランス	日本人駐在員　7名	現地社員	23名
ルクセンブルグ東京銀行	日本人駐在員　4名	現地社員	7名
ルクセンブルグA銀行	日本人駐在員　4名	現地社員	8名
合計	日本人駐在員　15名	現地社員	38名
	総計　53名		

（以下，A銀と略す）が8人であり，合計21人である．これに対して回答者数はそれぞれ7人，4人，4人の合計15人である．したがって日本人駐在員に関しては回答率は71％で，極めて高率であり，標本集団が母集団を代表していることは明らかである．また，日本人駐在員の現地法人の勤続年数は駐在期間と一致し，通常5年である．したがって，t検定は日本人駐在員を除いて行った．[12]

回答者（現地社員）の平均勤続年数は5.27年であり，母集団の平均勤続年数は5.8年である．[13] t検定を行った結果は表2-6-2に示す通りである．回答者数は38であるが，勤続年数を答えなかった回答者が1名いるため標本数は37であり，したがって自由度は36である．両側検定を行ったところ，分散は12.1で，t値は－0.92となっている．この結果，有意水準5％で，棄却域に含まれないため，帰無仮説は棄却できない．

3）基本データ

調査票は，現地社員と日本人駐在員とに共通する25項目の設問，並びに現地社員と日本駐在員に対するそれぞれ別個の10項目の設問から構成されている．各設問に対してどの程度同意するかを，1から5までの数字を選ぶことによって回答する5段階評価法を用いた．[14] 最後に，年齢，性別，国籍，学歴，職歴，勤続年数，肩書，職務内容，等の項目を設けた．

基本統計量としては，回答者全員，各社別の回答者，全現地社員，全日本人

表2-6-2 検定結果 I

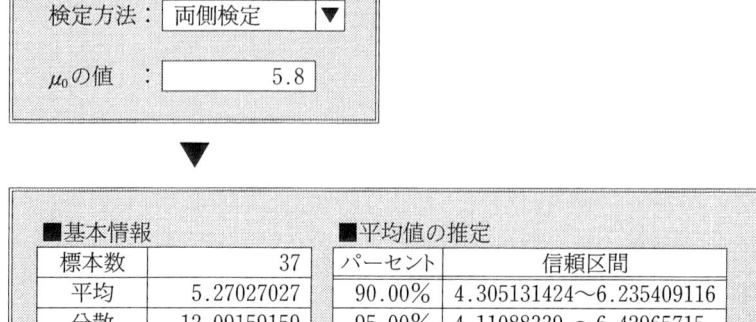

検定方法：	両側検定 ▼
μ_0の値　：	5.8

▼

■基本情報

標本数	37
平均	5.27027027
分散	12.09159159
t 値	−0.926645187
自由度	36

有意確率	0.360281753

■平均値の推定

パーセント	信頼区間
90.00%	4.305131424〜6.235409116
95.00%	4.11088339 〜6.42965715
99.00%	3.71564129 〜6.824899251

63.97%	4.74056116 〜5.799979381

■平均値の検定

$H_0 : \mu = 5.8$
$H_1 : \mu \neq 5.8$

有意水準	採択域	
10.00%	−1.688297289〜1.688297289	採択
5.00%	−2.02809133 〜2.02809133	採択
1.00%	−2.719480108〜2.719480108	採択

36.03%	−0.926609118〜0.926609118	棄却

駐在員，各社の現地社員，各社の日本駐在員について，それぞれ各設問の平均値，中央値，最頻値，標準偏差を求めた．

2．モティベーションとグローバル志向に見る企業文化の違い

1）国の文化と企業文化の対比

回答の差は「国の文化」の差を表す　調査票による調査は，回答者の価値観を含む意識を問うものである．従って，個人の文化を問うことになる．この個人の文化とは，自分の両親から受け継いだ文化，自分の生まれ育った土地や住ん

でいる土地の文化，所属する組織の文化の3つの文化によって主に影響され，形作られるものであると筆者は考える．この3つをそれぞれ「幼少文化」「国の文化」「組織（企業）文化」と称することにする．[15]

　現地社員と日本人駐在員は同じ企業に所属しているため，両者は「企業文化」を共有すると想定し，これを分析判断から排除することにした．従って回答は，「幼少文化」と「国の文化」によって構成されることになる．

　この「幼少文化」は両親の文化によって形作られるため，この中に両親が住む国の文化が大きく影響している．従って，この「幼少文化」の中にすでに「国の文化」の要素が含まれることになる．さらに，「幼少文化」の差は文化の最もミクロなレベルであり，現地社員と日本人駐在員をそれぞれをひとまとめとして対比する場合は，「幼少文化」は明確に捉えることはできない．以上の2つの理由から，この「幼少文化」も分析判断から排除することとする．

　従って本研究では，調査票の回答に見られる現地社員と日本人駐在員の回答の差，すなわち意識の差が，「国の文化」の差を現しているものと解釈することにする．

国の文化を越えた企業文化　　本研究には，国の文化そのものを抽出するという目的はない．本研究のねらいは，国の文化の重要度と企業文化の重要度を比較するところにある．現地社員と日本人駐在員の意識の間に違いがあれば，上記の理由から，それが「国の文化」の差異であると解釈し，調査対象企業の間に回答の違いがあれば，それを「企業文化」の差異である，と解釈する．この2つの差の程度を比較すれば，「国の文化」と「企業文化」のどちらが重要度が高いのかが分かる．[16] また，面接調査や調査票の回答に照らして，どのような「企業文化」を持つ企業で「国の文化」の重要度が高いか，また反対に低いのかが明確になる．回答の分析結果によっては，国の文化を中心とした従来の異文化経営論とは異なり，国の文化を二義的に捉え，企業文化を一義的に捉える可能性が開かれる．この概念枠組みは，21世紀に向かって企業がますますグローバル化する時代において，企業が「国の文化」を越えた「企業文化」を構

築していく上で，極めて有益な視点であろう．

2）仮説の設定

このような視座に基づいて，次の仮説を設けてみた．

［仮説1］

本調査の回答結果では，「国の文化」より「企業文化」の方が重要度が高い．

［仮説2］

現地社員と日本人駐在員との意識の差は，企業のグローバル志向が強くなるにつれて，縮小する．

［仮説3］

現地社員と日本人駐在員との意識の差は，社員のモティベーションが高くなるにつれて，縮小する．

なお，仮説1はF1からF7までのファクター，仮説2と仮説3はさらにそれぞれF8とF9のファクターを加えて判断することとする．

3）9つの分析視点

現地社員と日本人駐在員に共通する25の設問を7つのファクターに分類する．また，現地社員に対する10の設問の一部をひとつのファクターとして捉え，日本人駐在員に対する10の設問の一部をひとつのファクターとして捉える．従って全体として9のファクター（F：Factor）により，分析を試みるものである．

F1　社内コミュニケーションの円滑度
F2　コミュニケーションの難易性
F3　コミュニケーションの障害要因
F4　経営の透明度
F5　現地化の進捗度
F6　情報格差
F7　満足度
F8　グローバル志向性

第6章 「国の文化」と「企業文化」に関する実証研究 147

表2-6-3 現地社員と日本人駐在員の共通質問に関する因子分析の結果

		因子負荷量									
		因子1	因子2	因子3	因子4	因子5	因子6	因子7	因子8	因子9	因子10
1	Q1	0.20295	-0.0613	0.12334	-0.0648	0.24394	0.26049	0.36791	0.19677	0.09602	0.50832
2	Q2	0.17051	-0.0007	0.01429	0.10294	0.09081	0.21593	0.19713	-0.0152	-0.2382	0.66943
3	Q3	0.15635	0.01182	-0.1358	0.08212	0.47308	0.1823	0.10026	0.1144	0.33154	0.06493
4	Q4	0.2262	-0.0401	0.071	-0.0552	0.28363	0.1861	0.64745	-0.1399	-0.1824	0.19761
5	Q5	0.22199	0.04227	0.24172	0.05008	0.05511	0.1589	0.78208	-0.0784	-0.0506	0.11676
6	Q6	-0.022	-0.0431	-0.6356	-0.114	-0.1049	-0.0885	-0.1708	0.23996	-0.0919	-0.0067
7	Q7	0.15561	-0.2753	-0.1722	0.2791	0.11772	0.48552	0.36758	-0.175	-0.2189	0.03171
8	Q8	-0.1326	0.21998	-0.0848	0.09763	0.46299	0.30536	-0.0199	0.8496	-0.0292	0.11478
9	Q9	-0.1803	-0.0283	0.24551	0.09481	0.02442	0.16068	0.18443	-0.696	0.20538	-0.0078
10	Q10-1	-0.3591	0.48238	-0.185	-0.0913	0.58851	-0.1135	0.20061	0.01133	-0.0605	-0.0924
11	Q10-2	0.1327	-0.0422	-0.1102	0.00323	0.73574	0.00295	-0.0005	0.04134	-0.1741	0.2026
12	Q10-3	-0.466	0.69133	-0.312	-0.151	0.22463	0.09007	-0.0565	-0.2884	-0.2352	0.19537
13	Q10-4	-0.0042	0.17523	-0.5652	0.0113	0.25238	0.04271	-0.2065	0.01887	0.13156	0.03056
14	Q10-5	0.03469	0.09734	0.00272	0.04785	0.4578	0.20801	0.61268	-0.0623	-0.0623	0.1696
15	Q10-6	-0.1528	0.13269	-0.5542	-0.061	0.30329	-0.0508	0.19334	-0.004	0.08319	-0.1324
16	Q10-7	0.52306	-0.0583	0.14647	0.22643	0.10963	0.54268	0.23799	-0.073	-0.0542	0.1224
17	Q10-8	0.68549	0.0127	0.11403	0.17825	0.08639	-0.0086	0.35219	0.12897	-0.052	0.17795
18	Q10-9	0.7819	-0.3224	-0.0121	0.16429	0.00681	0.26264	0.06583	0.00257	0.09932	0.09134
19	Q10-10	0.18933	-0.043	0.0981	0.72068	0.07168	0.08281	-0.0446	0.21371	0.08682	-0.0138
20	Q10-11	-0.119	0.75943	-0.0426	0.11757	-0.0983	-0.0103	0.00829	0.02076	-0.0767	-0.1428
21	Q10-12	-0.0329	0.72372	0.00381	-0.0681	-0.0483	-0.0495	0.0669	0.22126	0.18153	0.05582
22	Q11	-0.1734	0.23026	-0.1558	0.26152	0.01898	-0.2905	0.38806	-0.0032	0.26737	-0.0858
23	Q12	0.02017	-0.0373	-0.0355	0.11337	-0.0748	-0.1321	-0.1431	-0.1931	0.6251	-0.1493
24	Q13	0.10557	0.01332	0.05746	0.6417	-0.073	0.08747	0.10185	-0.2678	0.05526	0.07719
25	Q14	0.10072	0.5809	0.06739	0.06916	-0.0018	0.77419	0.16273	0.04279	-0.0544	0.21153
寄与量		1.90096	2.17225	1.44805	1.31856	1.96622	1.70801	2.31211	1.43671	0.95538	1.07172
寄与率		11.7%	13.3%	8.9%	8.1%	12.1%	10.5%	14.2%	8.8%	5.9%	6.6%
変動割合		7.6%	8.7%	5.8%	5.3%	7.9%	6.8%	9.2%	5.7%	3.8%	4.3%

F9 モティベーション

4）因子分析

現地社員と日本人駐在員に共通の25の設問に関して，因子分析を行った．回転後の因子負荷量と寄与率は表2-6-3に示す通りである．

表2-6-4　日本人駐在員への10の設問に関する因子分析の結果

		因子負荷量							
		因子1	因子2	因子3	因子4	因子5	因子6	因子7	因子8
1	QN 1	-0.8289	0.12745	0.06568	0.11825	0.22936	-0.2416	0.00205	0.04693
2	QN 2	0.54689	-0.3697	-0.566	-0.2027	-0.301	0.09677	-0.2552	0.00455
3	QN 3	-0.049	-0.0833	0.65526	0.10937	-0.1317	-0.1053	-0.0114	0.00015
4	QN 4	0.85532	-0.3419	-0.1485	0.10378	-0.0746	-0.1271	-0.0377	0.0508
5	QN 5	-0.0984	0.06389	-0.0998	0.15748	0.61986	-0.1205	0.0948	0.00032
6	QN 6	0.76125	0.25213	0.04821	-0.3617	0.10954	0.34332	0.10272	-0.0004
7	QN 7	0.30519	0.16541	-0.1437	-0.0679	-0.2218	0.7049	0.3335	-0.0024
8	QN 8	-0.1085	-0.088	0.18093	0.82151	0.21643	-0.0395	0.00658	0.0016
9	QN 9	-0.179	0.64112	-0.2426	0.0216	-0.0247	0.53659	-0.2308	-0.0023
10	QN10	-0.1117	0.87385	0.00775	-0.1153	0.09384	0.09592	0.07212	0.0005
寄与量		2.45875	1.55413	0.90072	0.92664	0.66777	1.02177	0.13696	0.00482
寄与率		32.1%	20.3%	11.7%	12.1%	8.7%	13.3%	1.8%	0.1%
変動割合		24.6%	15.5%	9.0%	9.3%	6.7%	10.2%	1.4%	0.0%

　因子負荷量を精査した結果，因子1はF1社内コミュニケーションの円滑度に，因子2はF2コミュニケーションの難易性に，因子5はF3コミュニケーションの障害要因に，因子6はF4経営の透明度に，因子7はF5現地化の進捗度に，因子9はF6情報格差に，因子10はF7満足度に，それぞれ相当することが判明した．

　さらに，日本人駐在員に対する10の設問と現地社員に対する10の設問に関しても，それぞれ因子分析を行った．回転後の因子負荷量と寄与率は，前者に関しては表2-6-4，後者に関しては表2-6-5に示す通りである．

　それぞれの因子負荷量を調べた結果，日本人駐在員に関しては表2-6-4の因子1がF8グローバル志向性に相当し，現地社員に関しては表2-6-5の因子1がF9モチベーションに相当することが分かった．従って，この因子分析によって各ファクターを構成する設問が妥当であると言明できる．

表2-6-5　現地社員への10の設問に関する因子分析の結果

		因子負荷量					
		因子1	因子2	因子3	因子4	因子5	因子6
1	QG 1	0.84567	-0.0249	-0.0605	-0.245	0.22734	0.0173
2	QG 2	0.81707	-0.2761	0.06039	-0.1396	0.21565	0.01915
3	QG 3	0.44016	0.06091	-0.3643	-0.2257	0.59721	0.03238
4	QG 4	-0.1558	0.61197	-0.0034	-0.3822	0.01084	-0.04469
5	QG 5	0.02187	0.52982	0.05332	0.05893	0.11258	0.01718
6	QG 6	0.04309	0.05342	0.63051	-0.128	-0.0233	-0.0002
7	QG 7	-0.3221	-0.092	-0.1723	0.61294	-0.2548	0.02721
8	QG 8	0.24126	0.02077	0.07847	-0.5848	0.12665	0.1728
9	QG 9	0.64783	0.21785	0.16161	-0.3468	0.22166	-0.0518
10	QG10	0.24443	0.16963	0.04979	-0.19	0.62395	-0.0116
寄与量		2.24449	0.82376	0.60484	1.17049	0.98758	0.00806
寄与率		38.4%	14.1%	10.4%	20.0%	16.9%	0.1%
変動割合		22.4%	8.2%	6.0%	11.7%	9.9%	0.1%

3．国の文化の相違か，企業文化の相違か

1）F1－F7：現地社員と日本人駐在員の意識の差と3社間の差

F1からF7までの各ファクターについて，現地社員と日本人駐在員に対する共通の設問における回答を精査し，現地社員と日本人駐在員の間に回答の差があるかどうかを分析し，さらに，調査対象企業の3社の間に回答の差があるかどうかも判別した．

なお，各ファクターの数値は，各社別の回答者並びに各社の日本人駐在員と現地社員のそれぞれの回答の平均値を表している（表2-6-6参照）．各社の上段の数値は各社別の回答者全員の平均値を表し，下段の括弧内の左の数字は日本人駐在員の平均値，右の数字は現地社員の平均値をそれぞれ表す．数字の脇の◇印は，現地社員と日本人駐在員の間に回答の差があることを意味し，◆印は，現地社員と日本人駐在員の間に回答の差がないことを示す．「3社間の差」の下の■印は，3社間に回答の差があることを意味し，□印は，3社間に回答の差がないことを示している．差の有無の判断は，平均値の差が0.5を超える場合に差があると判断した．[17]

以上をまとめると次のようになる．

◇　現地社員と日本人駐在員の間に回答の差がある．

◆　現地社員と日本人駐在員の間に回答の差がない．

■　3社間に回答の差がある．

□　3社間に回答の差がない．

例：会社名

　　回答者の平均値

　　（日本人駐在員の平均値／現地社員の平均値）

F1　社内コミュニケーションの円滑度

社内コミュニケーションの円滑度のファクターを構成するのは，Q10-7，Q10-8，Q10-9の設問であり，内容は以下の通りである．

　Q10-7　赴任地の現地法人では社内のコミュニケーションはうまくいっている．

　Q10-8　日常業務においてコミュニケーションの問題はない．

　Q10-9　社内会議においてコミュニケーションの問題はない．

表2-6-6　F1　社内コミュニケーションの円滑度

	SONY	TOGIN	AGIN	3社間の差
Q10-7	2.5 (2.7／2.5) ◆	2.2 (2.0／2.3) ◆	3.7 (3.5／3.8) ◆	■
Q10-8	2.3 (2.1／2.3) ◆	2.0 (2.5／1.7) ◇	2.9 (3.3／2.8) ◆	■
Q10-9	2.4 (3.1／2.1) ◇	2.2 (3.0／1.7) ◇	3.3 (3.5／3.1) ◆	■

社内のコミュニケーションに関しては，ソニーと東銀が総じてうまくいっていると回答しているが，各設問ともA銀は否定的な意見であり，回答に企業間

第 6 章 「国の文化」と「企業文化」に関する実証研究

の差異が見られる.

　また, 回答の差については, ソニーと東銀が社内会議におけるコミュニケーション（Q10-9）において日本人は問題があると指摘しているのに対して, 現地人は問題はないと回答している. 東銀はさらに日常業務のコミュニケーションに関しても両者の意見の相違が見られる. それ以外は日本人と現地人の回答が一致している. 全体としては, 日本人と現地人の意見には差がない.

　従って, Ｆ1のファクターに関しては, 日本人と現地人の差よりも, 企業間の差が大きいと言えよう.

Ｆ2　コミュニケーションの難易性

　コミュニケーションの難易性のファクターを構成するのは, Q10-1, Q10-11, Q10-12の設問であり, 内容は以下の通りである.

　Q10-1　日本人同士のコミュニケーションに比べて難しい.

　Q10-11　赴任地の現地法人で異文化コミュニケーションに起因するトラブルの経験がある.

　Q10-12　赴任地の現地法人で異文化コミュニケーションに起因するトラブルを聞いたことがある.

表2-6-7　Ｆ2　コミュニケーションの難易性

	SONY	TOGIN	AGIN	3社間の差
Q10-1	3.2 (2.3／3.5) ◇	3.5 (2.5／4.0) ◇	2.5 (2.0／2.8) ◇	■
Q10-11	3.2 (2.9／3.3) ◆	3.2 (1.8／4.0) ◇	2.9 (3.3／2.8) ◆	□
Q10-12	3.1 (2.7／3.3) ◇	2.8 (2.0／3.3) ◇	3.1 (2.5／3.4) ◇	□

　コミュニケーションの難易性については, 総じて日本人と現地人の間に意見

の差が見られた．日本人の方が現地人とのコミュニケーションは難しい（Q10－1）と認識している．また，コミュニケーションに起因するトラブルの存在（Q10－11，Q10－12）に関しては，東銀の日本人が肯定し，A銀の日本人も肯定する傾向にあるが，現地人は否定している．従って，全体として日本人と現地人と意見の相違が見られると言えよう．

さらに3社を比べてみると，日本人と現地人との間のコミュニケーションが難しいという認識（Q10－1）と言語の違いを障害と認める傾向がA銀において強く，他の2社と対照的である．コミュニケーション・トラブルに関する設問（Q10－11，Q10－12）では合計では3社の回答に相違はないが，日本人と現地人を個別に比較すると，東銀の日本人社員のみがトラブルの存在を認めており，この点において企業間の差が見られる．

全体としては，F2のファクターに関しては企業の差よりも日本人と現地人の意見の差の方が顕著であると言える．

F3　コミュニケーションの障害要因

コミュニケーションの障害要因のファクターを構成するのは，Q10－2，Q10－3，Q10－4，Q10－5であり，内容は以下の通りである．

Q10－2　言語の違いがコミュニケーションの障害になる．

Q10－3　文化・習慣の違いがコミュニケーションの障害になる．

Q10－4　宗教の違いがコミュニケーションの障害になる．

Q10－5　コミュニケーションの難しさは，国籍や民族の違いよりも個人差にある．

ここでは，コミュニケーションの障害要因として，言語，文化・習慣，宗教，個人差，の4つの要素を挙げた．回答を見ると，言語や習慣や宗教よりも個人差が重要な要素であるという傾向が各社に共通して見られる．詳しく見てみると，現地人と日本人の意見の違いは，言語や文化・習慣の要素にあり，日本人は文化・習慣の要素を障害要因として認めるが，現地人は認めていない．しかし，その他の要素に関しては両者の違いはない．

第6章 「国の文化」と「企業文化」に関する実証研究

表2-6-8　F3　コミュニケーションの障害要因

	SONY	TOGIN	AGIN	3社間の差
Q10-2	3.3 (2.7／3.5) ◇	2.8 (2.5／3.0) ◆	3.3 (2.8／3.6) ◇	□
Q10-3	3.0 (2.6／3.1) ◆	3.4 (1.8／4.3) ◇	2.6 (2.0／2.9) ◇	■
Q10-4	4.4 (4.0／4.5) ◆	4.5 (4.3／4.6) ◆	3.8 (3.0／4.3) ◇	■
Q10-5	1.6 (1.6／1.6) ◆	2.0 (1.8／2.1) ◆	2.7 (2.8／2.6) ◆	■

　また，各社を比較すると，ほとんどの設問で各社の間に意見の不一致があり，特に宗教を障害要因として否定する度合いと個人差を重要な要素として捉える傾向に関しては，ソニーと東銀にこれが極めて強く，A銀にはその傾向が弱い[18]。

　したがって，F3のファクターにおいては，現地人と日本人の意見の相違よりも，企業の差の方が大きいと言える．

F4　経営の透明度

　経営の透明度のファクターを構成するのは，Q7，Q9，Q14であり，内容は以下の通りである．

　　Q7　日本本社の方針は分かりやすく，赴任地の現地法人でも十分に把握されている．

　　Q9　日本人以外にも日本本社の役員になる道が開かれるべきである．

　　Q14　赴任地の現地法人の経営は透明度が高い．

表2-6-9　F4　経営の透明度

	SONY	TOGIN	AGIN	3社間の差
Q7	3.0 (2.9／3.1) ◆	3.0 (2.8／3.2) ◆	3.5 (4.0／3.1) ◇	□
Q9	1.4 (1.3／1.4) ◆	2.5 (1.8／3.0) ◇	2.6 (2.8／2.5) ◆	■
Q14	2.9 (3.0／2.9) ◆	2.0 (1.5／2.3) ◇	3.3 (3.3／3.4) ◆	■

　本社の経営方針は分かりやすいかという問いに対しては，3社とも否定している．また，日本人以外にも役員になる道が開かれるべきであるという問いに関しては，ソニーが強く肯定しているが，東銀とA銀は東銀の日本人社員を除いて否定的である．現地法人の経営の透明度に関しては東銀は肯定し，ソニーとA銀は否定している．

　このファクターに関しては，ソニーでは3問とも現地人社員と日本人社員との間に回答の差がない．A銀においては1問に差が見られるが，是非の違いではなく，否定の程度の差である．東銀では2問に差がある．したがって，ソニーとA銀では外国人社員と日本人社員に意見の差がないと言える．企業の差は3問中2問において顕著である．

　したがって，F4のファクターについては，現地社員と日本人駐在員の意識の違いは小さく，企業の差は大きいと言うことができる．

F5　現地化の進捗度

　現地化の進捗度のファクターを構成するのは，Q4，Q5，Q10－5であり，内容は以下の通りである．

　　Q4　　　自社は世界的に現地化が進んでいる．
　　Q5　　　赴任地の現地法人の現地化は十分に進んでいる．

表2-6-10 F5 現地化の進捗度

	SONY	TOGIN	AGIN	3社間の差
Q 4	1.7 (1.7／1.9) ◆	2.0 (1.8／2.1) ◆	2.5 (3.3／2.0) ◇	■
Q 5	1.6 (1.3／1.7) ◆	1.9 (1.5／2.1) ◇	2.7 (4.0／2.0) ◇	■
Q10-5	1.6 (1.6／1.6) ◆	2.0 (1.8／2.1) ◆	2.7 (2.8／2.6) ◆	■

　　Q10-5　コミュニケーションの難しさは，国籍や民族の違いよりも個人
　　　　　差によるところが大きい．

　現地化の進捗状態に関しての2問（Q4，Q5）では，ソニーは現地社員と日本人駐在員がともに強く肯定し，現地化が極めて進んでいると回答している．東銀もソニーほど強くはないが肯定しており，現地化が進んでいると答えている．A銀は否定的で，特に日本人駐在員が強く否定している．

　これに呼応するように，コミュニケーションの規定要因を個人差に求める度合い（Q10-5）がソニーが極めて高く，東銀でも高いが，A銀は日本人駐在員も現地社員も低い．

　F5のファクターにおいては，現地化が進んでいるほど，日本人駐在員と現地社員の意見が一致し，文化的要因よりも個人差が重視されており，3社間の差が顕著である．

F6　情報格差

　情報格差のファクターを構成するのは，Q11，Q12であり，内容は以下の通りである．

　　Q11　日本人の方が多くの社内情報を持っている．
　　Q12　仕事以外の付き合いで得る情報に関して現地人は日本人に比べて不

表2-6-11 F6 情報格差

	SONY	TOGIN	AGIN	3社間の差
Q11	2.2 (1.6／2.4) ◇	2.8 (2.8／2.9) ◆	2.3 (1.8／2.6) ◇	■
Q12	2.2 (2.3／2.2) ◆	2.5 (3.0／2.3) ◇	2.0 (2.8／1.6) ◇	□

利である．

　日本人駐在員と現地社員の情報格差に関する設問では，ソニーにおいて（程度の差はあるものの）日本人駐在員も現地社員も格差の存在を肯定している．東銀では総じて格差を否定しているが，インフォーマルな情報源について（Q12）は，現地社員が格差があると答えている．A銀では両問とも現地社員と日本人駐在員の意見の違いが見られる．

　一般的な情報格差については（Q11），日本人が肯定して現地人は否定し，逆にインフォーマルな情報源については日本人が否定し，現地人がその存在を肯定している．

　従って，F6のファクターにおいては，企業の差はあるものの，日本人と現地人の意識の差がより顕著であると言える．

F7 満足度

　満足度のファクターを構成するのは，Q1，Q2であり，内容は以下の通りである．

　　Q1　自社に勤めていることを誇りに思う．
　　Q2　自社における処遇に満足している．

　自社に勤めていることを誇りに思うかという設問に対しては，3社とも肯定しているが，東銀とソニーは日本人と現地人が共に強く肯定しているが，A銀では日本人は強く肯定しているが，現地人は肯定の度合いが弱い．

第6章 「国の文化」と「企業文化」に関する実証研究　157

表2-6-12　F7　満足度

	SONY	TOGIN	AGIN	3社間の差
Q1	1.4 (1.4／1.3)　◆	1.2 (1.3／1.1)　◆	1.9 (1.5／2.1)　◇	■
Q2	2.2 (1.4／2.2)　◆	2.0 (2.0／2.1)　◆	2.7 (2.3／2.9)　◇	■

　処遇に対する満足のに関しても，同様に東銀とソニーは日本人も現地人も満足しているという答えであるが，A銀では日本人は満足している傾向を示しているものの，現地人は満足していないと回答している．

　全体として，F7のファクターにおいては，日本人駐在員と現地社員との差はA銀のみに見られ，それが企業間の格差として現れていると言えよう．

2）F8－F9：グローバル志向性とモティベーションから見た企業文化の比較

　F8とF9の各ファクターについて，現地社員と日本人駐在員に対する別個の設問における回答を精査し，グローバル志向性とモティベーションから見た企業文化の差を分析した．F8は日本人駐在員に対する設問で構成されており，F9は現地人社員に対する設問で構成されている．

　なお，各ファクターの数値は，各社別の回答者の平均値を表している．また，下段に3問の合計の数値を記した．「3社間の差」の下の■印は，3社間に回答の差があることを表しており，企業の文化の差を示唆している．差の有無の判断は，平均値の差が0.5を超える場合に差があると判断した．

F8　グローバル志向性

　グローバル志向性のファクターを構成するのは，QN2，QN4，QN6であり，内容は以下の通りである．

　　QN2　今後は現地法人のトップは現地人がよい．

　　QN4　今後は国籍にとらわれず，適材適所の全世界ベースの人事活用を

表2-6-13 F8 グローバル志向性

	SONY	TOGIN	AGIN	3社間の差
QN 2	2.9	3.8	3.8	■
QN 4	1.1	2.3	1.8	■
QN 6	1.4	1.5	2.8	■
3問の平均	1.8	2.5	2.8	■

行うべきである.

QN 6 自社は将来,国籍を超えた組織形態を持ち,国籍に関わりなく昇進の可能性のあるグローバル・カンパニーに成るべきである.

このファクターは日本人社員のグローバル志向を示したものであるが,現地法人のトップは現地人が良いかどうかを問う設問（QN 2）では,3社とも否定的な傾向にあるが,ソニーはその度合いが弱く,東銀とA銀は否定の度合いが大変強い.国籍を超えた人事活用について（QN 4）は,ソニーが群を抜いて肯定的で,A銀がこれに続いて肯定し,東銀は肯定度が弱い.グローバル・カンパニーに関して（QN 6）は,ソニーと東銀が極めて肯定的でA銀は否定的である.

この結果,ソニーの日本人駐在員はグローバル志向が極めて高く,東銀は多少グローバル志向の傾向があり,A銀はグローバル志向は弱いと結論することができる.

F 9 モティベーション

モティベーションのファクターを構成するのは,QG 1,QG 2,QG 3,QG 9であり,内容は以下の通りである.

QG 1 海外転勤を命じられたら,喜んで引き受ける.

QG 2 東京への転勤の機会があったら,喜んで引き受ける.

QG 3 この会社の企業文化が好きである.

QG 9 日本本社の役員になりたいと思う.

第6章 「国の文化」と「企業文化」に関する実証研究　159

表2-6-14　F9　モティベーション

	SONY	TOGIN	AGIN	3社間の差
QG 1	1.7	2.6	3.6	■
QG 2	2.5	3.7	3.6	■
QG 3	1.5	1.9	2.8	■
QG 9	1.4	3.3	3.9	■
4問の平均	1.8	2.9	3.5	■

　このファクターは現地社員のモティベーションの度合いを示すものである．海外転勤に対する意欲（QG 1）はソニーで特に高く，東銀もA銀も否定的だが，東銀では多少意欲があるものの，A銀は海外転勤に対する意欲が全くない．東京への転勤について（QG 2）は，ソニーでも意欲は少ないが傾向としては肯定的である．東銀とA銀は東京転勤には全く意欲を示していない．同様に，日本本社の役員になりたいかという設問（QG 9）についても，ソニーが極めて意欲的であるが，東銀とA銀は否定的な回答である．

　自社の企業文化を好むかという問い（QG 3）については，ソニーが強く肯定し，東銀も肯定しているが，A銀は余り好まないという答えになっている．

　全体として，ソニーの現地社員はは極めて高いモティベーションを有しており，東銀はややモティベーションが弱く，A銀はモティベーションが非常に低いと結論できる．

4．国の文化の相対的重要度の低下
1）F1からF7までの設問の答えの集計

　表2-6-15は，F1からF7までの設問の答えを集計したものである．また印は次のことを表している．

　　◇　　現地社員と日本人駐在員の間に回答の差がある．
　　◆　　現地社員と日本人駐在員の間に回答の差がない．

表2-6-15　F1からF7までの設問の答えの集計

	SONY	TOGIN	AGIN	3社間の差
F1　社内コミュニケーションの円滑度★				
Q10-7	◆	◆	◆	■
Q10-8	◆	◇	◆	■
Q10-9	◇	◇	◆	■
F2　コミュニケーションの難易性				
Q10-1	◇	◇	◇	■
Q10-11	◆	◇	◆	□
Q10-12	◇	◇	◇	□
F3　コミュニケーションの障害要因★				
Q10-2	◇	◆	◇	□
Q10-3	◆	◆	◇	■
Q10-4	◆	◆	◇	■
Q10-5	◆	◆	◆	■
F4　経営の透明度★				
Q7	◆	◆	◇	□
Q9	◆	◇	◆	■
Q14	◆	◇	◆	■
F5　現地化の進捗度★				
Q4	◆	◆	◇	■
Q5	◆	◇	◇	■
Q10-5	◆	◆	◆	■
F6　情報格差				
Q11	◇	◆	◇	■
Q12	◆	◇	◇	□
F7　満足度★				
Q1	◆	◆	◇	■
Q2	◆	◆	◇	■

■　3社間に回答の差がある．
□　3社間に回答の差がない．

2）回答結果の解釈

3社間の回答の差が顕著　　表2-6-15に見られるように，3社の回答の差は7つのファクターの内，★印を付けたＦ1，Ｆ3，Ｆ4，Ｆ5，Ｆ7の5つのファクター（71％）に顕著に現れている．また，19の設問のうち，14の設問の答え（74％）に3社の差（■印）がある．

日本人と現地人の差は少ない　　3社の日本人駐在員と現地社員の回答の差の有無の数は下記の通りである[19]．

表2-6-16　日本人駐在員と現地社員の回答の差

	差がない	差がある
ソニー	14問（74％）	5問（26％）
東銀	9問（47％）	10問（53％）
A銀	7問（37％）	12問（63％）
3社合計	30問（53％）	27問（47％）

　このように日本人駐在員と現地社員の回答の差は，27問の設問の回答（47％）にしか見られない．

企業間の差の方が大きい　　したがって，3社の差と日本人と現地人の差とを比較すると，本調査では日本人駐在員と現地社員の差より，企業間の差の方が大きいことが判明する．本調査では，日本人駐在員と現地社員の回答の差を「国の文化」の差と解釈することは前述の通りである．また，3社間に回答の差があることは，「企業文化」の差を現している．つまり，本調査の回答結果には，「国の文化」より「企業文化」の方が重要度が高く現れている．

日本人と現地人の意識の差の順　　また，3社を比較してみると，日本人駐在員と現地社員の回答の差，すなわち意識の差が最も小さいのがソニーで，ソニー＜東銀＜Ａ銀　の順であることが分かる．

図2-6-1　ソニーと東銀とA銀の企業文化の比較

F1　社内コミュニケーションの円滑度　　F4　経営の透明度
F5　現地化の進捗度　　　　　　　　　　F7　満足度
F8　グローバル志向性　　　　　　　　　F9　モティベーション

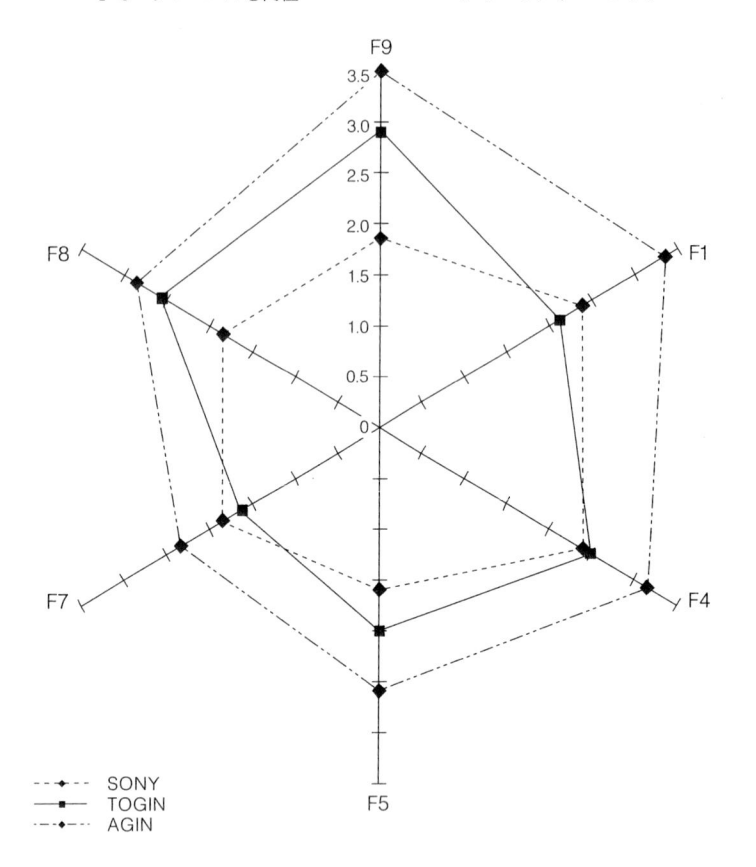

- ･ - SONY
- ■ - TOGIN
- ◆ - AGIN

グローバル志向とモティベーション　　F8とF9の回答の結果を分析すると，グローバル志向とモティベーションの度合いもソニーがもっとも強く，ソニー＞東銀＞A銀　の順になっている．

3社の企業文化を比較するために，F1, F4, F5, F7, F8, F9のファクターをレーダーチャートに現した（図2-6-1）．この図が示すように，明らかに3社の間に違いが見られ，特にソニーとA銀の差が顕著である．

3) 仮説の証明

以上の分析の結果，次の仮説が証明されたことになる．

[仮説1]

本調査の回答結果では，「国の文化」より「企業文化」の方が重要度が高い．

[仮説2]

現地社員と日本人駐在員との意識の差は，企業のグローバル志向が強くなるにつれて，縮小する．

[仮説3]

現地社員と日本人駐在員との意識の差は，社員のモティベーションが高くなるにつれて，縮小する．

4) 総括と課題——本章のまとめに代えて

本研究では，「国の文化」を「回答に見られる日本人駐在員と現地社員の意識の差」（以下，「意識の差」と表現する）として抽出し，「企業文化」を「3社間の回答の差」として抽出した．また，「グローバル志向」と「モティベーション」と，「意識の差」の関連性を検討した．この結果，「国の文化」より「企業文化」の方が重要度が高く，グローバル志向とモティベーションが高いほど，「意識の差」は縮小することが明らかになった．

これは，いわばグローバル志向とモティベーションを正とし，国の文化を負とする考え方である．この概念枠組みは，海外展開を行っている企業の現実に適合するものである．すなわち，実際に企業経営がグローバル化し，企業の構成員が多国籍化する現代においては，社員の文化的背景による意識の差は縮小し，それに代ってそれぞれの企業文化が重要な役割を果たすようになってきている．すなわち，現実に国の文化を越える企業文化が育ちつつある．

国の文化の拘束のない企業文化は，企業の成長を促進し，来るべき21世紀の主流となる．グローバル志向が時代の要件であるとしたら，組織文化の共通項にはモティベーションがある．文化的背景や国籍を超えて誰もが公平な処遇と機会を与えられるということが，モティベーションの基本条件であり，モテ

ィベーションは企業文化の中核をなす要件である．本調査の結果では，ソニーがグローバル志向とモティベーションの度合いが強く，「文化的背景による意識の差」が小さい企業として解釈されたが，現実にソニーは調査当時（1993年）から今日に至るまで，業績を伸ばし，世界的にも最も評価の高い日本企業のひとつとなっている[20]．この例からも，国の文化という制約を越えた企業文化を有する企業が，新しい時代の要件を満たし，発展すると推測される．

従って，今後はこの実世界での新しい経営の実践を支える理論が必要であり，国の文化を越えた新しい分析視角が必要になる．つまり，これまでの異文化経営論のように国の文化を一義的に考えるのではなく，企業文化を主に考え，国の文化はむしろ二義的に捉えるという斬新な発想が必然的になる．本研究の結果はこの必要性を示唆している．

注
1) 日本企業の多国籍化については，第1部第1章II多国籍企業論と日本企業を参照されたい．
2) 本社や現地法人の社員には，様々な呼称がある．白木（1995）によれば，親企業の本籍と同じ国籍の社員を本国人（PCN：parent country national），海外拠点で働き当該拠点の国籍の社員を現地社員（HCN：host country national），海外拠点で働き本国人でも現地社員でもない社員を第三国籍社員（TCN：third country national），と呼ぶのが通例であるという．また，海外で勤務する本国人を海外派遣者（expatriates），帰国して国内勤務に戻る人を帰任者（repatriates）ともいう（白木三秀［1995］『日本企業の国際人的資源管理』日本労働研究機構, p.2）．本調査においては，調査対象企業のヒアリング及び参考資料に沿って，現地雇用の社員を「現地社員」，日本から派遣された社員を「日本人駐在員」と呼ぶこととする．
3) 東京銀行は調査時は三菱銀行と合併する以前である．また，A銀行は匿名である．
4) 質問事項と調査票は巻末に付属資料として掲載した．
5) 第5部会の研究成果の詳細については，『労働市場の国際化とわが国経済社会への影響―日本企業のグローバル化の新段階と人材活用の諸問題―』日本労働研究機構　資料シリーズ　No.74, 1998年を参照されたい．
6) 本海外調査は筆者の単独調査であるが，日本労働研究機構より資金を援助し

第6章 「国の文化」と「企業文化」に関する実証研究　**165**

ていただいた．記して，感謝したい．
7) 日本の対欧直接投資は，1970年代までは英仏独に集中していたが，1970年代以降，ヨーロッパ各地に分散するようになり，その結果として，1991年までに英国とオランダについで，ルクセンブルグが第3位になった．ちなみにフランスは1991年時点で5位である．(Mason, Mark [1994] "Historical Perspectives on Japanese Direct Investment in Europe", in Mason, Mark & Dennis Encarnation (ed.), *Does Ownership Matter?*, Oxford: Clarendon Press, pp. 31-32)
8) 海外調査では，パリの丸紅フランスにおいても面接調査を行ったが，調査表に対する回答は日本人駐在員からのみであり，現地社員の協力が得られなかったため，比較対象としての厳密性を欠くため，本書においては，やむを得ず分析の対象から除外した．
9) 1994年時点で，ソニーは日本の多国籍企業（製造業）の内，売上高で14位，また，東京銀行とA銀行は日本の多国籍企業（非製造業）の内，58位と59位を占めている．
10) このヒアリング調査に関する詳細については，拙著『ホワイトカラー革新』（新評論，1995年）を参照されたい．
11) 調査票は巻末に掲載した．
12) 日本労働研究機構の調査 (1994) によると，日本企業の社員の海外勤務年数は平均で5.3年である．（日本労働研究機構［1994］『望まれる海外派遣勤務者支援のための総合的雇用管理システムの確立—海外派遣勤務者の職業と生活に関する調査結果—』p. 18）
13) ソニーの現地人社員の平均勤続年数は6年，東銀は4年，A銀は5.5年であることが，ヒアリングにより明らかにされた．
14) 5段階評価法は以下の通りである．1　全くそのとおり (strongly agree)，2　ややそのとおり (somewhat agree)，3　どちらとも言えない (neutral)，4　ややちがう (somewhat disagree)，5　全く違う (strongly disagree)．
15) 組織には企業のみならず，教育機関，官庁，様々な形態の団体等がある．本研究は企業を対象としたものであるため，以下，「企業文化」と称することとする．
16) トリアンディス (Triandis, 1994) は，個人を文化に基づいてグループに分けた場合に，グループ内の意見の差がグループ間の意見の差より小さければ，文化が有効な説明変数であると述べている．(Triandis, Harry C. [1994] "Cross-cultural Industrial and Organizational Psychology", in Triandis et al. (ed.) *Handbook of Industrial and Organizational Psychology*, Consulting Psychologists Press, p. 108)．この論理に基づけば，現地社員と日本人駐在員の意識の差（グループ内の差）が調査対象企業間の差（グループ間の差）より小さければ，

企業文化が有効である，ということになる．
17) 日本人駐在員と現地社員を合計した数値で見た場合に3社間に差がない場合でも，日本人駐在員または現地社員のみで比べた場合にはすべての設問において3社の間に差が見られた．
18) 面接調査において，ソニーフランスのピブトー人事部長は，日本人の複合的アプローチとフランス人の論理的アプローチの違いの根拠のひとつを宗教に求めていたが，この調査票の設問の回答では，コミュニケーションの障害要因としては宗教は否定されている．これらの回答は一見矛盾するようだが，必ずしもそうではない．調査票の設問では要因として，言語，文化・習慣，宗教，個人差の4つを挙げており，この4つを比較してコミュニケーションに対する影響力を答えるようになっており，いわば相対的に影響の強弱を問う設問となっている．これに対して面接調査では，宗教が潜在的な要素としてアプローチの仕方に影響する可能性があることを回答者が示唆しているにすぎない．従って，両者が矛盾しているとは言い難い．
19) F1からF7までに20の設問があるが，Q10－5が重複しているため，合計19の設問として計算している．
20) ソニーのアニュアルレポートによると，1998年3月31日に終了した年度は，2年連続で史上最高の業績を達成し，当年度の連結売上高及び営業収入は6兆7,500億円，連結営業利益は5,200億円に達している．しかし，1999年3月31日に終了した年度では，連結売上高が前年度比0.6％増加の6兆7,946円となったものの，営業利益は34.9％減の3,386億円となった．これはアジア通貨不安並びに競争激化に伴うエレクトロニクス製品の価格下落と人件費，広告費，保険費用の増加が原因であると推測される．ソニーはこの結果を受け止めて，1999年4月，カンパニー制の再編を行い，将来に向けた改革をスタートさせている．

第7章 多国籍企業の「意識的距離」に関する実証研究

I グローバル・ビジネスにおける距離の縮小

　前章では日本企業の海外現地法人の調査を通じて，国の文化と企業文化を対比して分析した．その調査対象企業では，「国の文化」より「企業文化」の方が大きく現れており，社員がグローバル志向でモティベーションが高いほど，現地社員と日本人駐在員の「意識の差」が縮小することが明らかになった．

　世界各地の市場で事業を展開するグローバルな企業においては，日常的に異質性との遭遇が頻繁に繰り返される．社外の異質性のみならず，社内にも多文化と多国籍による様々な価値観が共存しているため，会社組織内における異質性の対応が極めて重要である．特に，本社と海外の現地法人は物理的に距離が離れている上に，文化的背景に基づく価値観の違いがあると予想されるために，情報の伝達や問題の認識においてずれが生じる可能性が十分にあるということは，直感的にも理解できることである．

　グローバルな市場で事業を行う企業は，本社のみならず，国内の支社や海外の現地法人の隅々に至るまで，いかに企業の目的を共有し，グローバルな意識を持ち，緊密な連携を保つことができるのかが，経営の生命線であると言っても過言ではあるまい．ひとつの企業として社員の一体感を醸成して効率よく経営を行うには，本社と支社や海外現地法人の物理的な距離のみならず，その間の認識のズレをいかに克服するかがその成功の鍵を握っている．本書ではこの認識のズレを「物理的距離」に対する表現として「意識的距離」と呼ぶこととする．

　そこで本章では，アメリカの東部に本社を置き，世界各地で事業を行っている情報技術分野の企業を対象に実証研究を行い，その経営手法と社員の意識を調査することによって，「距離」のマネジメントを分析し，異文化経営論の新

しい展開を探りたい．

II　米国ハイテク企業の調査

　この研究では，同社（以下，A社と記す）のアジア・アメリカ・ヨーロッパの世界3極のそれぞれの担当役員に対するヒアリングの結果の分析と，全世界の社員を対象とした調査票による意識調査の統計分析を行った．調査実施時期は，1997年の初頭から年央にかけてであり，米国本社社長の同意の下に同社の人事部の協力を得て行われた[1]．

　ヒアリングに関しては，3名の担当役員に対してEメールで質問事項を送付し，回答もEメールで受け取った．さらに3名のうち，アジアの担当役員に対しては，面接を行い，回答の確認と補足質問をした．

　調査票による統計調査に関しては，米国本社，米国内支社，海外現地法人及び海外事業所の900人の社員の内，管理職の170人に対して49項目からなる調査票を配布した[2]．配布方法は，米国本社の人事部にEメールで送った調査票を社内のイントラネット（社内LAN）経由で調査対象者に送付する方法と，現地法人の社長がそれをコピーし社内で配布する方法の2つを実施した[3]．回答の回収は，本社の人事部がまとめて筆者に郵送する方法，現地法人がまとめて筆者に郵送する方法，回答者が直接筆者にEメールまたはFAXで送付する方法，の3種類によって行った．調査票も回答もすべて英語によるものである[4]．

III　地域格差による戦略上の問題

1．伸び盛りのハイテク企業

A社の概要と経営幹部の構成　　A社はアメリカの東部に本社をおくハイテク企業である．具体的にはコンピューター・テレフォニー（computer telephony，以下，CTと略す）というコンピューターと電話を統合した通信システムの機器を製造し販売している．A社はこの分野では業界の最大手のひとつである．

　全社で900人強の社員がおり，アメリカ，カナダ，アルゼンチン，ベルギー，

第7章　多国籍企業の「意識的距離」に関する実証研究　169

英国，フランス，ドイツ，イスラエル，イタリア，日本，中国，シンガポール，オーストラリア，ニュージーランドの14ヶ国に，17の現地法人と事業所を置いており，世界48ヶ国で営業を行っている．

米国本社の取締役会（Board of Directors）は7名の取締役により構成されており，内1名は日本人である．また，創業者の会長と社長（CEO）を除いてすべて社外取締役であり，すでに退社した他の2名の創設者と米国有数の企業経営の経験者が主たるメンバーである．

各部門担当の副社長を含む執行役員（executive officers）は13名で，内1名はアジア太平洋地域を担当する日本人であり，もう1名はヨーロッパ地域を担当するベルギー人である．

売上げ分布と事業運営　1996年度の売上高は約2億1,300万ドル（約260億円）[5]であり，地域別の売上げの分布は，アメリカ（北米と南米）が68％，ヨーロッパが14％，アジアが15％，その他が3％である．

このようにA社は，本社の意思決定や戦略立案の中核に複数の国籍が含まれており，中規模ながら多国籍企業，グローバル企業との評価を得ている企業である．

実際の事業運営は，市場を3つの地域，即ち北米と南米，アジア太平洋地域，ヨーロッパ，に分けて行っている．アメリカ（北米と南米を含む）はアメリカ人の副社長，アジア太平洋地域は日本人の副社長，ヨーロッパ（中近東とアフリカも含む）はベルギー人の副社長が，それぞれ担当している．

ヒアリング調査　このヒアリング調査では，これらの3名の地域担当役員に対して，8項目からなる自由回答形式の質問事項をEメールにて送付し，Eメールによる回答を得た[6]．さらに，アジア太平洋地域の副社長に対して面接を行い，回答の確認と追加質問を行った．本調査の目的は，地域による市場や事業運営の違いや投資効率の違い等，地域差異をめぐる問題の理解を深めることである．ヒアリングを通じて，米国本社と海外現地法人の間の意思の疎通はどの程度うまく行っているのか，会社の方針や戦略に関する理解は一致している

のか，等の本社と海外現地法人の「距離」を探ることができる．

　以下にこれらの回答を基に地域の特徴と戦略を記述し，その後に筆者の分析を記す．[7]

2．権限委譲とニーズに合った製品開発──アジア担当役員に対するヒアリング[8]
1）アジアの戦略
国による市場の発達段階の違い　アジアは国によってCT（コンピューター・テレフォニー）市場の発達段階が異なっているため，CTアプリケーション実施状況も様々である．また全般に顧客との関係においては，欧米と比較して長期的な関係をより重視する風土がある．さらに，それぞれローカルな市場のニーズに合った新製品の開発や質の高いサービスに対する期待も大きい．従って，次のような戦略が必要となる．

必要とされる戦略

- 各国に対してそれぞれ異なった販売計画を立案し，実行する．
- 市場にあった製品を選択して，それに特化して販売する．
- 顧客と長期的な友好関係を築く（すぐにビジネスに直結しなくとも友好的なパートナーとなる関係を重視する）．
- 自社の製品群を越えて，広く顧客のニーズに合った解決法を提供する．

アジアのビジネスはある意味ではやり易い　総じて，アジア地域ではアメリカに比べて，CTの要求されるアプリケーション・システムが複雑ではないため，ある意味ではビジネスがやり易いと言える．市場の潜在力は経済の成長と共に大きくなり，事業機会を的確に捉えれば，この地域でのビジネスは今後もかなり伸びることが期待される．それには地場の通信とコンピューターの状況を熟知したアジア人の社員を雇用し活用することが重要である．

アジア向けの製品の必要性　もうひとつ重視するべき点は，アジア市場のニーズに合った製品の開発である．これまでA社の製品はほとんど主に規模の大きな米国市場向けに開発されてきた．今後アジア太平洋地域の市場が伸びるに

つれて，各国の仕様に応じた機能が要求されるようになり，アジア向けの製品の開発が不可欠になるだろう．この点に関しては米国本社側の理解が必要である．米国本社はアジア市場を重視しているものの，アジア向けの製品開発は投資効率の面で難があるとして，二の足を踏む傾向がある．しかしA社の長期的発展を考えれば，市場にあった製品の開発は至上命題である．

2）人事管理と組織の活性化

カントリー・マネジャーの役割　　地域担当役員（副社長）がアジア太平洋地域全体を統括管理しているが，その下に各国のカントリー・マネジャーが運営管理の責任を担っている．カントリー・マネジャーに大幅に権限委譲することによって，組織が活性化され，結果として業績の向上に結びついている．カントリー・マネジャーは四半期ごとと年度ごとに売上げ及び業務の達成目標を設定し，各期ごとに評価し計画を策定している．また，社員の毎年の昇給やキャリア計画に関しても，カントリー・マネジャーが査定する．また，カントリー・マネジャー自身の業績については，地域担当役員が評価している．

組織の活性化とチーム・スピリット　　組織の活性化を図るために，地域担当役員は地域の事情を背景としたそれぞれの社員のニーズを満たすように鋭意努力している．例えば，できる限り権限を委譲し，地場を熟知した社員が営業をやり易いようにしている．と同時に，顧客からクレームがあった場合やアメリカ本社の支援が求められた場合には，素早く応じて助言や交渉の支援をしている．また，地域担当役員は，毎年2回，アジア太平洋地域の幹部会議を主催し，会社の方針を明確に伝え，地域の事業戦略を討議すると共に，チーム・スピリットを醸成し，社員の一体感を育んでいる．

3）国別の問題

日本の問題　　技術に精通し，管理能力があり，かつ英語に堪能である人材を雇用することは極めて難題である．これはアジア全般において重要な課題であるが，日本が特に問題である．これに加えて日本ではアジアの他国に比べて事業展開のコストが高く，高い利益率の確保が難しい．また組織運営において，

論理的な意思決定の方法や効率の良いプロフェッショナルなマネジメントがなじみにくい，という問題もある．

中国の問題　中国では，市場の競争原理に根差した欧米流のビジネスのやり方を社員に理解させることが極めて難しい．また，中国には中国独特の縦の命令系統と個人主義が根強いため，組織をフラットにして各人が互いに協力して業績をあげるというチーム・アプローチを実践することは容易ではない．さらに日本と同様に，バイリンガルで異文化を理解する管理職を雇用することも困難を伴う．[9]

4）投資収益

アジア太平洋地域は全体として利益率が高い．最新のハイテク製品として販売価格を相対的に高く設定できること，地域の人件費が（日本を除いて）相対的に安いこと，現在のところ一部の製品群に特化した営業が可能であること，現時点では研究開発に投資をする必要がないこと，が主な理由である．

5）地域貢献活動

アメリカ本社に比べて，企業市民として地域社会に貢献する活動は余り盛んではない．現在では古い機種のパソコンを地元の学校に寄付するに留まっている．また，インターンシップ・プログラムとして大学を卒業したばかりのベルギー人1名に東京でOJTを行い，その後，社員としてシンガポールに派遣している．

3．多様性への対応──欧州担当役員に対するヒアリング

1）欧州市場の特徴

欧州市場は多様で，地域によって顧客のニーズが大きく異なり，国によって市場の成熟度や適用分野が異なっている．したがって，それぞれの地域に合ったビジネスを展開することが肝要である．また，言語も文化も様々であり，顧客に対してきめの細かいサービスを提供するためには，それぞれの国に支社ないし事業所をおくことが必要である．欧州市場全体を統合管理するには，ある

程度のインフラ投資をしなければ成果が上がらないであろう．

2) 多様性への組織としての対応

　市場が，言語，商習慣，市場の発達段階，技術，通貨，といった面で多様性に富んでいるため，アメリカのような巨大市場と異なり，ヨーロッパではいろいろな面でこの多様性に対応する必要がある．しかし，これは組織運営上に大きな困難をもたらす．例えば，社員の配置に関しては，営業や顧客支援やアプリケーションの面で，それぞれの市場に対応する人材が求められ，その結果，より多くの人員が必要となり，人件費の増加を招いている．また，技術面でも個々の市場の要件や各国の規制に合わせなくてはならないため，市場に合った製品の開発や既存の製品の適応に対する投資が必要である．さらに，米国企業の国際ビジネスの進出先として，まずヨーロッパを選ぶため，競争がより激しい．

　したがって，欧州市場でビジネスを展開するには，かなりのコストがかかり，規模の経済のメリットは初期段階では得難いと言えよう．

3) 人事管理と人材活用

　ヨーロッパにおける当社の組織運営は分散しており，それぞれの地域のマネジャーが雇用，報酬，訓練，キャリア開発等の人事管理の責任を担っている．ヨーロッパの各国間の人事異動は困難であるが，ビジネスがこの地域で伸びるに従って，訓練や事務処理は次第にヨーロッパ全体を統合する方向に向かうであろう．現時点では，ブリュッセルが大陸側の本部，ロンドンが英国，北欧の本部となっている．

　このように分散化した組織には，社員のモティベーションという点でメリット，デメリットの両方がある．例えば，小人数であること，権限の委譲が行われていること，多様な責任を有すること，仕事の内容が柔軟であること，等は社員の士気を高める上でプラスに働いている．しかし反対に，米国本社の理解と支援を得ることが難しいこと，社員が余り移動しないこと，コミュニケーションが複雑なこと，等は社員にとってはやる気を削ぐ方向に働くのである．

4）投資収益

　投資収益に関する問題は，米国本社がアメリカと同じレベルの投資効率をヨーロッパに求めるところにある．同じビジネスをするのでも，多様化した市場ではより多くのリソースが必要になり，アメリカよりヨーロッパの方が，売上げに比べて営業費用が高くなることは避けられない．四半期ごとにEPS（1株当たり利益）を上げることを期待されている米国本社には，このことが十分に理解されていないようである．大切なことは，このような構造コストを製品価格に転嫁してはならないということである．もしそうなれば，ヨーロッパの顧客は，直接アメリカからより安い価格で購入する手段を講じるであろう．

4．米国本社のリーダーシップ——アメリカ担当役員に対するヒアリング[10]
1）米国本社・支社と海外現地法人との違い

全体の戦略は米国本社で決定　　米国市場の戦略の多くは海外市場の戦略とそれほど異なってはいない．最大の違いは，営業やマーケティングの戦略がまず米国で決定され，それを微調整して海外市場に適用していることである．これは，CT市場がまず米国で展開され，次にヨーロッパとアジアに広がっていった経緯があるため，米国がまだ同社の売上げにおいても60％以上を占めることも影響している．

　例えば，CT市場における全社的戦略を立てるのは，米国の営業本部である．アメリカ国内市場向けの戦略は，一国の市場とはいえ様々なアプリケーションや市場のセグメントや顧客層を対象とするため，ヨーロッパやアジアの市場に適用するには，製品戦略を取捨選択して絞り込む必要がある．

　米国本社で基本的な戦略が決定されてからは，海外現地法人（以下，海外現法と略す）がそれぞれの地場の市場に合うように，この基本戦略を修正して適用している．これは，自動車メーカーや家電メーカーなど，他の業界が行っているやり方，つまり米国本社が全体の戦略を立てて，実際の適用に当たっては各国の市場のニーズに合わせる，というやり方と余り変わりがない．

第7章　多国籍企業の「意識的距離」に関する実証研究　**175**

米国国内の方がリソースが潤沢　もうひとつの米国と海外の違いは，米国市場における事業が包括的であり，米国国内の支社間に営業面での違いがほとんどないということである．これに反して，海外現法の支社はそれぞれ事業展開がかなり異なっている．

またこれに関連して，米国の方が海外よりも利用できるリソースが多い．例えば，技術面のサポートや製品開発部門の協力においても，米国国内の方が得やすいし，法務や財務の支援も受けやすい．つまり，海外現法よりも米国の国内の支社の方が営業に必要なリソースが潤沢であり，海外はその一部しか活用できていない，ということである．

さらに，米国が海外現法の全体的な計画や戦略の調整を行う責任があり，その中で本来は米国国内向けの営業サービス部門が，いわば海外現法を支援するハブ（中心機能）のような役割をしている．

2）人事管理と活用

人事管理は，業績評価，売上目標の設定，四半期ごとの目標設定，キャリアと業績の計画策定，という形で行われている．これらはすべて直属の上司が行い，それをさらに上部の管理職が検討し，必要に応じて本社の人事部が関与することもある．

社員の士気を高めるために，次のことを行っている．
- 金銭的なインセンティブを重点的に与える．
- 売上げ目標を設定し，達成時には表彰や特別賞の授賞を行う．
- 個別に，あるいは全員の前で成果を認め，発表する．
- 業績別のストックオプションを与える．

3）米国に特有の問題点

以下に，米国に特有の問題点を挙げる．
- Eメール，ボイスメール，FAX，文書等によるコミュニケーションが米国国内のみならず全世界から押し寄せ，その量が膨大であること．
- 事業の優先事項がたえず変化すること．

- 組織が大きくなるにしたがって迅速で効果的な意思の疎通が困難になり，米国の国内支社と本社間のコミュニケーションが難しくなること．
- 関係する幹部社員の数が多いため，戦略の実行に時間がかかる．

4）投資収益

　米国の会社にとっては米国の国内市場よりも海外市場の方がビジネス展開にコストがかかる，と一般的に言われている．しかし当社においては，アジア太平洋地域は為替相場の違いとサービス料金の違いにより，米国国内よりも収益が高い．投資収益に関しては，海外支社を含めたすべての地域担当マネジャーが目標として設定した収益率を達成することが求められている．また，目標設定に関しては全社的に共通の基準が用いられている．

5）海外現地法人と米国本社の関係における問題点

　重要なことは，海外現法の意見が米国本社の意思決定にどの程度反映されているかである．文化の違いやコミュニケーションの問題等によって，本社の製品開発部門が海外市場のニーズまで十分に理解せず，認識不足により米国市場のニーズのみ注意が向けられることが往々にしてある．

6）地域社会への貢献

　企業市民としての活動は盛んである．通常は，本社の人事部を通じて地域社会での活動が社員に通知される．チャリティ活動に対する寄付，困っている人達に対するボランティア活動，資金の募集活動などである．

5．本社と現地法人の相互理解

　以上の地域担当役員の回答をまとめると，次の2点が浮かび上がる．

アジアは収益性が高い　ヨーロッパは68名の社員で，1997年度の年間の売上高が4,200万ドル（約50億円）であり，アジアは55名で，4,500万ドル（約54億円）の売上げである．単純に計算すれば，ヨーロッパは社員1人当たりで60万ドル（約7,200万円）を生み出し，アジアは社員1人当たりで80万ドル（約9,600万円）を生み出していることになる．つまり，1人当たりの売上

げが、アジアはヨーロッパの1.3倍となっている．この数値から見る限り、アジア市場がヨーロッパ市場に比べて、収益率が良いということができる．

アジアとヨーロッパの担当役員の回答を見ると、両地域とも市場は多様性に富んでおり、それぞれの市場のニーズを満たし、規制当局の要件にかなうためにはきめの細かい対応が必要とされている点では、両地域は共通している．ただし、アジアの方がヨーロッパよりもCT市場の成熟度が低く競合も少ないため、比較すればアジアの方がビジネスの成長が速い．しかしこの点を勘案しても、1人当たりの売上げが1.3倍という違いは大きいと言える．これはアメリカの地域担当役員が指摘している為替相場やサービス料金の違いでは説明できない．

アジアは顧客との間に、緊密かつ長期的関係を持つことが重視される風土があるため、個人の生活が重視されるヨーロッパと異なり、対顧客関係のビジネスの効率は高くないことは想像に難くない．アジアでは年間の労働時間がヨーロッパに比べて一般的に長い．A社でもこのようにアジアでは社員が平均して少ない休暇でより長時間の勤務をすることにより、少ない人数で多くの売上げを上げていると思われる．この点については、米国本社の認識は十分でない．

開発部門が海外市場の理解を深めるべき　　アジアとヨーロッパの担当役員は、共に地域市場のニーズを満たす製品やサービスの必要性について、米国本社の理解や認識を得ることが難しいと述べている．これは海外現法に共通する問題と考えられるが、同時にアメリカ国内においても、本社が米国内の支社の状況をどの程度正確に把握して、その要望に耳を傾けているかが重要なポイントになる．この点については、アメリカ地域の担当役員は、ビジネスがグローバルに展開し、米国の顧客も海外に事業を拡大している状況の中で、当社の海外現法の意見が米国本社の意思決定に反映されることの重要性を指摘しており、本社の製品開発部門が海外市場を十分に理解せず、米国市場のニーズのみ注意が向けられることがあるとの認識を示している．今後は、米国本社が国内の支社や海外現地法人との意思の疎通を図り、製品開発部門と販売部門の連携を強化

し,加速するグローバルなビジネスの展開に即応する対策を講じることが必要であろう.[11]

IV 意識的距離と物理的距離

1.10ヶ国の社員のアンケート調査

次にA社の社員に対してアンケート調査を行うことによって,本社,国内支社,海外現地法人の間にどの程度の回答の差があるかを調べ,この回答の差を「意識的距離」として分析を行った.

調査票(アンケート)は49項目からなるものであり,これをA社の全世界の900人の社員の内,管理職の170人に対して,主に米国本社の人事部経由でEメールによって配布した.また,海外現法の社長がコピーして社内で配布したものもある.

回答の回収は,本社の人事部がまとめて筆者に郵送する方法,現地法人がまとめて筆者に郵送する方法,回答者が直接筆者にEメールまたはFAXで送付する方法,の3種類によって行った.調査票も回答もすべて英語によるものである.回答者数は88名であり,回収率は52%である.

1)回答者の分布

勤務地域　　回答者(88名)の勤務する地域は次の通りである.

米国	34名(内,本社 15名,　支社 19名)		
日本	11名	中国	12名
シンガポール	5名	香港	1名
ニュージーランド	16名	オーストラリア	1名
ベルギー	4名	イスラエル	3名
アルゼンチン	1名		

図2-7-1は勤務地域(米国,アジア,日本,オセアニア,ヨーロッパ,その他)を円グラフに表したものである.[12] 米国39%,アジア20%,日本13%,オセアニア19%,ヨーロッパ8%,その他1%,である.

第7章 多国籍企業の「意識的距離」に関する実証研究　**179**

図2-7-1　勤務地域別の回答者の分布

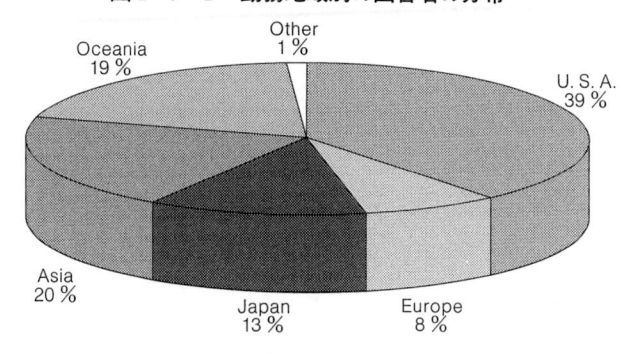

- U.S.A. 39 %
- Europe 8 %
- Japan 13 %
- Asia 20 %
- Oceania 19 %
- Other 1 %

図2-7-2　国籍地域別の回答者の分布

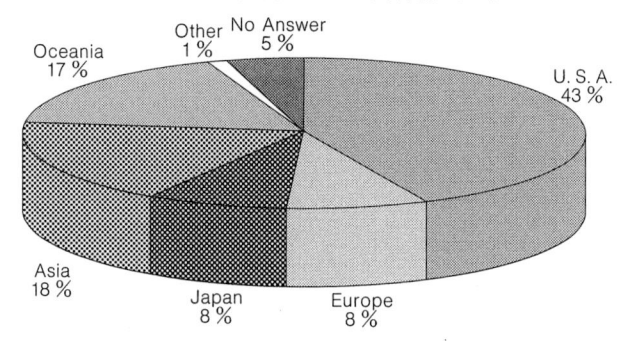

- U.S.A. 43 %
- Europe 8 %
- Japan 8 %
- Asia 18 %
- Oceania 17 %
- Other 1 %
- No Answer 5 %

国　籍　回答者の国籍は次の通りである．

米国	38名	中国	14名
日本	7名	シンガポール	2名
ニュージーランド	14名	オーストラリア	1名
ベルギー	4名	アイルランド	1名
イスラエル	2名	アルゼンチン	1名
アメリカ・イスラエルの二重国籍	1名	回答なし	3名

　図2-7-2は国籍を地域別に円グラフに表したものである[13]．米国43％，アジア18％，日本8％，オセアニア17％，ヨーロッパ8％，その他1％，回答

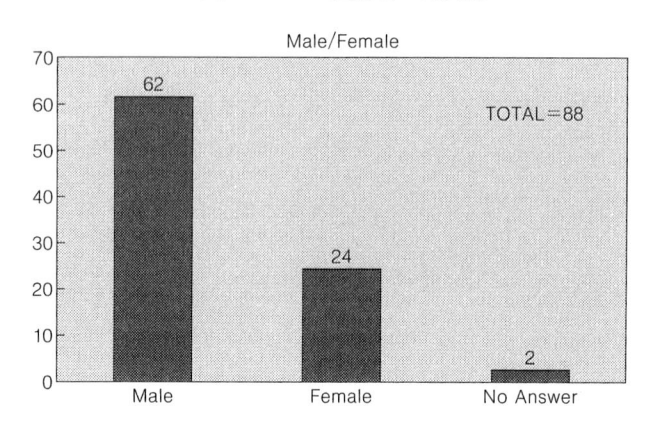

図2-7-3　回答者の男女比

[Bar chart: Male/Female, TOTAL=88; Male 62, Female 24, No Answer 2]

なし5%，である．[14)]

回答者の男女比率　　図2-7-3に示すように，回答者88名の内，男性は62名（70%），女性は24名（27%），回答なしが2名（3%）である．

2）t検定

　母集団（全社員）の平均年齢は，32.2歳であり，標本（回答者）の平均年齢は34.5歳である．これを基にt検定を行った結果は，表2-7-1に示す通りである．

　回答者のうち，年齢の設問に答えなかった者が5名いるため，これを88から引いた残りの83が標本数であり，自由度は82である．両側検定を行ったところ，分散は65.1で，t値は2.59となり，有意水準5%で帰無仮説は棄却された．

2．本社との距離と意識的距離

1）本社，国内支社，海外現地法人の間に見られる「意識的距離」

　A社は世界14ヶ国に拠点を持ち，48ヶ国で営業を行っており，現地化も極めて進んでいる．このようなグローバルに事業を行っている企業においては，地理的な分散による物理的な障害や情報伝達における問題が当然予想される．

表2-7-1 検定結果 II

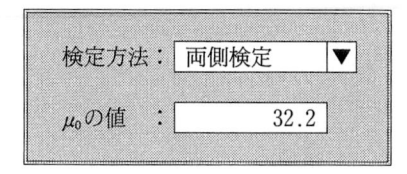

検定方法：	両側検定 ▼
μ_0の値：	32.2

▼

■基本情報

標本数	83
平均	34.4939759
分散	65.10667058
t値	2.590091784
自由度	82

有意確率	0.011352291

■平均値の推定

パーセント	信頼区間
90.00%	33.02052706〜35.96742475
95.00%	32.73208809〜36.25586372
99.00%	32.15833555〜36.82961626
98.86%	32.20138229〜36.78656952

■平均値の検定

$H_0 : \mu = 32.2$
$H_1 : \mu \neq 32.2$

有意水準	採択域	
10.00%	−1.663647708〜1.663647708	棄却
5.00%	−1.989319571〜1.989319571	棄却
1.00%	−2.637134457〜2.637134457	採択
1.14%	−2.590168151〜2.590168151	採択

さらに，企業目的の共有や現実の認識において，企業の構成員の間で意識上の相違が起こりうることも想定される．この2つを，「物理的な距離」(physical distance：PD)と「意識的距離」(mind distance：MD)と呼ぶことにする．R&Dや製造や販売といった機能部門間の連携と世界各地の地域部門間の連携がますます重要になり，迅速な経営判断とそれに基づく世界市場における事業運営が求められるグローバル企業においては，これらの「距離」の克服こそが，経営の成功の鍵であろう．[15]

この視座に基づき，本調査では，米国本社と米国内の支社及び海外現地法人

図2-7-4　回答者の本社（HQ），支社（RE），海外現地法人（OV）の分布

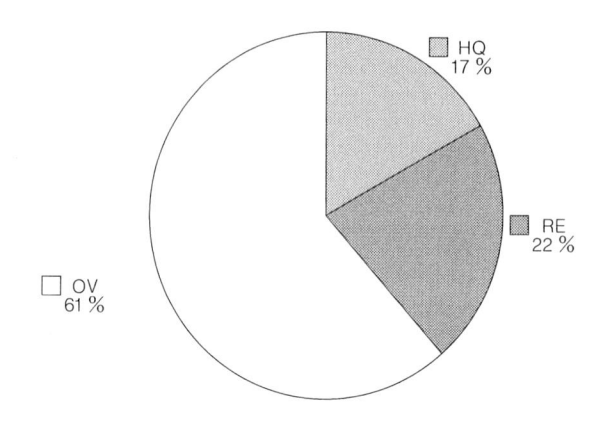

- HQ 17 %
- RE 22 %
- OV 61 %

との「距離」を研究対象として，「物理的な距離」と「意識的な距離」を対比させる．米国本社と国内支社は海外現地法人に比べれば，その物理的な距離は短いことは言うまでもない．また，同じ米国内であるという「国の共通性」があるため，従来の異文化経営論に則れば，「国の文化」の点では同一である．従って，「意識」に国の文化という要素が大きく影響するとしたら，米国本社と国内支社の間の「意識的距離」も短いと想定されるが，実際はどうであろうか．もしこの調査結果が，米国本社と国内支社の「意識的距離」より，米国本社と海外現地法人の「意識的距離」が短いということになれば，国を越え，文化を超えた新たな企業経営のパラダイムが示唆されることになる．それはまた，従来の異文化経営論の学説比較から浮かび上がってきた「文化論」の限界と文化を包含する新たな異文化融合論の可能性と妥当性を支持することにもなるのである．[16]

　以上の問題意識と視点から，この研究では，米国本社，国内支社，海外現地法人の3つの区域を軸に，回答の分析を行った[17]．

2）回答者の本社，支社，海外現地法人の分布

　回答者の分布は，米国本社15名，国内支社19名，海外現地法人54名であり，図2-7-4の円グラフが示すように，本社（HQ）17％，支社（RE）22

第7章　多国籍企業の「意識的距離」に関する実証研究　**183**

表 2-7-2　回答者の区域別の男女数
(HQ：米国本社，RE：国内支社，OV：海外現地法人)

LOCATION	MALE	FEMALE	N/A	TOTAL
HQ	11	4	0	15
RE	13	6	0	19
OV	37	15	2	54
TOTAL	61	25	2	88

％，現地法人 (OV) 61 ％，となっている．(HQ は headquarters ［米国本社］，RE は regional office ［国内支社］，OV は overseas office ［海外現地法人］ を表す．)

なお，回答者の男女数は表 2-7-2 に示す通りであり，各区域ともおよそ 7 対 3 で男性が多く，区域間の違いは見られない．また，調査票の最後に職種を明記する欄を設け，回答に職種によるバイアスがかからないかをチェックしたところ，統計上問題がないことが確認された．

3) 基本データ

調査票は 49 の設問に対して，それぞれどの位同意するかを 1 から 4 までの数字を選ぶことによって回答する 4 段階評価法を用いている．(1 strongly agree, 2 somewhat agree, 3 somewhat disagree, 4 strongly disagree)．また，さらに，意見がない場合は N (No Opinion)，設問が回答者に当てはまらない場合は NA (Not Applicable) を選ぶように指示した．そして最後に，年齢，性別，国籍，学歴，職歴，勤続年数，肩書き，職務内容，等の属性を問う設問と，自由に意見を述べる個所を設けた[18]．

基本統計量としては，設問ごとに，回答者全員，本社，国内支社，海外支社の 4 つの区分に対して，それぞれ平均値，中央値，最頻値，標準偏差を求めた．

さらに，上記の 4 つの区分に関して，設問ごとにクロス集計を行った．

4) 仮説の設定

物理的距離と意識的距離の視座において明らかにしたように,, この研究では, 米国本社と国内支社及び海外現地法人との「距離」を研究対象として,「物理的な距離」と「意識的な距離」を対比させている. 物理的な距離は地理的な距離として測定可能であるが, 意識上の距離は目に見えるものではない. そこで地域担当役員に対するヒアリングの結果を踏まえて, A社社員に対して調査票を用いて「意識調査」を行い, 本社と国内支社, また本社と現地法人の間の意識的距離を調べた.

A社はグローバルに事業を行い, 急成長を続けている. また, 情報技術を駆使して効率良いコミュニケーションを行っており, 現地化も極めて進んでいる. このようなグローバルな企業においては, 物理的な距離は情報技術の戦略的利用によって大きく短縮化されており, 意識的距離も短縮されていると想定される. 従って, 地理的に遠い「本社と海外現地法人の間の意識的距離」が, 地理的に近い「本社と国内支社の意識的距離」と同じになる可能性があると推測される. さらに, 前者の意識的距離が後者の意識的距離よりも短い可能性もある. そこで, この想定の基に, 次の仮説を設定した. (MD:意識的距離 HQ:米国本社　RE:国内支社　OV:海外現地法人)

[仮説1]

A社では, 米国本社と国内支社の「意識的距離」と, 米国本社と海外現地法人の「意識的距離」が同じである.

$$MD\ (HQ/RE) = MD\ (HQ/OV)$$

[仮説2]

A社では, 米国本社と国内支社の「意識的距離」よりも, 米国本社と海外現地法人の「意識的距離」の方が短い.

$$MD\ (HQ/RE) > MD\ (HQ/OV)$$

5) 9つの分析視点

回答の分析をするに当たり，49の設問を次の9つのファクターに分類する[19]．

F1　企業文化
F2　マネジメント
F3　優先課題
F4　コミュニケーション
F5　競争力
F6　仕事の満足度
F7　職場の協力関係
F8　モティベーション
F9　仕事と家族に関する価値観

6) 因子分析

49の設問の内，Q26は回答しなかったものが88名中19名（21％）おり，設問自体も明瞭性に欠けるため，これを除いた48の設問に関して，因子分析を行った．回転後の因子負荷量と寄与率は表2-7-3に示す通りである．

因子負荷量を精査した結果，因子1はF1企業文化に，因子2はF8モティベーションに，因子4はF6仕事の満足度に，因子5はF4コミュニケーションに，因子6はF5競争力に，因子7はF3優先課題に，因子8はF7職場の協力関係に，因子9はF2マネジメントに，因子10はF9仕事と家族に関する価値観に，それぞれ相当することが判明した．従ってこの因子分析によって，各ファクターを構成する設問が妥当であると言明することができる．

3．数値が示す意識的距離の逆転

次の9つのファクターについて，それぞれ，回答者全員，本社の回答者，国内支社の回答者，および海外現地法人の回答者の意識を分析する．下線部分は，これらの本社，支社，海外現法の3地域の回答のうち，本社と国内支社の回答の差が，本社と現地法人の回答の差より大きいところを示している．

表 2-7-3　48の設問の答えに関する因子分析の結果

		因子負荷量									
		因子1	因子2	因子3	因子4	因子5	因子6	因子7	因子8	因子9	因子10
1	Q1	0.289979	0.209742	0.088336	0.497392	0.008479	0.264836	0.059986	0.271407	-0.093314	0.008459
2	Q2-1	0.161309	-0.150831	-0.016385	0.499654	0.283240	0.339902	0.034808	0.036102	-0.046752	-0.049510
3	Q2-2	-0.120636	0.066774	-0.132972	0.698053	0.027725	-0.091339	0.182874	-0.001738	0.107826	-0.139234
4	Q2-3	-0.003708	0.184689	-0.088140	0.634279	0.066319	0.045760	0.090538	-0.038210	0.147108	0.005408
5	Q2-4	-0.022787	0.035744	0.059727	0.123316	-0.163625	0.545513	-0.149476	-0.221720	0.012672	0.179557
6	Q2-5	0.245549	-0.071840	-0.016897	0.622441	-0.099047	-0.061937	0.117624	-0.056914	0.087371	0.109086
7	Q3	0.508449	0.137351	-0.069658	-0.068374	-0.117246	0.455686	-0.072988	0.184873	0.085504	0.119640
8	Q4-1	0.544478	0.089849	0.201466	-0.066768	-0.197870	0.200081	0.058413	0.252268	0.145278	0.046170
9	Q4-2	0.708864	0.056756	0.021083	0.128019	0.088324	0.094873	-0.039008	0.150303	0.221140	-0.010603
10	Q4-3	0.622816	0.065330	0.023312	0.099526	0.125437	0.102138	-0.065338	-0.180876	0.058099	-0.062629
11	Q4-4	0.851901	-0.041138	0.039451	0.050503	0.057796	0.012089	0.248008	0.024926	0.091605	0.037532
12	Q4-5	0.818622	-0.075791	0.085946	0.061713	0.118467	0.019988	0.168904	0.092144	0.074511	0.000598
13	Q5	0.133229	0.320583	0.323268	0.059365	0.248977	0.167326	-0.004416	-0.037058	0.217729	-0.424810
14	Q6-1	-0.016588	-0.038438	0.132706	0.267987	-0.356949	0.215162	-0.373056	0.106317	0.166221	-0.018703
15	Q6-2	0.015901	0.148047	0.090604	0.005441	-0.054419	0.079096	-0.482903	-0.011739	0.273180	-0.102500
16	Q6-3	0.226785	0.118175	-0.219181	0.029228	0.418443	0.058372	-0.140029	0.262085	0.242796	-0.103347
17	Q6-4	-0.007864	0.046258	0.037881	0.098965	0.789733	-0.008531	-0.022202	0.104039	0.015596	0.036622
18	Q6-5	0.114943	-0.055701	0.076712	0.056553	0.767971	-0.030608	-0.001750	-0.018005	0.034038	0.007945
19	Q7	0.381427	0.222913	-0.067465	0.090150	-0.307074	-0.028893	0.191645	-0.008511	0.187650	-0.095540
20	Q8	0.011025	0.174000	-0.088135	0.081214	0.222335	0.114645	0.036364	0.065582	0.445899	-0.089358
21	Q9	0.020706	0.506031	0.084249	0.027640	0.186944	-0.018163	-0.235871	-0.044990	0.444704	-0.144405
22	Q10	0.112499	0.634537	0.224232	0.067002	0.085409	-0.071615	-0.036277	0.114027	0.167047	0.024421
23	Q11	0.098328	0.560205	0.150590	0.083600	-0.358417	-0.213496	-0.140454	0.162909	-0.010050	-0.289175
24	Q12	-0.071314	0.590409	-0.122659	-0.217590	-0.070458	0.069705	-0.311473	0.082608	0.057731	-0.105945
25	Q13	0.027892	0.154939	0.809641	-0.040639	0.001316	0.017962	-0.133327	-0.018619	0.188788	0.077554
26	Q14	0.086845	0.166949	0.831665	-0.091306	-0.032265	0.089765	-0.047948	-0.039305	0.074098	0.133956
27	Q15	0.220823	-0.045817	0.548125	0.031418	0.149715	0.177309	0.419020	0.152502	-0.125705	-0.024412
28	Q16	-0.027421	-0.042337	0.520397	-0.082656	-0.035734	0.136574	0.156602	-0.087415	-0.004521	-0.247812
29	Q17	0.213683	-0.104224	0.085723	-0.021095	0.066494	0.049385	-0.007949	0.170191	0.566009	-0.145288
30	Q18	0.242014	-0.010091	0.170635	-0.036637	-0.091321	0.078273	-0.019520	0.062160	0.694003	-0.034111

第7章　多国籍企業の「意識的距離」に関する実証研究　187

31	Q19	0.325354	-0.005360	0.142430	0.088984	-0.335233	0.279856	0.136784	-0.004385	0.322104	-0.240687
32	Q20	0.115377	0.091847	-0.051649	0.274656	-0.194971	0.172145	0.064524	-0.026235	0.388080	0.251032
33	Q21	0.243968	0.375067	-0.047763	0.175901	0.011412	0.313853	0.192397	-0.020551	0.021023	0.380043
34	Q22	0.317378	-0.012808	-0.046281	0.321505	0.005342	-0.080009	0.615344	-0.071367	0.093636	-0.343905
35	Q23	0.379541	0.217487	-0.021407	0.252970	0.141204	0.163568	0.446726	-0.008912	0.257156	-0.220520
36	Q24	0.246663	-0.105295	0.133623	0.260672	-0.039789	0.152340	0.728775	0.016219	0.188642	0.065436
37	Q25	0.001635	-0.070757	0.153260	-0.091058	-0.240105	-0.016071	0.691200	-0.057144	0.140713	0.182802
39	Q27	0.005450	0.156861	0.029155	-0.150799	0.225067	0.395306	0.295580	0.377887	0.133518	-0.117679
40	Q28	0.303929	0.120002	0.081545	0.032246	0.000212	0.735535	0.056861	0.133475	-0.058385	0.068452
41	Q29	0.073048	-0.144126	0.173621	-0.087998	0.169766	0.654074	-0.038914	-0.126160	0.228532	-0.032801
42	Q30	-0.066688	0.424858	-0.090344	-0.200924	-0.043059	0.389485	-0.063528	0.266113	0.178703	-0.138265
43	Q31	0.201016	0.110372	0.290339	-0.080278	0.019060	-0.107284	0.276949	0.311601	0.490890	0.151750
44	Q32	0.081706	0.188424	0.056273	-0.038884	-0.031097	0.064612	0.204890	0.310894	0.433103	0.342837
45	Q33	0.426409	0.027684	-0.059782	0.041582	-0.142933	0.451860	0.380278	-0.002953	0.140958	-0.000180
46	Q34	0.264594	0.047089	0.215617	0.148159	0.030012	0.502895	0.123119	0.105245	0.158368	-0.356849
47	Q35	-0.050411	-0.169184	0.038997	0.114420	-0.417608	0.430976	0.013435	0.082059	0.008632	0.051603
48	Q36	0.102670	-0.234499	0.150879	0.301354	-0.215623	0.079920	0.112681	0.026650	-0.101847	0.325153
49	Q37	0.053729	-0.122182	-0.080017	0.524663	-0.049210	-0.031535	-0.128987	0.008305	-0.089215	0.111164
50	Q38	0.085366	-0.017521	0.093000	0.054905	-0.217944	-0.047715	-0.131729	0.621516	0.177523	-0.029530
51	Q39	0.051588	0.039937	-0.018544	0.063759	0.231803	0.006354	-0.259755	0.656571	0.131334	0.208760
52	Q40	0.050926	0.156465	-0.173495	-0.010394	0.165457	0.021114	0.157864	0.591841	0.058920	-0.158590
53	Q41	0.155842	0.269278	-0.120985	-0.009030	-0.130070	0.201343	0.165701	0.240404	0.418251	-0.260934
54	Q42	0.017641	0.198635	0.319587	0.028521	-0.058830	0.176619	0.175872	0.435459	-0.083357	-0.304778
55	Q43	0.469429	-0.039538	0.058489	0.509805	0.095117	0.343768	0.039108	-0.013571	-0.034542	0.016464
56	Q44	0.168231	0.172996	0.278548	0.218445	-0.089688	0.420352	-0.058531	0.095473	0.104911	-0.179160
57	Q45	-0.089763	0.237609	0.117261	0.242247	-0.028113	0.238989	0.032472	0.304641	0.287701	-0.004597
58	Q46	0.057636	0.593694	0.235055	0.211682	0.116757	0.155720	0.150921	0.129350	-0.110880	0.118131
59	Q47	0.067776	0.104190	-0.258353	0.011432	0.000312	-0.078143	-0.071220	0.428467	0.368587	-0.184662
60	Q48	-0.063598	0.165406	0.162932	0.414045	0.082758	0.050492	-0.228771	0.120784	-0.148569	-0.122551
61	Q49	-0.015251	-0.063321	0.040545	0.024722	0.078908	0.025552	0.069228	-0.111055	-0.096917	0.580807
	寄与量	4.652668	2.989994	3.024767	3.446162	2.904271	3.652806	3.322262	2.716027	3.169796	2.094538
	寄与率	14.6%	9.4%	9.5%	10.8%	9.1%	11.4%	10.4%	8.5%	9.9%	6.6%
	変動割合	7.8%	5.0%	5.0%	5.7%	4.8%	6.1%	5.5%	4.5%	5.3%	3.5%

なお，現地法人に関しては，正確を期するために，並行してアジア，日本，オセアニア，ヨーロッパの回答の一貫性も精査した．現地法人の回答に地域差がない場合は，*crl*（consistent reply among respondents based on locations：勤務地域の違いを問わず，回答に一貫性が見られる）と表示した．

F 1　企業文化

企業文化のファクターを構成するのはQ 3，Q 4，Q 33の設問であり，平均値（av），中央値（me），最頻値（mo）は，それぞれ全回答者（ALL），本社（HQ），国内支社（RE），海外現地法人（OV）について，次の通りである[20]．

Q 3 : I like the corporate culture of the company.
（当社の会社の企業文化が好きである．）

ALL	av 1.4	me 1	mo 1	
HQ	av 1.1	me 1	mo 1	
RE	av 1.8	me 2	mo 2	
OV	av 1.4	me 1	mo 1	(*crl*)

Q 4 : I think the corporate culture of the company is :
（当社の企業文化は：）

　1) open　（オープン）

ALL	av 1.6	me 2	mo 2	
HQ	av 1.6	me 2	mo 2	
RE	av 1.8	me 2	mo 2	
OV	av 1.6	me 1	mo 1	(*crl*)

　2) international　（国際的）

ALL	av 1.7	me 2	mo 2
HQ	av 1.7	me 2	mo 1

第7章 多国籍企業の「意識的距離」に関する実証研究　189

  RE av 1.7 me 2 mo 1
  OV av 1.7 me 2 mo 2 (*crl*)

3) multicultural　(多文化)
  ALL av 2.1 me 2 mo 2
  HQ av 2.1 me 2 mo 2
  RE av 2.2 me 2 mo 3
  OV av 2.0 me 2 mo 2 (*crl*)

4) dynamic　(ダイナミック)
  ALL av 1.7 me 2 mo 1
  HQ av 1.3 me 1 mo 1
  RE av 1.8 me 2 mo 2
  OV av 1.8 me 2 mo 2 (*crl*)

5) innovative　(革新的)
  ALL av 1.9 me 2 mo 2
  HQ av 1.7 me 2 mo 2
  RE av 2.2 me 2 mo 3
  OV av 1.9 me 2 mo 2 (*crl*)

Q 33 : The company has a strong corporate culture.
  (当社は強力な企業文化を持っている.)
  ALL av 2.2 me 2 mo 2
  HQ av 1.8 me 2 mo 2
  RE av 2.6 me 2.5 mo 2
  OV av 2.1 me 2 mo 2 (*crl*)

図 2-7-5　Q 33：The company has a strong corporate culture
（当社は強力な企業文化を持っている）

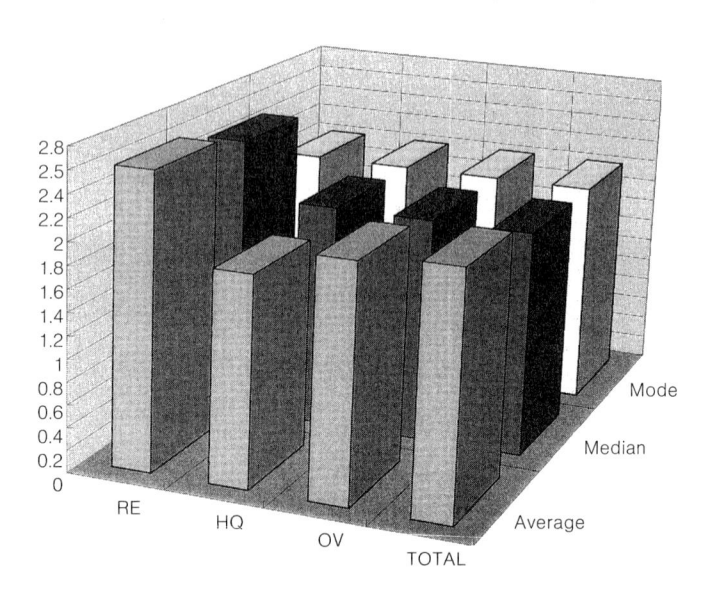

　これらの数値から明らかなように，Q 3 の A 社の企業文化が好きかという問いに関しては，HQ，RE，OV 共に肯定はしているが，HQ と OV が肯定の度合いが強く，RE は弱い．Q 4 の 1 ），2 ），4 ）では，HQ，RE，OV の差はほとんどなく，総じて A 社の特徴はオープンで国際的でダイナミックである，と認識されている．しかし，社風が多文化的であるか，また革新的であるか，という設問〈Q 4 の 3 ）と 5 ）〉については，HQ と OV は共に肯定しているが，RE は最頻値が示すように，やや否定的である．さらに Q 33 の力強い社風か，という設問に関しては，HQ と OV が肯定するものの，RE は平均値，中央値共に否定的である（図 2-7-5）．

　したがって，ファクター 1 の企業文化に関しては，本社と国内支社の差よりも，本社と海外現地法人の差の方が小さいと考えられる．

F 2　マネジメント

　マネジメントのファクターを構成するのは Q 8 ，Q 16，Q 17，Q 18，Q 34

図2-7-6　Q 17：The management style is geared more towards local needs (1)
　　　　　（当社の経営方法は，地元のニーズに合わせたものである）

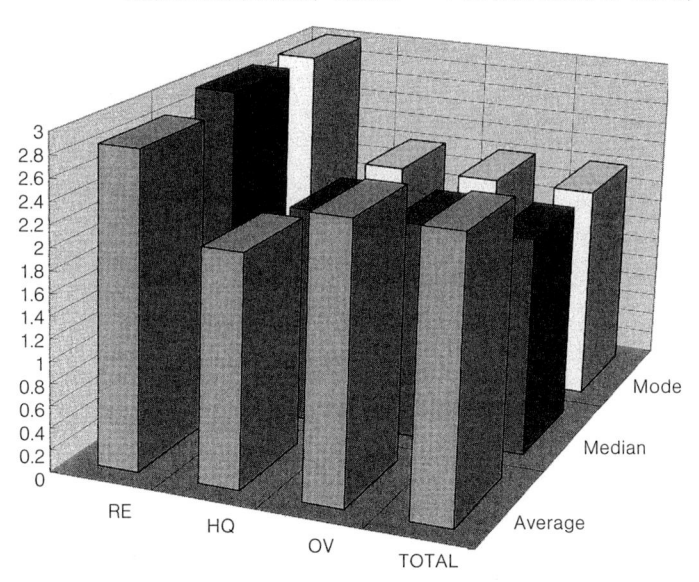

の設問であり，平均値（av），中央値（me），最頻値（mo）は，それぞれ全回答者（ALL），本社（HQ），国内支社（RE），海外現地法人（OV）について，次の通りである．

Q 8：Top management has a good understanding of the local needs of the market.
（トップはそれぞれの市場のニーズをよく理解している．）

　　　　ALL　　av 2.7　　me 3　　mo 3
　　　　HQ 　　av 2.6　　me 3　　mo 3
　　　　RE 　　av 2.9　　me 3　　mo 3
　　　　OV 　　av 2.6　　me 3　　mo 2[21)]

図2-7-7　Q17：The management style is geared more towards local needs (2)
（当社の経営方法は，地元のニーズに合わせたものである）

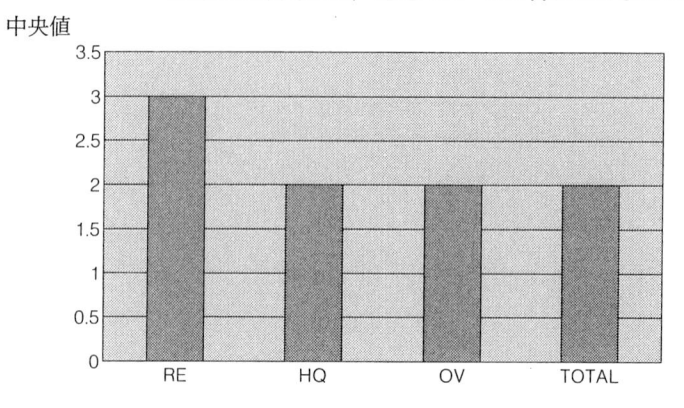

中央値

```
     RE      HQ      OV     TOTAL
```

Q16：The management style of the company is primarily American.
　　（当社の経営スタイルはアメリカ的である．）

ALL	av 1.7	me 2	mo 1	
HQ	av 1.5	me 1	mo 1	
RE	av 1.7	me 2	mo 1	
OV	av 1.7	me 2	mo 1	(crl)

Q17：The management style is geared more towards local needs.
　　（当社の経営方法は，地元のニーズに合わせたものである．[22]）

ALL	av 2.5	me 2	mo 2
HQ	av 2.1	me 2	mo 2
RE	av 2.9	me 3	mo 3
OV	av 2.5	me 2	mo 2

第7章 多国籍企業の「意識的距離」に関する実証研究 193

図2-7-8　Q 34：Top management has a strong leadership
　　　　　（当社のトップは強力なリーダーシップを発揮している）

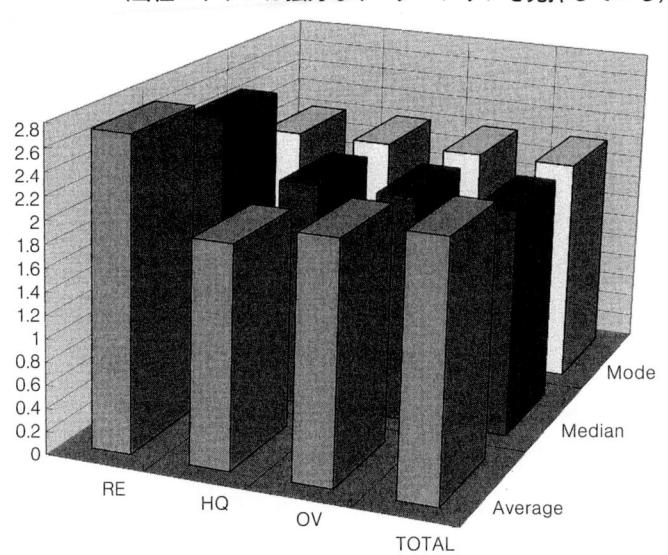

Q 18：The management style is a combination of both.

　　　（当社の経営スタイルは，この両者を併せたものである．）

　　　　　ALL　　av 2.2　　me 2　　　mo 2
　　　　　HQ　　 av 2.0　　me 2　　　mo 2
　　　　　RE　　 av 2.3　　me 2　　　mo 2
　　　　　OV　　 av 2.2　　me 2　　　mo 2　　　(crl)

Q 34：Top management has a strong leadership.

　　　（当社のトップは強力なリーダーシップを発揮している．）

　　　　　ALL　　av 2.2　　me 2　　　mo 2
　　　　　HQ　　 av 2.0　　me 2　　　mo 2
　　　　　RE　　 av 2.7　　me 2.5　　mo 2
　　　　　OV　　 av 2.1　　me 2　　　mo 2　　　(crl)

図2-7-9　Q23：Social responsibility is considered important by the company(1)
　　　　　（当社は社会責任を重視している）

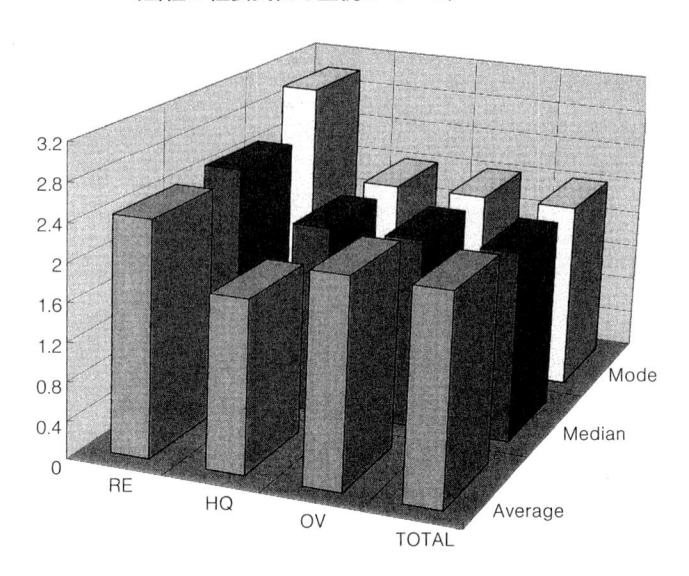

　ここでは，マネジメントに関して，その経営手法とリーダーシップと地元のニーズへの対応度を評価するものである．経営手法は主にアメリカ型であり，これにローカルな要素を加味しているという点はHQ, RE, OV共に意見の一致が見られる（Q16, Q18）．また，地場のニーズをトップが理解しているかに関しては，3者とも否定している（Q8）．さらに，経営手法が地元のニーズに対応するものかについては，HQとOVは肯定するものの，REは否定している（Q17）（図2-7-6，図2-7-7）．また，トップのリーダーシップが強力であるかについても，HQとOVが肯定し，REが否定している（Q34）（図2-7-8）．したがって，ファクター2のマネジメントに関しては，本社と国内支社の差よりも，本社と海外現地法人の差の方が小さいと考えられる．

F3　企業の社会責任

　優先課題のファクターを構成するのはQ22, Q23, Q24, Q25, Q42の設問であり，平均値（av），中央値（me），最頻値（mo）は，それぞれ全回答者

図2-7-10　Q 23：Social responsibility is considered important by the company(2)
　　　　　（当社は社会責任を重視している）

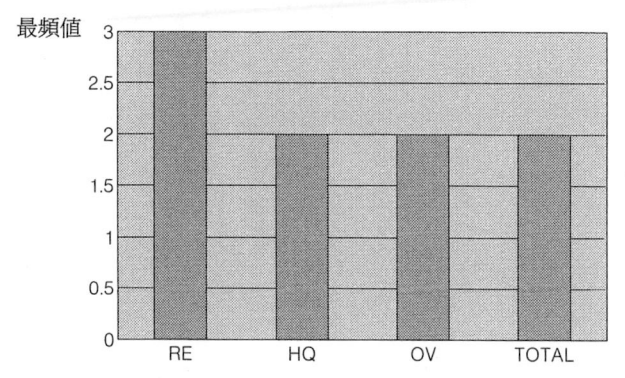

(ALL)，本社（HQ），国内支社（RE），海外現地法人（OV）について，次の通りである．

Q 22：The company supports its local community as a good corporate citizen.
　　　（当社は企業市民として，地域社会に貢献している．）
　　　ALL　　av 1.9　　me 2　　mo 2
　　　HQ　　 av 1.5　　me 1　　mo 1
　　　RE　　 av 2.0　　me 2　　mo 2
　　　OV　　 av 2.0　　me 2　　mo 2　　(crl)

Q 23：Social responsibility is considered important by the company.
　　　（当社は社会責任を重視している．）
　　　ALL　　av 2.2　　me 2　　mo 2
　　　HQ　　 av 1.8　　me 2　　mo 2
　　　RE　　 av 2.4　　me 2.5　mo 3
　　　OV　　 av 2.2　　me 2　　mo 2　　(crl)

図2-7-11 Q25：I have participated in such a program (1)
　　　　　（私自身もその活動に参加したことがある）

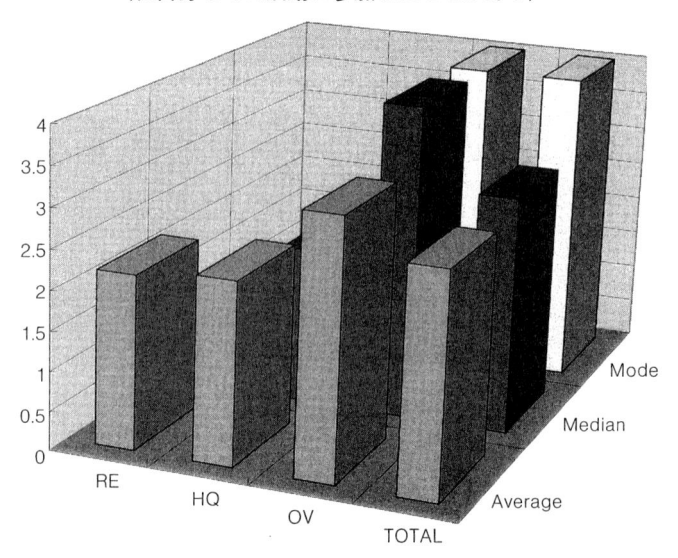

Q24: The company offers philanthropic programs for a local community.

（当社は地域社会で社会貢献活動を行っている．）

　　　　ALL　　　av 2.3　　me 2　　mo 2
　　　　HQ　　　 av 1.7　　me 2　　mo 2
　　　　RE　　　 av 2.3　　me 2　　mo 2
　　　　OV　　　 av 2.6　　me 2　　mo 2

Q25: I have participated in such a program.

（私自身もその活動に参加したことがある．）

　　　　ALL　　　av 2.8　　me 3　　mo 4
　　　　HQ　　　 av 2.3　　me 2　　mo 2
　　　　RE　　　 av 2.2　　me 1　　mo 1
　　　　OV　　　 av 3.3　　me 4　　mo 4　　(*crl*)

図2-7-12　Q25：I have participated in such a program (2)
　　　　　（私自身もその活動に参加したことがある）

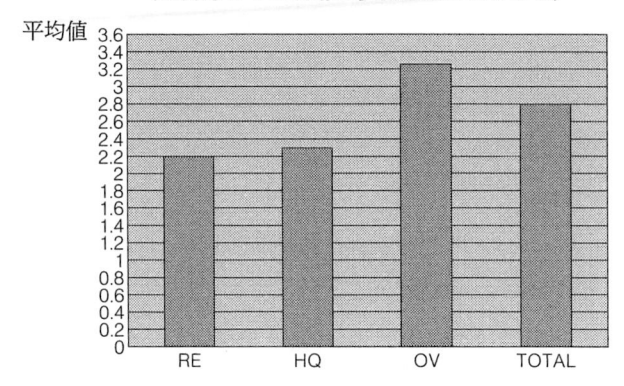

[棒グラフ：平均値　RE 約2.2、HQ 約2.3、OV 約3.3、TOTAL 約2.8]

Q42：The company places top priority on earnings.

　　　（当社は収益を最重視している．）

ALL	av 1.9	me 2	mo 2
HQ	av 1.9	me 2	mo 1
RE	av 1.9	me 2	mo 2
OV	av 1.9	me 2	mo 2	(*crl*)

　ここで問われている企業の社会責任に関しては，A社は利潤をあげることを最優先しているが（Q42），同時に良き企業市民として地域社会に貢献しているという認識（Q22）が，HQ，RE，OVの3者に共通して見られる．しかし，A社が社会的な責任を重視しているかという設問に対しては，HQとOVが肯定的で，REは否定的である（Q23）（図2-7-9，図2-7-10）．

　実際に会社が地域活動を実施しているかという設問に関しては，HQが一番強く肯定し，次にREがやや肯定し，OVは平均値で見れば否定に近い（Q24）．さらに，実際にそのような活動に参加したことがあるかという問いに関しては，HQとREは参加したことがあると回答し，OVは全くないという

回答である (Q 25)(図 2-7-11, 図 2-7-12). つまり, A 社の実際の地域活動と回答者の参加については, 平均値で見る限り, HQ と RE の差よりも, むしろ OV と HQ/RE の差, すなわち米国と海外の差が顕著に現れている[23].

したがって, ファクター 3 の企業の社会責任に関しては, 本社と国内支社の差よりも, 本社と海外現地法人の差の方が小さいとは考えられない.

F 4　コミュニケーション

コミュニケーションのファクターを構成するのは Q 6, Q 7 の設問であり, 平均値 (av), 中央値 (me), 最頻値 (mo) は, それぞれ全回答者 (ALL), 本社 (HQ), 国内支社 (RE), 海外現地法人 (OV) について, 次の通りである.

Q 6：I think the communication within the company is:
　　　（社内のコミュニケーションは：）

1) Internal communication within my local office is smooth.
（自分の職場のコミュニケーションは円滑である．）

ALL	av 2.0	me 2	mo 2
HQ	av 2.2	me 2	mo 2
RE	av 2.3	me 2	mo 2
OV	av 1.8	me 2	mo 2	(*crl*)

2) Communication between my office and HQ is smooth.
（自分が働く支社／現法と本社とのコミュニケーションは円滑である．）

ALL	av 2.7	me 3	mo 3
HQ	NA (Not Applicable)		
RE	av 3.0	me 3	mo 3
OV	av 2.6	me 3	mo 3	(*crl*)

図2-7-13　Q 7：Information on corporate policy is promptly communicated (1)
　　　　　（本社の方針はすみやかに伝達されている）

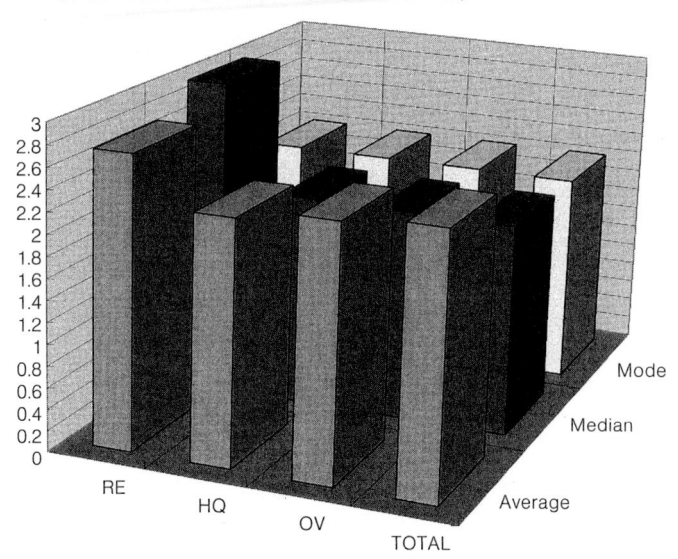

3）Language is a major barrier in communication.
　　（言語がコミュニケーションの主たる障害である．）

　　ALL　　av 3.1　　me 3　　　mo 4
　　HQ　　 av 3.3　　me 3.5　　mo 4
　　RE　　 av 3.6　　me 4　　　mo 4
　　OV　　 av 2.8　　me 3　　　mo 3

4）Cultural differences are a major barrier in communication.
　　（文化の違いがコミュニケーションの主たる障害である．）

　　ALL　　av 4.0　　me 3　　　mo 3
　　HQ　　 av 3.1　　me 3　　　mo 3
　　RE　　 av 3.4　　me 4　　　mo 4
　　OV　　 av 2.9　　me 3　　　mo 3

図2-7-14　Q7：Information on corporate policy is promptly communicated(2)
（本社の方針はすみやかに伝達されている）

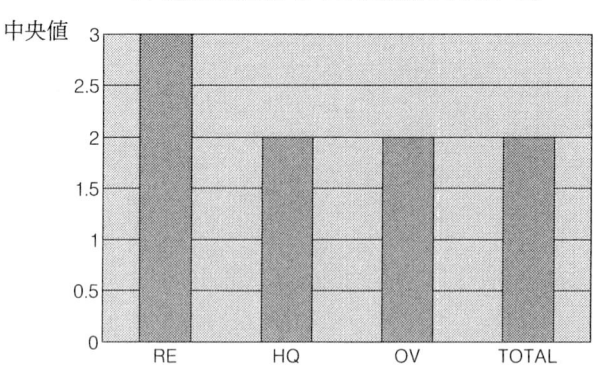

中央値

5) Customs and habits are a major barrier in communication.
（習慣がコミュニケーションの主たる障害である．）

ALL	av 3.0	me 3	mo 4
HQ	av 2.9	me 3	mo 3
RE	av 3.2	me 4	mo 4
OV	av 2.9	me 3	mo 3

Q7：Information on corporate policy is promptly communicated.
（本社の方針はすみやかに伝達されている．）

ALL	av 2.5	me 2	mo 2
HQ	av 2.3	me 2	mo 2
RE	av 2.7	me 3	mo 2
OV	av 2.4	me 2	mo 2

　このファクターは，コミュニケーションの規定要因とコミュニケーションの円滑度を評価するものである．コミュニケーションの阻害要因としては，言語と文化と習慣を尋ねたが，いずれもコミュニケーションの障害とはならないと

いう回答がHQ, RE, OV共に共通して見られた〈Q6の3), 4), 5)〉．しかし，いずれの設問でも，否定の度合いがHQとOVは弱いがREは強くなっている．[24] また，コミュニケーションの円滑度に関しては，HQとのコミュニケーションはREとOVの両方がよくないと回答しているが，平均値で見ると，OVよりもREの方が否定的であることがわかる〈Q6の2)〉．さらに，会社の方針の伝達の迅速度については，OVはHQと同様に迅速であると回答しているが，REは否定的な回答をしている（Q7）（図2-7-13, 図2-7-14).[25]

したがって，ファクター4のコミュニケーションに関しては，本社と国内支社の差よりも，本社と海外現地法人の差の方が小さいと考えられる．

F5 競争力

競争力のファクターを構成するのはQ27, Q28, Q29, Q30の設問であり，平均値（av），中央値（me），最頻値（mo）は，それぞれ全回答者（ALL），本社（HQ），国内支社（RE），海外現地法人（OV）について，次の通りである．

Q27: The company is sometimes referred to as the "Microsoft of CT".
（当社は「CTのマイクロソフト社」と呼ばれることがある．）

　　ALL　　av 1.9　　me 2　　mo 2
　　HQ 　　av 1.5　　me 2　　mo 2
　　RE 　　av 2.4　　me 2　　mo 3
　　OV 　　av 1.5　　me 2　　mo 2　　(*crl*)

Q28: I agree that the company is clearly an industry leader in CT.
（当社はCT業界のトップである．）

　　ALL　　av 1.3　　me 1　　mo 1
　　HQ 　　av 1.1　　me 1　　mo 1
　　RE 　　av 1.4　　me 1　　mo 1
　　OV 　　av 1.3　　me 1　　mo 1　　(*crl*)

Q 29 : The product of the company is the de facto standard of CT.
（当社の製品は，ＣＴの事実上の標準となっている．）

ALL	av 1.6	me 2	mo 1	
HQ	av 1.5	me 1.5	mo 2	
RE	av 1.8	me 2	mo 1	
OV	av 1.6	me 2	mo 1	(*crl*)

Q 30 : The company will continue to be invincible in the future.
（当社は今後も勝ち続けるであろう．）

ALL	av 2.8	me 3	mo 2
HQ	av 3.1	me 3	mo 3
RE	av 3.1	me 3.5	mo 4
OV	av 2.6	me 2	mo 2

　このファクターは，回答者がどのようにA社の競争力を認識しているかを評価するものである．CT（コンピューター・テレフォニー）の業界のリーダーであり（Q 28），A社の製品が業界標準である（Q 29）という認識においては，HQ, RE, OV 共に見解が一致している．A社がＣＴのマイクロソフトと呼ばれているということに関しては，3者が肯定しているが，特にHQとOVでその認識が強く，REはそれほどでもなく，最頻値でみればむしろ否定的である（Q 27）．

　また，将来も市場で勝ち続けるであろう（Q 30）という点については，OVが肯定し，REとHQが共に否定しているが，REがとくに否定的である[26]．市場競争力に関しては，製品が売られている市場におけるA社の立場が地域によって異なるため，海外現地法人と米国との違いが見られるのだと思う．また，米国国内でも本社と支社では市場環境の違いにより，認識のズレがあるのだろう．

第7章　多国籍企業の「意識的距離」に関する実証研究　203

したがって，ファクター5の競争力に関しては，本社と国内支社の差よりも，本社と海外現地法人の差の方が小さいとは考えられない．

F 6　仕事の満足度

仕事の満足度のファクターを構成するのはＱ1，Ｑ2の設問であり，平均値 (av)，中央値 (me)，最頻値 (mo) は，それぞれ全回答者 (ALL)，本社 (HQ)，国内支社 (RE)，海外現地法人 (OV) について，次の通りである．

Q 1 : I feel proud of working for the company.
(この会社に勤めることを誇りに思う.)

ALL	av 1.4	me 1	mo 1	
HQ	av 1.1	me 1	mo 1	
RE	av 1.8	me 2	mo 2	
OV	av 1.4	me 1	mo 1	(crl)

Q 2 : I am satisfied with how I am treated by the company on:
(この会社の処遇に次の点で満足している：)

1) compensation　　(報酬)

ALL	av 2.3	me 2	mo 2
HQ	av 1.8	me 2	mo 2
RE	av 2.6	me 2	mo 2
OV	av 2.3	me 2	mo 2

2) performance review and promotion　　(業績評価と昇進)

ALL	av 2.0	me 2	mo 2	
HQ	av 1.7	me 2	mo 2	
RE	av 2.1	me 2	mo 2	
OV	av 2.1	me 2	mo 2	(crl)

図2-7-15　Q 1 : I feel proud of working for the company
　　　　　　　（この会社に勤めることを誇りに思う）

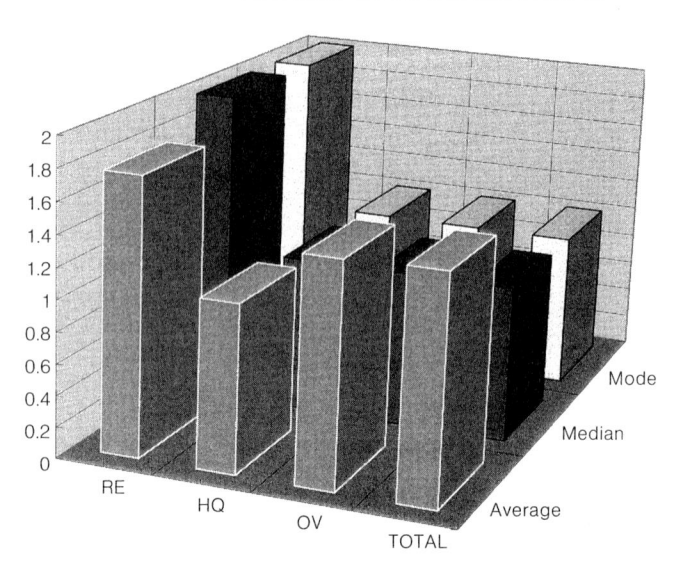

3) career path 　　（キャリア形成）

　　ALL　　av 2.2　　me 2　　mo 2
　　HQ　　 av 2.1　　me 2　　mo 1
　　RE　　 av 2.3　　me 2　　mo 2
　　OV　　 av 2.1　　me 2　　mo 2　　(*crl*)

4) working environment　　（職場の環境）

　　ALL　　av 1.7　　me 2　　mo 2
　　HQ　　 av 2.0　　me 2　　mo 2
　　RE　　 av 1.8　　me 2　　mo 2
　　OV　　 av 1.6　　me 2　　mo 2　　(*crl*)

第7章 多国籍企業の「意識的距離」に関する実証研究　205

5) job assignment　　（仕事の割当て）

ALL	av 1.8	me 2	mo 2	
HQ	av 1.5	me 2	mo 2	
RE	av 1.7	me 2	mo 2	
OV	av 1.9	me 2	mo 2	(*crl*)

　仕事の満足度は，会社の処遇として，報酬，（個人の）業績評価と昇進，キャリア形成，職場の環境，仕事の割り当てについて設問し，さらにA社で働くことを誇りに思うかという設問も加えた．業績評価と昇進，キャリア形成，職場の環境，仕事の割当てに関しては，HQ，RE，OV共に満足していると答えている（Q2の2），3），4），5））．報酬に関しては，HQは非常に満足度が高く，OVはやや満足しているが，REは平均値で見ると満足していない方に傾いている（Q2の1)[27])．

　自社で働くことを誇りに思うかという点については，3者とも肯定しているが，特にHQとOVは極めて誇りに思うと回答しているが，REでは肯定はするものの，HQとOVに比べると誇りに思う程度は弱い（Q1）（図2-7-15)．

　したがって，ファクター6の仕事の満足度に関しては，本社と国内支社の差よりも，本社と海外現地法人の差の方が小さいと考えられる．

F7　職場の協力関係

　職場の協力関係のファクターを構成するのはQ35，Q36，Q37，Q38，Q39，Q40の設問である．

　それぞれ全回答者（ALL），本社（HQ），国内支社（RE），海外現地法人（OV）についての，平均値（av），中央値（me），最頻値（mo）は，次の通りである．

Q 35: My colleagues are helpful and cooperative.
　　　（同僚は協力的である．）

ALL	av 1.6	me 2	mo 2	
HQ	av 1.4	me 1	mo 1	
RE	av 2.1	me 2	mo 2	
OV	av 1.5	me 1	mo 1	(*crl*)

Q 36: I am willing to work beyond my assignment to assist my colleagues.
　　　（自分の仕事の範囲を超えても，同僚を助けたいと思う．）

ALL	av 1.5	me 1	mo 1	
HQ	av 1.3	me 1	mo 1	
RE	av 1.3	me 1	mo 1	
OV	av 1.6	me 1	mo 1	(*crl*)

Q 37: My manager is understanding and easy to work with.
　　　（上司は理解があり，仕事がやり易い．）

ALL	av 1.8	me 2	mo 2	
HQ	av 1.6	me 2	mo 1	
RE	av 1.5	me 1	mo 1	
OV	av 1.9	me 2	mo 2	(*crl*)

Q 38: My manager is aggressive and demanding.
　　　（上司はアグレッシブで要求が多い．）

ALL	av 2.8	me 3	mo 3
HQ	av 2.7	me 3	mo 3
RE	av 2.9	me 3	mo 3
OV	av 2.7	me 3	mo 2

第7章　多国籍企業の「意識的距離」に関する実証研究　207

Q 39: There is intense peer pressure at work.
　　　（職場で同僚の間にプレッシャーがある．）

ALL	av 2.8	me 3	mo 3
HQ	av 2.9	me 3	mo 3
RE	av 3.2	me 3	mo 3
OV	av 2.7	me 3	mo 3

Q 40: There is a very strong competition among employees in my workplace.
　　　（職場で社員の間に厳しい競争がある．）

ALL	av 3.3	me 3	mo 3	
HQ	av 3.1	me 3	mo 3	
RE	av 3.6	me 4	mo 4	
OV	av 3.3	me 3	mo 3	(*crl*)

　職場における協力関係は，同僚が協力的であるかという設問に関しては，HQ，RE，OVの3者が共に協力的であると肯定しているが，その度合いはHQとOVでは極めて高いものの，それに比べてREでは肯定の度合いは余り高くない（Q 35）．しかし，職場に強い競争関係があるかという問いに関しては，HQ，RE，OVの3者ともこれを否定しており，特にREではこれを強く否定している（Q 40）．その他の同僚や上司の評価に関する設問（Q 36, Q 37, Q 38, Q 39）では，HQ，RE，OVの3者とも職場の良好な関係を示唆する回答をしている．
　したがって，ファクター7の職場の協力関係に関しては，本社と国内支社の差よりも，本社と海外現地法人の差の方が小さいと考えられる．

F 8　モティベーション
　モティベーションのファクターを構成するのはQ 9, Q 10, Q 11, Q 12,

Q 19 の設問であり，平均値（av），中央値（me），最頻値（mo）は，それぞれ全回答者（ALL），本社（HQ），国内支社（RE），海外現地法人（OV）について，次の通りである．

Q 9 : I hope to work at the headquarters in the future.
（将来，本社で働きたい．）

ALL	av 2.8	me 3	mo 4
HQ	av 1	me 1	mo 1
RE	av 3.4	me 4	mo 4
OV	av 2.6	me 2	mo 2

Q 10 : I want to becomea corporate officer in the future.
（将来，本社の役員になりたい．）

ALL	av 2.4	me 2	mo 2	
HQ	av 2.5	me 2	mo 2	
RE	av 2.7	me 3	mo 4	
OV	av 2.2	me 2	mo 2	(*crl*)

Q 11 : The best I hope to becomeis the head of my division.
（今いる部門の部長になれれば，それで良い．）

ALL	av 2.6	me 2	mo 2
HQ	av 3	me 3	mo 2
RE	av 2.7	me 2	mo 2
OV	av 2.5	me 2	mo 2

図２－７－16　Q 19：The opportunity of promotion is equal for all global employees (1)
（昇進の機会は，全世界の全ての社員に平等に与えられている）

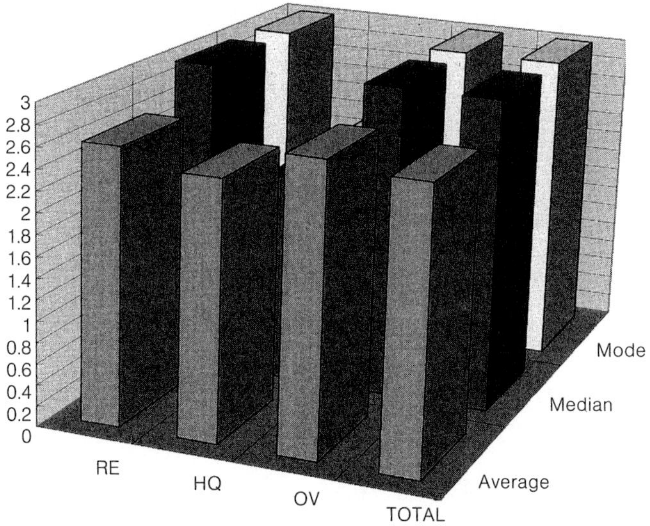
3
2.8
2.6
2.4
2.2
2
1.8
1.6
1.4
1.2
1
0.8
0.6
0.4
0.2
0
RE
HQ
OV
TOTAL
Average
Median
Mode

Q 12 : There is no opportunity for the local staff to work at the HQ.

（支社や現地法人のスタッフには本社で働くチャンスはない.）

ALL	av 3	me 3	mo 3	
HQ	av 3.5	me 3.5	mo 4	
RE	av 3.2	me 3.5	mo 2	
OV	av 2.9	me 3	mo 3	(*crl*)

Q 19 : The opportunity of promotion is equal for all global employees.

（昇進の機会は，全世界の全ての社員に平等に与えられている.）

ALL	av 2.7	me 3	mo 3	
HQ	av 2.5	me 2	mo 2	
RE	av 2.6	me 3	mo 3	
OV	av 2.7	me 3	mo 3	(*crl*)

図 2-7-17　Q 19：The opportunity of promotion is equal for all global employees (2)
　　　　　　（昇進の機会は，全世界の全ての社員に平等に与えられている）

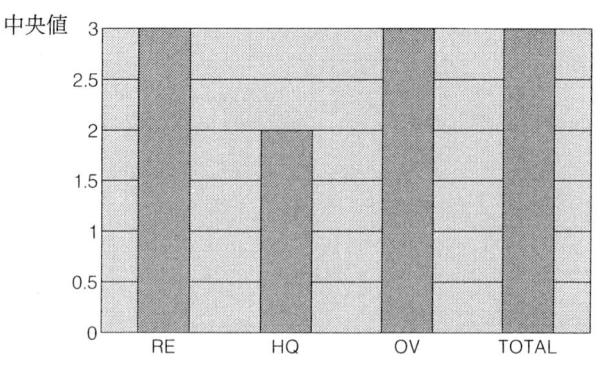

　ここでは，社員の積極性と昇進の機会からモティベーションを見ることをねらいとしている．将来，本社で働きたいか，本社の役員になりたいか，という設問（Q 9，Q 10）に対しては，HQ と OV が共に肯定しており，本社が同じ国内にあるにもかかわらず，RE は否定している．従って，積極性は HQ と OV に強く，RE は弱いと判断できる．

　また，支社の社員も本社で働く機会が与えられていないかという設問（Q 12）に関しては，HQ，RE，OV が共に機会が与えられているという回答である．しかしながら，昇進の機会が国内と海外のすべての社員に均等に与えられているか，という問い（Q 19）に対しては HQ のみが肯定し，RE と OV は共に否定している．ここでは均等な昇進の機会が与えられていないという点で支社と現地法人の意見の一致が見られる（図 2-7-16，図 2-7-17）．

　したがって，ファクター 8 のモティベーションに関しては，特に積極性に関して，本社と国内支社の差よりも，本社と海外現地法人の差の方が小さいと考えられる．

F 9　仕事と家族に関する価値感

　仕事と家族に関する価値感のファクターを構成するのは Q 47，Q 48，Q 49 の設問であり，平均値（av），中央値（me），最頻値（mo）は，それぞれ全回

答者（ALL），本社（HQ），国内支社（RE），海外現地法人（OV）について，次の通りである．

Q 47 : I place higher priority on work than family.
　　　（私自身は家庭より仕事を優先する．）
　　　ALL　　　av 2.7　　me 3　　mo 3
　　　HQ 　　　av 2.9　　me 3　　mo 3
　　　RE 　　　av 3.1　　me 3　　mo 4
　　　OV 　　　av 2.5　　me 3　　mo 3

Q 48 : I place equal priority on work and family.
　　　（私は仕事と家庭と両方を同じように重視する．）
　　　ALL　　　av 2.4　　me 2　　　mo 2
　　　HQ 　　　av 2.5　　me 2.5　　mo 2
　　　RE 　　　av 2.6　　me 3　　　mo 2
　　　OV 　　　av 2.3　　me 2　　　mo 2

Q 49 : I place higher priority on family than work.
　　　（私は仕事より家庭を重視する．）
　　　ALL　　　av 2.6　　me 2　　mo 2
　　　HQ 　　　av 2.2　　me 2　　mo 3
　　　RE 　　　av 2.2　　me 2　　mo 3
　　　OV 　　　av 2.8　　me 3　　mo 3

このファクターは家族と仕事に関する価値観という極めて個人的な問題を扱うものである．他のファクターとは違って，HQ，RE，OV間の相違は鮮明ではなく，むしろ勤務地域による差異が顕著である．海外現地法人の回答を見る

と，地域によって意見が分かれており，異なる価値観が回答に反映されている．例えば，家族より仕事を優先するという設問（Q 47）に関しては，日本とアジアが肯定しており，家族と仕事の両方を同じように優先するという設問（Q 48）については，日本だけが否定している．また，仕事より家族を優先するという設問（Q 49）では，ヨーロッパのみが肯定している．

つまり海外現地法人においては，日本＞アジア＞オセアニア＞ヨーロッパの順に仕事を優先していることが読み取れる．また，米国国内の本社と支社を比べると，両者は共に家庭を優先すると答えているが，本社よりも支社の方にその度合いが強い．従って全社的に見ると，日本＞アジア＞オセアニア＞米国本社＞米国支社＞ヨーロッパの順に仕事を優先することが分かる[29]．

したがって，ファクター9の仕事と家族に関する価値観に関しては，本社と国内支社の差よりも，本社と海外現地法人の差の方が小さいとは考えられない．

4．テキサスより東京の方がニューヨークに近い！

1）仮説の証明

以上の分析により，次の結果が得られた．

本社と国内支社の意識の差よりも，本社と海外現地法人の差の方が小さいファクター（F）は次の通りである[30]．

F 1 企業文化

F 2 マネジメント

F 4 コミュニケーション

F 6 仕事の満足度

F 7 職場の協力関係

F 8 モティベーション

従って，9つのファクターのうち，3分の2である6つのファクターにおいて，本社と国内支社の差よりも，本社と海外現地法人の差の方が小さいという結果が得られた．

従って，本調査の結果，下記の仮説の内，仮説2が証明されたことになる．
(MD：意識的距離，HQ：米国本社，RE：国内支社，OV：海外現地法人)
[仮説1]

A社では，米国本社と国内支社の「意識的距離」と，米国本社と海外現地法人の「意識的距離」が同じである．

$$MD(HQ/RE) = MD(HQ/OV)$$

[仮説2]

A社では，米国本社と国内支社の「意識的距離」よりも，米国本社と海外現地法人の「意識的距離」の方が短い．

$$MD(HQ/RE) > MD(HQ/OV)$$

この調査結果は，A社においては，地理的に近い米国本社と米国内の支社の意識的距離よりも，地理的にも文化的にも遠い関係にあるはずの米国本社と海外現地法人との意識的距離の方が短いという，極めて興味深い状況を示している．

2) 調査結果の背景

それでは，なぜ従来の常識を覆すような調査結果となったのだろうか．その背景にはA社の次の要素が作用していると推測される．

① A社は先端技術の分野でビジネスを展開しているため，伝統的な産業に比べて，国の文化の差が及ぼす影響が少ない．

② 海外現法を含めて全社的に，Eメール，ボイスメール，イントラネット，テレビ会議，データベースの共有化を実現し，コミュニケーションにおける物理的距離の克服に努めている．

③ 海外現法のトップには米国でMBAを取得したものが多く，本社と海外現法の意思の疎通が円滑である．

④ 米国本社の取締役，及び執行役員に日本人とベルギー人がなるなど，本社の政策決定の場が多国籍化している．

⑤ アメリカ担当役員は欧州やアジアに比べて，責任範囲が極めて広く，従っ

て米国の国内支社のそれぞれに深くコミットすることができない．これに比べて，欧州やアジアは複数の国を責任範囲に含んではいるが，その責任範囲はアメリカ担当役員に比べれば小さい．その結果，組織的にも海外の方がフラットであり，伝達の徹底がし易い．

⑥　米国本社の社長が海外現地法人を訪れる時は，士気を高めるため現地社員の多くに直接会う努力をしている．これに反して国内支社に対してはこのような努力をしていない．

⑦　A社の顧客が1990年代半ばから海外展開を強化し，米国の営業部門も海外に対応する必要性に迫られたが，本社の技術や開発部門は米国技術中心主義を脱せず，技術の高度化のみを志向する傾向があり，営業と技術の意識のズレが拡大した．このように営業面で米国の国内支社と海外現法は共通の問題を抱えている．

⑧　米国には国内に強力な競合他社が存在し，競争が激化しているが，海外の市場は発展途上にあり，競争面で余裕がある．従って，本社の対応に対する要求度は，海外現地法人よりも，国内支社の方が高くなる．

⑨　本社と国内支社は同じアメリカ人同士であり，国の文化を共有しているが，同じ国内であることから，顧客の期待度が高く，本社の対応が悪いときには，かえって批判が大きく，強い反発となる．（海外は対応の時間差を前提に運営している．）

⑩　米国内でも，東海岸とその他の地域の間には地域の文化差があると推測される．

3）総括と課題―本章のまとめに代えて

　この章で詳述した調査結果は，物理的に分散した機能を含み，社内に文化的多様性を包含する企業においても，情報技術の駆使や経営手法によって，「距離」を克服することができる，ということを示唆している．[31]また，本研究の事例は，第5章で論じた「情報／知識」と「リンケージ」と「コミュニケーション・プラットフォーム」という学説が実際の企業に適用可能であることを示唆

している．現地化が進み，グローバルに事業を展開している企業における，新たなパラダイムの可能性を示すものである．[32]

　従来の異文化経営論は，国の文化の差を浮き彫りにし，国の文化の差を理解することで企業経営を円滑化しようと試みてきた．この理論は過去の一定の発展段階において有効ではあったが，時代の要件が急速に変化しつつある現在，21世紀の経営手法としては時代の要件に合致しない．

　21世紀の新たな時代の主な要件とは，情報技術の加速度的普及，ビジネスにおける英語の世界共通語化，欧米（特に米国）の企業経営手法の一般化，世界標準仕様に対する需要の増加，製品開発と商品化における国を越えた企業提携等である．その中にあって市場に対応するには，デファクト・スタンダード（事実上の業界標準）の製品を持つ必要性と，多種多様な顧客のニーズに答える必要性が生まれる．つまり，どれだけ俊敏に市場に反応して事業戦略を決定し商品化するかが，問われるのである．それには国を問わず，企業系列の枠を超えて，速やかに提携先を見つけて交渉し，事業を進めるということが必須になる．このようなスピードの経営には，共通のツールが必要である．すなわち，共通語の導入，データベースの共有化，電子メール，ボイスメール，そしてインターネットによる通信手段，等々のツールとともに，企業経営の手法においても，幹部社員のみならず，組織の末端まで国を越えた共通の認識とグローバルな視点が必要となる．[33]

　従って，規模の大小は問わず，このような手法でビジネスをグローバルに展開する企業が21世紀における勝者となる．市場はすでに国を越えてグローバル化し，それも刻一刻かつ大規模に変化している．ここではもはや国の文化は一義的ではなく，二義的な問題となる．これは換言すれば，相違点を強調する経営比較文化論から，共通性を追求する経営文明論への移行を意味するものではないだろうか．次の章において，さらにこの点を明らかにし，21世紀の企業を支える経営文明論を論じたい．

注

1) 米国本社の CEO（最高経営責任者）兼社長であるハワード・バブ（Howard Bubb）氏と人事部長（当時）スティーブ・ウェンツェル（Steve Wentzell）氏，並びに人事部の方々に心からの謝意を表したい．特にバブ社長からは，米国を含む各国の回答を比較するだけでなく，米国国内の支社と本社の比較も調査対象にするようにとのアドバイスを受けた．社長は実際に A 社を運営するに当たり，日常的には国の違いを感じることが少ないとの印象を語った．この言葉が筆者の分析視座に大きく影響を与えたのである．
2) 調査票の作成においては，日本人の文化的バイアスを避けるために，筆者が作成したものを米国人であるウェンツェル人事部長（当時）にチェックを依頼した．調査票に文化的バイアスが含まれる可能性に関しては，アドラーら（Adler et al., 1986）も指摘している．(Adler, Nancy J., Robert Doktor & S. Gordon Redding [1986] "From the Atlantic to the Pacific Century: Cross-cultural Management Reviewed", *1986 Yearly Review of Management of the Journal of Management*, Vol. 12, No. 2, p. 311)
3) ニュージーランドに関しては，現地法人の責任者の要請により，回答者一人ひとりに対して，調査結果の発表の際には回答者の身元が割れないようにすることを保証する書簡を添付した．
4) 調査結果に関しては，米国本社社長が 1997 年の夏に来日した際に，全体の傾向に関する中間報告を行った．
5) 1 ドル＝120 円で換算した．
6) ヒアリングの質問事項は巻末に掲載した．
7) 前段に記す回答を基にした地域特性を戦略は担当役員の意見であり，筆者は必ずしもすべてそれに同意するものではない．
8) アジアの地域担当役員はアジア太平洋全域の責任者であるが，回答は主に日本を含むアジア諸国を対象としている．
9) ヨングら（Yeung et al., 1998）によれば，中国では「何を知っているかより，誰を知っているかの方が重視される」という．「誰を知っているか」は中国語で guanxi と言い，関係とかコネを意味し，中国において円滑にビジネスを行う上で不可欠である．(Yeung, Irene Y. M. & Rosalie L. Tung [1998] "Achieving Business Success in Confucian Societies: The Importance of *Guanxi* [Connections]", in Luthans, Fred [ed.], *Special Report of Organizational Dynamics*, pp. 72–73)
10) ヒアリングを行った地域担当役員はアメリカ地域全体（北米と南米）の地域を管轄しているが，回答においては米国を中心とする北米市場と米国本社ならびに米国国内の支社を念頭においている．
11) R&D と製造とマーケティングの連携の必要性に関しては，小田部正明

(1998) の論文が詳しい. (Kotabe, Masaaki [1998] Efficiency vs. Effectiveness Orientation of Global Sourcing Strategy : A Comparison of U. S. and Japanese Multinationsl Companies, *Academy of Management Executive*, Vol. 12, No. 4, pp. 107-119)
12) A社では, 欧州担当の役員がイスラエルをその管轄区域に含んでいるため, 図のヨーロッパはイスラエルを含めるものとする.
13) この円グラフではアジアは中国とシンガポールと香港を意味する.
14) オーストラリアとニュージーランドは, 地理的にはアジア太平洋地域としてまとめることもできるが, アジアと異なった文化と価値体系であるという認識の下に, オセアニアとして別に区分したものである. (Huntington, Samuel P. [1996] *The Clash of Civilizations and the Remaking of World Order*, Simon & Schuster [邦訳, pp. 230-231])
15) ランゴフ (Langhoff, 1997) は, 意思決定者が海外市場を認識する場合に存在する意識上の距離を psychic distance と呼んでいる. (Langhoff, Tine [1997] "The Influence of Cultural Differences on Internationalization Processes of Firms", in Bjrkman, Ingmar & Mats Forsgren (ed.) *The Nature of the International Firm*, Handelshojskolens Forlag, pp. 138-139)
16) パールバーグ (Pahlberg, 1997) は, スウェーデンの多国籍企業の欧州13ヶ国とメキシコにある57の現地法人に赴き, それらの経営幹部と購買部長と営業部長にインタビューした結果, 本社と現地法人の間に文化的要因による問題があると答えたのは, 僅かに25％に過ぎなかった. この調査結果は, 文化的な相違が無いと言っているのではなく, 文化的相違があってもそれが障害とはならないということを示唆している. (Pahlberg, Cecilia [1997] "Cultural Differences and Problems in HQ-Subsidiary Relationships in MNCs", in Björkman et al. (ed.) *The Nature of the International Firm*, pp. 456-458)
17) なお, A社では現地化が極めて進んでおり, 勤務地域の分布と国籍の分布にほぼ一致することが確認されたため, 分析は勤務地域を基に行った.
18) 調査票は巻末に掲載した. なお, 49の設問のうち, Q2とQ4とQ6はそれぞれ5つの細かい質問を含んでいる.
19) 必ずしも49のすべての設問を網羅するものではない.
20) av は average (平均値), me は median (中央値), mo は mode (最頻値), ALL は all respondents (全回答者), HQ は headquarters (米国本社), RE は regional office (国内支社), OV は overseas office (海外現地法人) を表す.
21) 海外現地法人の内, 日本の回答者のみが肯定的に答えている.
22) アジアは肯定的, オセアニア, ヨーロッパはやや肯定的で, 日本はやや否定的である.
23) Q24の回答には地域差が見られるということに留意したい. アジア, 日本,

オセアニア，ヨーロッパの回答を分析してみると，Q 24 ではアジアと日本が否定し，オセアニアとヨーロッパは肯定している．つまり，会社が地域社会での活動を行っていると回答しているのはアメリカ，ヨーロッパ，オセアニアであり，行っていないと回答しているのは，アジアと日本である．これは欧米系の社会とアジア系の社会との違いを反映するものであると思う．ただし，Q 25 の実際に地域の活動に参加しているかという設問に関しては，OV のデータは一貫しており，上述のように米国と海外との意識の差がはっきりしている．

24) ただし，OV の回答の中で日本の回答者のみが例外であり，言語と文化と習慣がコミュニケーションの障害となると答えている．
25) ヨーロッパのみが迅速でないと回答している．
26) OV は全体の数値は肯定を表しているが，明確に肯定しているのはアジアのみで，他の地域は否定傾向にある．この設問の答えは，A 社の業界においてはアジアの市場が成長過程にあることが背景にあると推測される．
27) この設問に関して OV を詳しく見ると，海外現地法人ではアジアのみが満足していないという回答になっており，それ以外では満足度が高いことがわかる．
28) OV を詳しく見てみると，上司が厳しいかという問い（Q 38）と職場における同僚のプレッシャーに関する設問（Q 39）では，両方とも海外では日本とアジアが肯定している．
29) これは日本やアジアが欧米に比べて個人生活よりも仕事を優先することという一般的な認識と一致する．また，イングランド(England, 1995)が 1982 年から 1983 年にかけて米国，ドイツ，日本の 3 ヶ国で 5,506 人を対象に行った「仕事の優先度」(Work Centrality Index) に関する調査によると，日本が最もこの度合いが高く，しかもその度合いが 2 番目の米国と 3 番目のドイツに比べて，著しく高くなっている．(England, George W. [1995] "National Work Meanings and Patterns-Constraints on Management Action", in Jackson, Terence [ed.], *Cross-cultural Management*, Oxford: Butterworth Heinemann, pp. 113–116)
30) F 3 の企業の社会責任，F 5 の競争力，F 9 の仕事と家族に関する価値観に関しては，この調査結果からは，本社と国内支社の意識の差の方が，本社と現地法人の意識の差よりも大きいとは考えられない．
31) コンテキストの概念（本書の第 1 部第 2 章 II 異文化コミュニケーション）に基づけば，米国内の本社と支社は国の文化というコンテキストを共有しているのにもかかわらず，意識上の距離が長く，コンテキストを共有していないはずの本社と海外現地法人の間の意識上の距離が短いという極めて興味深い結果をこの調査は示している．
32) 安室(1993)は，様々な文化を超えた企業の「知識基盤」(knowledge base)の開発が，今後の多国籍企業の研究課題であると指摘している．(Yasumuro,

第 7 章　多国籍企業の「意識的距離」に関する実証研究　219

Kennichi [1993] "Cultural Diversity and Tacit Management Theory", in Yano, Shunsuke [ed.], *Global Management and Innovation Strategies*, Chikura Shobo, pp. 117–118)

33) 本章の研究成果に関しては，国際ビジネス研究学会の第 6 回全国大会（1999 年 10 月 17 日）において「多国籍企業の『意識的距離』に関する実証研究」と題して発表したところ，三菱商事，等の実務家の方々から，「日常的に意識的距離の問題に遭遇しているため，この研究は極めて興味深い」との好意的なコメントが寄せられた．

第8章　異文化経営論の新たな展望——経営文明論の提唱

　第2部においては，異文化経営論の新たな構築を目指して，異文化を包含する国際経営学の学説を比較検討し，さらに2つの実証研究を通じて，国の文化を一義的に捉える従来の異文化経営論の問題点を明らかにして，経営における「文化論」的展開の限界を論じてきた．

　そこで本章では，この限界を超えるための必然的な方向が，経営文化論から経営文明論への移行であるとの考えに基づき，経営における文化から文明へのパラダイム・シフトを論じ，その帰結となる経営文明論の理論的視座を明らかする．さらに21世紀を展望して，異文化を包含し共通性を追求する新たなマネジメント理論となる，異文化経営論の新たな展望として経営文明論を提唱し，それに基づく新しい企業像を描きたい．

I　文化と文明

1．開かれた経営の意義

　本書では，一貫して異文化経営論の支柱である文化と経営の関係を論じてきた．そこで確認された限界を克服するために，ここで文化から文明へ移行を提唱したい．その意義は何であろうか．

　企業がグローバルな経営を行うに当たっては，ひとつの国に限定された閉ざされた価値観を超えて，開かれた経営に転換することが重要なポイントとなる．この開かれた経営という考え方を，山岸（1998）の言う「一般的信頼」の概念に置き換えて論じてみよう．

　山岸（1998）は，閉鎖的な集団主義社会からより開かれた社会への転換に際して，一般的信頼が極めて重要な役割を果たすと述べ，一般的信頼の醸成においては，社会的知性の裏打ちが必要であると説いている[1]．さらに山岸は，開かれた社会の基盤として一般的信頼を醸成するためには，普遍的な原理に従った

効率的で公正な社会・経済・政治制度を確立する必要があり，効率的で公正な制度を確立できれば，「社会的知性」と一般的信頼に基づく開かれた社会に移行するであろうと言う．すなわち，開かれた社会というユートピアは人間の心だけが生み出すものではなく，適切な環境が整えば自然に生まれてくる可能性がある，という訳である[2]．そこには機会の有効利用の拡大が期待される．

　経営における文化からより普遍的な文明への移行は，このプロセスに類似している．すなわち，個別の文化を超えて経営の共通性を追求することを通じて，経営のシステムと環境を整えて，開かれた経営を実現するのである．それはすなわち社会的知性と一般的信頼に基づいた経営，広く多くの者が参加可能で，機会の有効利用が現実に可能な経営である．ここに文化から文明への移行の意義がある[3]．

2．文明の定義

　それでは，文明は文化と対比して，どのように定義されるのであろうか．

　『広辞苑』によれば，「文明」とは「宗教・道徳・学芸などの精神的所産としての狭義の文化に対し，人間の技術的・物質的所産」を指す[4]．

　司馬遼太郎（1989）によれば，「文明」は誰もが参加できる普遍的なもの・合理的なもの・機能的なものを指すのに対して，「文化」は不合理なものであり，特定の集団にのみ通用し，従って普遍的でない[5]．

　さらに，サミュエル・ハンチントン（1996）は，世界的ベストセラーとなった名著の中で，文化と文明を次のように明確に定義付けている[6]．

「文明と文化はいずれも人々の生活様式全般を言い，文明は文化を拡大したものである．文明は最も範囲の広い文化的まとまりである．文明は包括的であり，総体である．」[7]

　これらの定義を基に，本書では文明を文化と対比して，次のように定義づけるものである．「文化がひとつの国，ひとつの社会を単位とする集団の特徴であり，外部に対して閉ざされたものであるのに対して，文明とは文化を拡大し

た広くかつ開かれた文化的なまとまりであり，普遍的，機能的，合理的，かつ包括的である.」[8]

II 経営文明論という新しいパラダイム

1．経営文明論とは

　以上のような文明の定義を踏まえて，新しい概念である経営文明論を具体的に説明しよう．

　表2-8-1にあるように，論理的には，経営は次のような変遷を辿ると解釈できる．すなわち，一国を対象とした個別的で閉鎖的な文化から，複数国の異質性を受け入れる受動的共存である"文化"へ移行し，最終的には，この"文化"を越えて，共通性を追求した普遍的かつ包括的な文明へと位相変化する．

　具体的に経営のやり方を振り返ってみると，過去において企業は国の文化に規定された価値観に基づいて，いわば閉鎖的な経営を行っていた．これを同質の属性による経営である第1段階とする．次にビジネスの国際化が進むにつれ，文化的多様性を何とか許容しようとする経営に移行し，次第に多国籍の社員による業務が行われるようになった．これが第2段階である．この段階においても依然として国の文化の違いをいかに克服するかに力点がおかれている．しかし，ビジネスのグローバル化に拍車がかかると想定される21世紀においては，情報化が高度かつ広範に進み，ビジネスはますますスピードアップする．ここでは企業には共通的で開放的で迅速な経営が求められ，多国籍のトップによる経営が行われる．これが第3段階である．

　第2段階は第1段階のいわば延長線上にあるのに対して，第3段階は第2段階とその次元を異にする．すなわち，この段階では，グローバル化と情報技術の普及により，経営における距離と時間が大幅に短縮され，俊敏な意思決定が不可欠となる．ここではかつてのような「国の文化という壁」は消滅する．従って，新しい要件のパラダイムは，異文化（異質性）ではなく，共通性である．共通性とは，具体的には，情報の明示的共有化（社内及び必要に応じて社外），

第8章 異文化経営論の新たな展望——経営文明論の提唱 223

物理的な距離を超えた各部門の連携，グローバル統合技術，グローバル人材登用，目標の全社的共有，さらに企業間の提携やアウトソーシングである[9]。このような経営における共通性の追求は，個別性・閉鎖性を意味する文化ではなく，文化を包摂する文明という普遍的・包括的次元に移行する可能性を示唆している．

20世紀から21世紀に時が移行するように，経営においても過去の延長線ではなく，別次元への移行が現実に起りつつある．この動きを国際経営学において学問的理論的に説明を試みるのが，「経営文明論」である．

表2-8-1　経営における文化から文明への変遷

国の文化に規定された価値観　　　　　文化（個別的・一国・閉鎖的）	
同質の属性による経営	
↓　　←ビジネスの国際化	
文化的多様性を許容する経営　　　"文化"（異質・複数国・受動的共存）	
多国籍の社員による業務	
←グローバル化	
↓　　←情報化	
←スピード化	
共通的で開放的で迅速な経営＊　　　文明（共通性・普遍的・包括的）	
多国籍の経営陣による経営	
＊社内の部門間の連携	
＊国や企業系列を超えた企業提携	
＊情報の明示的共有化	
＊ビジネスにおける世界共通語の必要性	
＊グローバル統合技術	
＊世界標準仕様に対する需要の増加	
＊俊敏な意思決定	
＊グローバルな人材登用	
＊目標の全社的共有	
＊本社の意思決定の多国籍化	

2．多民族企業論と国際経営学の貢献

1）多民族企業論——人的資源管理（HRM）から見た経営文明論

　経営文明論を HRM から見たのが，伊丹敬之の言う「多民族企業論」である．これまでのグローバル経営の実体は，その大半がひとつの国の人間が本社の経営の中枢を占め，現地法人や事業活動だけが多国籍になっている形態を取っていた．これに対して，21世紀に興隆する企業は，複数の国籍や文化や民族が経営の中核に共存する「多民族企業」となると推測される．ここでは「使う側も使われる側も共に多国籍，多民族」となるはずである[10]．従来のように「使う側が単一国籍で，使われる側が多国籍」である場合は，文化的多様性の弊害を最小限に留めるべく，「国の文化」別の対応が求められていた．そこでは，「分散 （divergence）」と「統合 （convergence）」のバランスが常に争点であり，本社によるコントロールと現地法人の自立性という相反する利害が問題となった[11]．

　この新しい多民族企業においては，従来の多国籍企業の学問研究に多用されてきた統合と分散という枠組みをさらに拡大して，多文化を包含しつつ，文化を超える経営という新しいパラダイムの理論枠組みが適用されるであろう．

2）国際経営学の学問的貢献

　それでは，国際経営学はこのパラダイム・シフトにおいて，どのような貢献ができるのであろうか．本書の第1部で国際経営学の系譜を明らかにしたように，国際経営学の現在と将来における意義は実に大きいものがある．国際経営学は，国内経営学の単なる延長ではなく，異なる文化間の調整を含む，国境を越えた営みを分野とする学問である．そこでは，機能行為の標準化を図り，グローバルな経済効率性を上げて，各国の異質性に配慮しつつも共通性を追求し活用していくことが求められる．

　企業が新しい技術を開発したり優れた製品を出すことにより，人々の生活を豊かにすることも，社会に対する企業の貢献ではあるが，それだけでは十分とは言えない．さらに必要なことは，新しい経営システムや経済システムの原理

や方法を生み出し，それを国境を越えて適用できる形にして提示することである．このような方向性の中で，なぜそのシステムがうまく機能するのかを，理論や哲学のレベルにまで溯って解明することが，国際経営学に課せられた使命であり，それを共通性を追求したモデルとして世界に提示することができれば，これこそが国際経営学の学問的貢献に他ならないのである[12]．

III 21世紀の新しい企業像に向けて

共通項を追求した経営戦略　それでは，この経営文明論に基づく企業経営とは，どのようなものであろうか．ここで，実際の経営戦略における要点を整理しよう．

現在及び将来にわたって，ビジネスのグローバル化が不可逆であるとすれば，従来のような一国内の企業力ではなく，その企業がどの程度グローバルに競争力を保持し続けられるかが成功への鍵となる[13]．製品化開発と意思決定における俊敏さ，世界各国の顧客を満足させるグローバル・スタンダードの製品やサービス，世界レベルの技術力，といった新しい要件の下では，「顧客満足度の向上」が経営戦略の重要な柱となる．国の文化による差は，市場の成熟度と経済の発展段階の違いという，より定量化可能な要素によって置き換えられるであろう．

グローバル化が進んだ企業においては，本社と海外現地法人は，データベースを組織の末端まで共有し，イントラネットによる国際間電話と電子メールの内線化，テレビ会議等による情報技術の戦略的利用等によって，物理的及び時間的距離を極限まで短縮化し，情報を広く開放している[14]．共通化，共有化，標準化を進めることによって，異なった経営文化が包括されて，経営システムとしての「経営文明」が生まれる可能性が生まれるであろう．

次に，具体的な企業像を描いてみよう．

アソシエーティッド・カンパニー　経営文明論を示唆する新しい企業像に，アソシエーティッド・カンパニーがある．これは吉田（1996）によれば，外部と

の関係においては「ネットワークによる結合」，内部においては「相互に自律する仲間関係」で構成された事業の連合体を意味し，21世紀の企業像を提示している．その基本的原則は次の4つである．

① 企業は社会を構成する重要なセクターであり，その存在意義は社会各層のステークホルダーの期待に応えられるという認識に基づいて，行動の原点を引き出す．

② 企業で働く一人ひとりが，自分の意志を起点として「面白さ」を感じながら，自律的に仕事をすることを前提とする[15]．

③ 経営者が旺盛な企業家精神を持ち，内外のネットワークを拡大することで，異質な情報や異質な経営資源を取り入れると共に，社員の個性を活かした「異質性の価値」を積極的に評価する[16]．

④ 経営の基軸として，経営資源の集中化と分散化を図る．経営資源を総合的に活用するには集中が必要であり，機動的に活用するには分散が必要となる．

以上のように，アソシエーティッド・カンパニーは，迅速な意思決定と市場即応に力点をおいた分散・開放型の組織構造であると共に，社会の広範なステークホルダーからの期待に応えるために，企業全体が統一的な理念やビジョンを共有する集中型の組織でもある[17]．すなわち，多文化を包含し活かしつつも，共通性を活用するトランス・カルチュラルなマネジメントを実現するものである．

ワールド・クラス・オーガニゼーション（WCO：World Class Organizations） もうひとつの新しい企業像は，ワールド・クラス・オーガニゼーション（WCO）である．WCOとは，個別の市場を席巻するのみならず，グローバルな市場において特定の分野でトップになり，かつ新しい製品やサービスに対する需要を喚起し，業界のパラダイムを変えて，顧客の期待を超える最新の製品やサービスを提供し，顧客の付加価値を高める能力を有する企業である．

ルーサンズら（Luthans et al., 1996）によれば，WCOには6つの要素がある．

第8章　異文化経営論の新たな展望──経営文明論の提唱　227

第1に，顧客重視である．第2に，トータルな品質向上に向けての絶え間ない努力である．第3に，コア・コンペタンスに基づく，競争に対する迅速な対応である．第4に，社員の創造性の最大限の活用である[18]．第5に，顧客や社員や業者や地域社会の構成員全てがお互いを尊重する，平等な社風である．第6に，技術サポートである[19]．

　これに類似した概念である「ワールド・クラス・カンパニー」[20]を，安室(1992)は脱国籍性と人間性尊重に基づく普遍的な経営システムや経営理念を持つ企業として位置づけている．ここで言う理念とは，知識の尊重と知識創造への情熱に支えられた価値であり，知識創造への内発的動機づけ(intrinsic motivation)を鼓舞するような組織文化を持つことが，ワールド・クラス・カンパニーの条件であると言う．

　これらの組織概念は多国籍企業の次元をさらに高めたものであり，共通性を追求した経営文明的なアプローチであると言えよう．

グローバル経営の指針　　このように，グローバル経営においては，文化的な差異を強調するのではなく，ビジネスにおける共通の価値観を基本として，ベストプラクティスを追求し実践していくことにより，文化を超えた経営を実現することができるのである．

　この経営文明論に基づくグローバル経営の指針として，次の3つの要点にまとめたい．

　第1に，情報技術の活用による明示的な情報の共有化である．これは，見える形でコミュニケーションを行うことであり，情報の文書化と共有化，知識の暗黙知から形式知への転換，情報の内外における開示，意思決定過程の明瞭化，等を意味している[21]．

　第2に，機能部門間の密接な連携である．これは，地理的に分散したR&D，製造，マーケティングの各組織をグローバルなベースで機動的に連動するように再編し，緊密な連携を実現して市場のニーズに俊敏に対応できるようにすることである[22]．

第3に，国籍を問わない適材適所の人事戦略である．つまり国籍や性別や年齢といった属性を越えた人材活用を，経営の中枢を含むあらゆるレベルで実践することである．このように様々な個性と才能を生かすことによって，多様な顧客のニーズに合った製品を生み出すことができ，かつ組織内に異質性を抱え，多様性を包含するシステムがあることによって，変化する異質な外部環境に柔軟に対応することができるのである．

様々な文化を串刺しにする文明という視座　　本章において，「経営文明論」をいろいろな観点から論じてきたが，「経営文明論」は完成された理論ではなく，今後さらに理論面と実証面の研究を充実させる必要性がある[23]．しかし，本書において，様々な文化を串刺しにする文明という新たな視座を経営学に導入したことは，限りない可能性を秘めた新境地を開いたことになり，大きな意義があると言えよう[24]．

　個別の文化という桎梏を超え，多様な人々に活躍する機会を与える「経営文明」が実現し，21世紀が活力に満ちて明るく輝くことを願うと同時に，本書が些かなりともその手がかりを提供できたとすれば幸いである．

第8章 異文化経営論の新たな展望――経営文明論の提唱 229

注
1) 他者を信頼する人は単なるお人好しではなく,相手が信頼できるかどうかを見分けるための感受性とスキルを備えており,これを育むのが「社会的知性」であると言う.(山岸俊男［1998］『信頼の構造』東京大学出版会,p.4 & p.8)
2) 山岸俊男［1998］『信頼の構造』東京大学出版会,p.202.
3) クルーグマン（Krugman, 1996）は,複雑系の考え方として「自己組織化システム」を取り上げている.これは,当初ほとんど均質の状態かあるいはほとんどランダムな状態から,やがて大規模なパターンを形成するというものである.(Krugman, Paul ［1996］ *The Self-Organizing Economy*, Blackwell Publishers,［邦訳,p.7］) このパターンは,ある意味で制度として共有化される文明と相通じるものがある.
　また,福沢は「文明とは人の身を安楽にして心を高尚にするを云ふなり.」と定義している.(福沢諭吉［1962］『文明論之概略』岩波文庫,p.54).すなわち,人間の外的な条件の発展と内面生活の進歩の両方が伴うのが文明である,ということになる.(丸山真男［1987］『文明論之概略を読む』岩波新書,p.227).経営のシステムというハードの面とそれを支える開かれた価値観というソフトの面の双方が不可欠であるという点で,筆者は福沢のこの見解に同意するものである.
4) 新村出編（1991）『広辞苑』第四版,岩波書店,p.2294.
5) 司馬遼太郎（1989）『アメリカ素描』新潮文庫,p.17.
6) サミュエル・ハンチントン著／鈴木主税訳（1998）『文明の衝突』集英社,p.53 & p.55.(Samuel P. Huntington ［1996］ *The Clash of Civilizations and the Remaking of World Order*, Simon & Schuster)
7) この他,類似した次のような定義がある.
　「文化」は人々の生活に端を発し,ある様式をもって伝承され,多様性を特徴とするのに対して,「文明」は高度化されたシステムとして制度の中に組み込まれ,共有化される.(俗宗夫［1997］『「良い会社」の条件』中央経済社,pp.83-84).また,「文明」とは「文化を設計原理としながら,環境要因やその他の様々な要因の影響も受けつつ,意識的に形作られる,精神・物質の両面に渡る人間の社会生活パターンの複合体」である.(公文俊平［1994］『アメリカ情報革命』NECクリエイティブ,pp.198-201).
8) ハンチントンは,文明を最も範囲の広い文化的まとまりと捉えている点に筆者は同意する.しかし,ハンチントンは世界を8つの文明に分類し,異なる文明の間に衝突が起こる危険性を強調しているのに対して,筆者の「経営文明」は共通性を基盤とした包括的概念であることから,その視点を異にしている.
　また,トインビー（Arnold J. Toynbee）は文明を「歴史研究の最小単位」と定義している.すなわち,地理的には国家を超え,時間的には国家より古く,

自国の外に諸々の国民も含んだ単位（例：西欧文明）であり，歴史を国家ではなく文明のかたちにおいて眺めることを薦めている．（アーノルド・J・トインビー著／深瀬基寛訳 [1975]『試練に立つ文明』社会思想社，p. 324 & p. 325. Arnold J. Toynbee [1956] *Civilization on Trial*, Oxford University Press）．国家を超えるという点において筆者の定義と共通点があるが，トインビーの切り口も 1950 年代の地政学的な背景を基とした地理的な制約と相対的に類似した価値観という限定があり，筆者の定義とは異なっている．

9) 1999 年 9 月に起こった台湾中部大地震では，現地の半導体工場が生産停止に追い込まれ，日米のパソコンや半導体メーカーに大きな影響が出た．このことは，ハイテク製品の世界的な分業体制とアウトソーシングがいかに進んでいるかを如実に物語っている．（「日本経済新聞」1999 年 9 月 23 日付朝刊）

10) 伊丹敬之（1987）『人本主義企業』筑摩書房, p. 127.

11) 村山（1998）は，「コスモロジーとしての経営哲学」，すなわち経営体意識改革から「文化」「倫理」「哲学」を一元化する「経営道」を説いている．それは，「『還れる文化』（内発的発展の論理）と『超える祈り』（超越型問題解決主義）の展開であり，実践である」という．（村山元英 [1998]「"見えない"経営論—「文化」・「倫理」・「哲学」の絆」『経営教育研究 I』1998 年 3 月号）．これは本書でいう「分散」（divergence, particularism）と「統合」（convergence, universalism）に相当すると思われる．

12) 佐和（1997）は，地球温暖化の問題により，大量生産・大量消費・大量廃棄を中心とする 20 世紀の工業文明の見直しが必須であるとして，これに代わる 21 世紀の文明を「メタボリズム（循環代謝型）文明」と名付けている．メタボリズム文明とは，適正消費，極少廃棄，リサイクル，省エネルギー，製品寿命の長期化などを具体的な内容とする文明であると同時に，産業優先，大規模公共事業，自動車文明，石油文明，大都市一極集中などの「20 世紀の遺物」との決別を含意する文明でもある，と言う．（佐和隆光 [1997]『日本の難問』日本経済新聞社，p. 245）

13) IBM を例にとれば，日本の顧客は IBM の日本現地法人である日本 IBM としての力量よりは，IBM が持つ世界レベルの技術力や世界標準の製品及びその情報能力をより重視するのである．日本 IBM の北城恪太郎社長は，「IBM にとって国境とはもはや国毎のコストの差を意味するだけである」と述べている．（「日本経済新聞」1999 年 1 月 5 日付朝刊）

14) チャンドラー（Chandler, 1990）も，情報技術の発達により，空間が大きく縮小したと指摘している．(Chandler, Alfred D., Jr. [1990] *Scale and Scope : The Dynamics of Industrial Capitalism*, Harvard University Press. [邦訳, p. 526])

15) 個々の意志を起点とすることは，「人間は経済的利益のみを追求するものではなく，人としての自分を認めてほしいという欲求がある」というフクヤマ（Fu-

kuyama, 1992) の指摘に合致するものである．(Fukuyama, Francis [1992] *The End of History and the Last Man*, NY: Avon Books, p. xvi)
16) モトローラ (Motorola) では，「個人の尊厳のプログラム」(Individual Dignity Entitlement Program) と題して，6つの問いかけをしている．そのひとつに「あなたの個人的な状況やジェンダーや文化的な背景が仕事の成功の障害にならないような，十分な配慮が行われていますか？」という設問がある．このプログラムは，異質性の配慮に対する全社的な取り組みを示唆している．(Ghoshal, Sumantra & Christopher A. Bartlett [1997] *The Individualized Corporation*, NY: HarperBusiness, pp. 289-290)
17) 吉田和男 (1996)『日本型経営システムの再構築』生産性出版，pp. 120-122.
18) ゴシャールとバートレット (Ghoshal, Sumantra & Christopher A. Bartlett, 1997) は，GE (ゼネラル・エレクトリック) のジャック・ウェルチ (Jack Welch) 会長と ABB (アセア・ブラウン・ボベリ) のパーシー・バーネビック (Percy Barnevik) 前 CEO (最高経営責任者) を例に挙げて，社員の創造力やイニシアティブが最も重要な企業競争力の源泉であるとし，従来のように組織に適合する社員 (Organization Man) を育てるのではなく，個々の社員の知識や能力を最大限に引き伸ばす「個を活かす企業」(Individualized Corporation) がグローバルな時代には最も必要とされる，と説いている．(Ghoshal, Sumantra & Christopher A. Bartlett [1997] *The Individualized Corporation*, pp. 7-8)
19) Luthans, Fred & Richard M. Hodgetts (1996) "Managing in America: Recreating a Competitive Culture", in Joynt, Pat & Malcome Warner (ed.), *Managing Across Cultures*, International Thomson Business Press, pp. 120-122.
20) 安室憲一 (1992)『グローバル経営論』千倉書房，pp. 261-266.
21) 米国大手通信会社の日本法人，MCI ワールドコム・ジャパンは，東京都の都心5区の地下に総延長 100 km に及ぶ光ファイバー網を構築し，欧米3万5千のオフィスビルと東京の顧客を大容量の自社回線で直結する予定である．「完成すれば隣のビルもロンドンのビルも顧客にとっては同じ距離になる」と，同社の池内健浩会長は言う．(「日本経済新聞」1999年2月9日付朝刊)
22) 具体的には，製品開発の段階から市場の動向を熟知している営業部門が関与し，部門間のフィードバックに費やされる時間的ロスを回避し，リードタイムを極力短縮することである．自動車産業の一部で何年型モデルという言い方をやめて，数ヶ月単位で新しい車種を出す動向があるのは，その一例である．
23) ケンブリッジ・エネルギー・リサーチのダニエル・ヤーギン会長は，プロセスとしてのグローバル化から，一体化が定着した状態を示す「グローバリティ」に，世界経済が枠組転換 (パラダイムシフト) をしつつあると述べている．

(「日本経済新聞」1999年4月29日付朝刊).この概念は筆者が提唱する経営文明へのパラダイムシフトに対応するものと考えられる.

24) 経営文明論はその要素として米国的経営の合理性を含んではいるが,米国を中心とするアングロサクソン流のグローバル・スタンダードではなく,それを超えたものである.この意味において,従来日本企業が持っていた品質に対する感性や仕事における協調と和の精神は,数値的に表せないものの,極めて価値が高く,経営文明に貢献し得るものと筆者は認識する.日本企業は優れた技術力に加えて,弱点である経営力を大幅に改善して力をつけ,さらにこの東洋的な暗黙の利点を追求することで,21世紀に再び世界の檜舞台に立つものと信じたい.

参考文献

安保哲夫編著(1994)『日本的経営・生産システムとアメリカ』ミネルヴァ書房.
Academy of International Business Newsletter, Vol. 4, No. 3, Third Quarter 1998.
Adler, J. Nancy (1997) *International Dimensions of Organizational Behavior*, South-Western College Publishing.
Adler, N. J. & S. Bartholomew (1992) "Academic and Professional Communities of Discourse : Generating Knowledge on Transnational Human Resource Management", *Journal of International Business Studies*, Vol. 23, pp. 551–569.
Adler, Nancy & John L. Graham (1989) "Cross-cultural Interaction : The International Comparison Fallacy?", *Journal of International Business Studies*, Fall 1989, pp. 515–537.
Adler, Nancy J., Robert Doktor & S. Gordon Redding (1986) "From the Atlantic to the Pacific Century : Cross-cultural Management Reviewed", *1986 Yearly Review of Management of the Journal of Management*, Vol. 12, No. 2,
Adler, Nancy, J. (1983) "Cross-cultural Management Research : the Ostrich and the Trend", *Academy of Management Review*, Vol. 8, pp. 226–232.
Albrecht, S. L. (1980) "Politics Bureaucracy and Worker Participation : The Swedish Case", *Journal of Applied Behavioral Science*, Vol. 16 (3), pp. 229–317.
Alpander, G. G. & K. D. Carter (1995) "Strategic Multinational Intra-company Differences in Employee Motivation", in Jackson, Terence (ed.), *Cross-cultural Management*, Oxford : Butterworth Heinemann.
Alter, Peter (1985) *Nationalism*, London : Edward Arnold.
Asante, Molefi Kete & William B. Gudykunst (ed.) (1989) *Handbook of International and Intercultural Communication*, Sage Publications.
Axelsson, R., D. Cray, G. R. Mallory & D. C. Wilson (1991) "Decision Style in British and Swedish Organizations : A Comparative Examination of Strategic Decision Making", *British Journal of Management*, Vol. 2, pp. 67–79.
安積仰也 (1994)「組織論と国際比較」『組織科学』Vol. 27, No. 3.
Badawy, M. K. (1980) "Style of Middle Eastern Managers", *California Manage-

ment Review, Vol. 21, pp. 51–58.
Barkema, Harry G. & Freek Vermeulen (1997) "What Differences in the Cultural Backgrounds of Partners are Detrimental for International Joint Ventures?", Journal of International Business Studies, Vol. 28, No. 4, Fourth Quarter 1997, pp. 845–864.
Barlow, E. R. (1953) Management of Foreign Manufacturing Subsidiaries, Harvard University Press.
Barnard, Chester I. (1938) The Functions of the Executive, Harvard University Press. (山本安次郎・田杉競・飯野春樹訳 [1968]『新訳 経営者の役割』ダイヤモンド社)
Barnouw, V. (1963) Culture and Personality, IL : The Dorsey Press.
Bartholomew, Susan & Nancy Adler (1996) "Building Networks and Crossing Borders: the Dynamics of Knowledge Generation in a Transnational World", in Joynt, Pat & Malcolm Warner (ed.), Managing Across Cultures, International Thomson Business Press, pp. 12–27.
Bartlett, Christopher A. & Sumantra Ghoshal (1989), Managing Across Borders : the Transnational Solution, Harvard Business School Press. (吉原英樹監訳 [1990]『地球市場時代の企業戦略』日本経済新聞社)
Birnbaum, P. H. & G. Y. Y. Wong (1985) "Organizational Structure of Multinational Banks in Hong Kong from a Culture-free Perspective", Administrative Science Quarterly, Vol. 30 (2), pp. 262–277.
Bjorkman, Ingmar & Mats Forsgren (1997) The Nature of the International Firm, Handelshojskolens Forlag.
Blackford, M. G. (1988) The Rise of Modern Business in Great Britain, the United States and Japan, University of North Carolina Press.
Blake, Robert R. & Jane S. Mouton (1964) The Managerial Grid, TX : Gulf.
Blunt, P. (1973) "Cultural and Situational Determinants of Job Satisfaction amongst Management in South Africa", Journal of Management Studies, Vol. 10 (2), pp. 133–140.
Blunt, Peter & Merrick L. Jones (1992) Managing Organizations in Africa, De Gruyter.
Boddewyn, Jean J., (1997) "The Conceptual Domain of International Business: Territory, Boundaries, and Levels", in Brian Toyne & Douglas Nigh, (ed)., International Business : An Emerging Vision, University of South Carolina Press.
Bond, M. H. (ed.), (1986) The Psychology of the Chinese People, Oxford University Press.

Bradley, Stephen P., Jerry A. Hausman & Richard L. Nolan (1993) "Global Competition and Technology" in Stephen, Bradley et al. (ed.), *Globalization, Technology, and Competition*, Harvard Business School Press.
Bradley, Stephen P. (1993) "The Role of IT Networking in Sustaining Competitive Advantage", in Bradley, Stephen P., Jerry A. Hausman & Richard L. Nolan (ed.), *Globalization, Technology, and Competition*, Harvard Business School Press.
Buckley, Peter J. & Mark Casson (1991) *The Future of the Multinational Enterprise*, Macmillan.
Bye, M. (1958) "Self-financed Multiterritorial Units and Their Time Horizon", *International Economic Papers*, Vol. 8, pp. 147–178.
Campbell, A & M. Warner (1993) "German Management" in David J. Hickson (ed.), *Management in Western Europe : Society, Culture and Organization in Twelve Nations*, De Gruyter.
Carrol, M. P. (1982) "Culture", in J. Freedman, (ed.), *Introduction to Sociology : A Canadian Focus*, Canada : Prentice-Hall, pp. 19–40.
Carroll, G. R. & J. Delacroix (1982) "Organizational Mortality in the Newspaper Industries of Argentina and Ireland : An Ecological Approach", *Administrative Science Quarterly*, Vol. 27, pp. 189–198.
Casmir, F. (ed.) (1974–1976) *International and Intercultural Communication Annual*, Vols. 1–3, VA : Speech Communication Association.
Chandler, Alfred D., Jr. (1990) *Scale and Scope : The Dynamics of Industrial Capitalism*, Harvard University Press.（安部悦生・川辺信雄・工藤章・西牟田裕二・日高千景・山口一臣訳 [1993] 『スケール・アンド・スコープ』有斐閣）
Chandler, Alfred D., Jr. (1977) *The Visible Hand*, The Belknap Press of Harvard University Press.
Chang, Y.N. (1976) "Early Chinese Management Thought", *California Management Review*, Vol. 19 (2), pp. 71–76.
Child, J. & A. Kieser (1979) "Organization and Managerial Roles in British and West German Companies : An Examination of the Culture-free Thesis", in C. J. Lammers & D. J. Hickson (ed.), *Organization Alike and Unlike*, London : Routledge & Kegan Paul.
Child, J. (1990) "The Character of Chinese Enterprises Management", in Child, J & M. Lockett, (ed.), *Reform Policy and The Chinese Enterprises*, London : JAI Press.
Clark, K. S., M. V. Kim & S. J. Freeman (1989) "Contradictions between Brazilian

and U. S. Organizations : Implications for Organizational Theory", in C. A. B. Osigweh (ed.), *Organizational Science Abroad : Constraints and Perspectives*, NY : Plenum Press.

Coase, Ronald H. (1937) "The Nature of the Firm", *Econometrica*, Vol. 4.

Coase, Ronald H. (1988) *The Firm, the Market , and the Law*, The University of Chicago. (宮沢健一・後藤晃・藤垣芳文訳 [1992]『企業・市場・法』東洋経済新報社)

Cole, R. E. (1979) *Work, Mobility, and Participation : A Comparative Study of American and Japanese Industry*, CA : University of California Press.

Collins , James C. & Jerry I. Porras (1994) *Built to Last*, NY : Curtis Brown. (山岡洋一訳『ビジョナリーカンパニー』[1995] 日経 BP 出版センター)

Cummings, L. L. & S. M. Schmidt (1972) "Managerial Attitudes of Greeks : The Roles of Culture and Industrialization", *Administrative Science Quarterly*, Vol. 17 (2), pp. 265–272.

Davis, Scott T., Masanobu Fukutani, Koichiro Imano, Hiroki Sato & Shigemi Yahata (1993) "The Organization of Research and Development and the Career Formation of R&D Personnel in Britain and Japan", in Yano, Shunsuke (ed.), *Global Management and Innovation Strategies*, Chikura Shobo, pp. 40–60.

Deal, Terrence E. & Allan A. Kennedy (1982) *Corporate Cultures : The Rites and Rituals of Corporate Life*, MA : Addison-Wesley.

Doktor, R. (1983) "Culture and the Management of Time : A Comparison of Japanese and American Top Management Practice", *Asia Pacific Journal of Management*, Vol. 1 (1), pp. 65–71.

Dore, Richard (1973) *British Factory-Japanese Factory*, University of California Press.

Drucker, Peter (1993) *Post-Capitalist Society*, Harper Business,

Dubin, Robert (1970) "Management in Britain : Observations of a Visiting Professor", *Journal of Management Studies*, Vol. 7 (2), pp. 183–198.

Dunning, John H. (1980) "Toward an Eclectic Theory of International Production : Some Empirical Tests", *Journal of International Business Studies*, Vol. 11 (Spring-Summer), pp. 9–31.

Dunning, John H. (1958) *American Investment in British Manufacturing Industry*, George Allen and Unwin. Reprinted by Arno Press in 1976.

Dunning, John H. (1993) *Multinational Enterprises and the Global Economy*, Addison-Wesley.

Dunning, John H. (1997), "Micro and Macro Organizational Aspects of MNEs and

MNE Activity", in Brian Toyne & Douglas Nigh, (ed.), *International Business : An Emerging Vision*, University of South Carolina Press.
Dunphy, D. C. & B. W. Stening (1984) *Japanese Organization Behavior and Management*, Hong Kong: Asian Research Service.
El-Ashker, Ahmed Abdel-Fattah (1987) *The Islamic Business Enterprise*, Croom Helm.
Elashmawi, Farid, & Philip R. Harris (1998) *Multicultural Management 2000*, TX : Gulf Publishing Company.
江夏健一 (1984)『多国籍企業要論』文眞堂.
England, G. W. & R. Lee (1971) "Organizational Goals and Expected Behavior among American, Japanese and Korean Managers: A Comparative Study", *Academy of Management Journal*, Vol. 14 (4), pp. 425–428.
England, George W. (1995) "National Work Meanings and Patterns-Constraints on Management Action", in Jackson, Terence (ed.), *Cross-cultural Management*, Oxford: Butterworth Heinemann, pp. 113–116.
England, George W. (1983) "Japanese and American Management : Theory Z and Beyond", *Journal of International Business* (Fall 1983), pp. 131–141.
Evans, M. G. (1970) "The Effect of Supervisory Behavior on the Path Goal Relationship", *Organizational Behavior and Human Performance*, Vol. 5, pp. 277–298.
Fayerweather, John (1969) *International Business Management : A Conceptual Framework*, McGraw-Hill.
Fedor, Kenneth J. & William B. Werther, Jr. (1998) "Creating Culturally Responsive International Alliances", *The People Side of Successful Global Alliances, Special Report of Organizational Dynamics*, American Management Association, pp. 27–39.
Fiedler, F. E. (1967) *A Theory of Leadership Effectiveness*, NY: McGraw-Hill.
Franke, Richard H., Geert Hofstede & Michael H. Bond (1991) "Cultural Roots of Economic Performance: A Research Note", *Strategic Management Journal*, Vol. 12, pp. 165–173.
Fryman, Roman, Andrzej Rapaczynski & John S. Earle et al. (1993) *The Privatization Process in Central Europe*, Central European University Press.
Fukuyama, Francis (1992) *The End of History and the Last Man*, NY: Avon Books.
Fukuyama, Francis (1995) *Trust*, NY: International Creative Management (加藤寛訳 [1996]『「信」無くば立たず』三笠書房)
藤芳誠一 (1979)『経営基本管理』泉文堂.

藤芳誠一編著（1983）『新版 経営学』学文社.
福沢諭吉（1962）『文明論之概略』岩波文庫.
古田暁監修／石井敏・岡部朗一・久米昭元著（1987）『異文化コミュニケーション』有斐閣選書.
Gagliardi, Pasquale & Barry Turner (1993) "Aspects of Italian Management" in David J. Hickson (ed.), *Management in Western Europe : Society, Culture and Organization in Twelve Nations*, De Gruyter.
Galbraith, J. (1973) *Designing Complex Organizations*, MA : Addison-Wesley.
Galbraith, J. (1977) *Organization Design*. MA : Addison-Wesley.
Gerlach, M. (1987) "Business Alliances and the Strategy of the Japanese Firm", *California Management Review*, Vol. 30 (1), pp. 126-142.
Ghoshal, Sumantra & Christopher A. Bartlett (1997) *The Individualized Corporation*, NY : HarperBusiness.
Godkin, L., C. E. Braye, & C. L. Caunch (1989) "US-based Cross-cultural Management Research in the Eighties", *Journal of Business and Economic Perspectives*, Vol. 15, pp. 37-45.
Goldman, Steven L., Roger N. Nagel & Kenneth Preiss (1995) *Agile Competitors and Virtual Organizations Strategies for Enriching the Customer*, NY : International Thomson Publishing（野中郁次郎監訳／紺野登訳 [1996]『アジルコンペティション』日本経済新聞社）
Graves, D. (1972) "The Impact of Culture upon Managerial Attitudes, Beliefs and Behavior in England and France", *Journal of Management Studies*, Vol. 10, pp. 40-56.
Gudykunst, William B. & Young Yum Kim (1984) *Communicationg with Strangers*, MA : Addison-Wesley.
Hall, E. T & M. R. Hall (1990) *Understanding Cultural Differences : Germans, French and Americans*, Intercultural Press.
Hall, Edward T. (1959) *The Silent Language*, NY : Doubleday.
Hall, Edward T. (1976) *Beyond Culture*, NY : Anchor Press.
Hall, R. H. (1991) *Organizations*, 5 th Edition, NJ : Prentice Hall.
Hampden-Turner, Charles & Fons Trompenaars (1997) *Mastering the Infinite Game*, Oxford : Capstone Publishing.
花田光世（1998）「情報ネットワーク型組織と人事システム」『日本労働研究雑誌』1998年8月号, No. 458.
Harris, Philip R. & Robert T. Moran (1996) *Managing Cultural Differences* (*Fourth Edition*), Gulf Publishing Company.
林吉郎（1985）『異文化インターフェイス管理』有斐閣.

硲宗夫 (1997)『「良い会社」の条件』中央経済社.
Herskovits, M. J. (1955) *Cultural Anthropology*, NY : Knopf.
Hickson, David J. & Derek S. Pugh (1995) *Management Worldwide*, Penguin Books.
Hofstede, Geert & Associates (1998) *Masculinity and Femininity*, Sage Publications.
Hofstede, Geert & Michael H. Bond (1988) "The Confucius Connection : From Cultural Roots to Economic Growth", *Organizational Dynamics*, Vol. 16 (4), pp. 4–21.
Hofstede, Geert, Bram Neuijen, Denise Daval Ohayv & Geert Sanders (1990) "Measuring Organizational Cultures : A Qualitative and Quantitative Study across Twenty Cases", *Administrative Science Quarterly*, Vol. 35,
Hofstede, Geert, Michael H. Bond & Chung-leung Luk (1993) "Individual Perceptions of Organizational Cultures : A Methodological Treatise on Levels of Analysis", *Organizational Studies*, Vol. 14 (4).
Hofstede, Geert (1991) *Cultures and Organizations*, UK : McGraw-Hill.
Hofstede, Geert (1993) "Cultural Constraint in Management Theories", *Academy of Management Executives*, Vol. 7, No. 1.
Hofstede, Geert (1995) "The Business of International Business is Culture" in Jackson, Terence (ed.), *Cross-cultural Management*, Buttterworth Heinemann.
Hofstede, Geert (1996) "Images of Europe : Past, Present and Future", in Joynt, Pat & Malcolm Warner (ed.), *Managing Across Cultures*, International Thomson Business Press.
Hofstede, Geert (1980) *Culture's Consequences*, Sage Publications.
Holzner, Burkart (1968) *Reality Construction in Society*, MA : Schenkman.
Hoover, J. D., R. M. Troub, C. J. Whitehead, & L. G. Flores (1978) "Social Performance Goals in the Peruvian and the Yugoslav Worker Participation Systems", in Susbauer, J. (ed.), *Academy of Management Proceedings '78*, CA. pp. 241–246.
Hoppe, Michael H. (1990) *A Comparative Study of Country Elites : International Differences in Work-related Values and Learning and their Implications for International Management Training Development*, Ph. D. thesis, University of North Carolina.
House, R. J. (1971) "The Path Goal Theory of Leader Effectiveness", *Administrative Science Quarterly*, Vol. 16, pp. 321–338.
Huntington, Samuel P. (1996) *The Clash of Civilizations and the Remaking of*

World Order, Simon & Schuster. (鈴木主税訳『文明の衝突』[1998] 集英社)
Hyden, Goran (1983) *No Shortcuts to Progress : African Development Management in Perspective*, Heinemann.
Hymer, Stephen H. (1960) *The International Operations of National Firms : A Study of Direct Investment*, Ph. D. Thesis, MIT Press.
飯野春樹 (1992)『バーナード組織論研究』文眞堂.
石田英夫・白木三秀編 (1990)『企業グローバル化の人材戦略』日刊工業新聞社.
伊丹敬之 (1987)『人本主義企業』筑摩書房.
Iversen, C. (1935) *Aspects of International Capital Movements*, Levin and Munksgaard.
Joynt, Pat & Malcolm Warner (1996) "Introduction : Cross-cultural Perspectives", *Managing Across Cultures : Issues and Perspectives*, London : International Thomson Business Press.
Kets de Vries, Manfred F. R. (1998) "The Transformational Abilities of Virgin's Richard Branson and ABB's Percy Barnevik", *Organizational Dynamics*, Winter 1998.
國領二郎 (1998)「プラットフォーム型経営戦略と協働の未来形」『組織科学』Vol. 31, No. 4.
国際化のための調査研究委員会 (1998)『欧米多国籍企業の組織・人材戦略』日本在外企業協会.
Kotabe, Masaaki (1998) "Efficiency vs. Effectiveness Orientation of Global Sourcing Strategy : A Comparison of U.S. and Japanese Multinational Companies", *Academy of Management Executive*, Vol. 12, No. 4, pp. 107–119.
Kroeber, A. L. & C. Kluckhohn (1952) *Culture : A Critical Review of Concepts and Definitions*, Harvard University Press.
Krugman, Paul (1996) *Pop Internationalism*, The MIT Press.
Krugman, Paul (1994) "The Myth of Asia's Miracle", *Foreign Affairs*, November/December 1994, Vol. 73, No. 6, pp. 62–78.
Krugman, Paul (1996) *The Self-Organizing Economy*, Blackwell Publishers (山岡洋一訳 [1997]『クルーグマンの良い経済学 悪い経済学』日本経済新聞社)
公文俊平 (1994)『アメリカの情報革命』NECクリエイティブ.
Langhoff, Tine (1997) "The Influence of Cultural Differences on Internationalization Processes of Firms", in Bjorkman, Ingmar & Mats Forsgren (ed.), *The Nature of the International Firm*, Handelshojskolens Forlag.
Laurant, André (1983) "The Conceptual Diversity of Western Conceptions of Management", *International Studies of Management and Organization*,

Vol. 13, No. 1-2, pp. 75-96.
Lawler, E. E. (1971) *Pay and Organizational Effectiveness : A Psychological View*, McGraw-Hill.
Lawrence, P. R. & J. W. Lorsch (1967) *Organization and Environment*, Harvard University Press.
Lawrence, P. (1990) *Management in the Land of Israel*, Cheltenham : Stanley Thornes.
李正文 (1998)『多国籍企業と国際社会貢献』文眞堂.
Leibenstein, Harvey (1979) "A Branch of Economics is Missing : Micro-Micro Theory", *Journal of Economic Literature*, Vol. 17.
Leibenstein, Harvey (1987) *Inside the Firm : The Inefficiencies of Hierarchy*. Harvard University Press. (鮎沢成男・村田稔監訳 [1992]『企業の内側』中央大学出版社)
Lewis, Richard D. (1996) *When Cultures Collide*, London : Nicholas Brealey Publishing.
L'Express, December 19, 1991.
Lincoln, J. R. & K. McGride (1987) "Japanese Industrial Organization in Comparative Perspective", *Annual Review of Sociology*, Vol. 13.
Linton, R. (1945) *The Cultural Background of Personality*, NY : Appleton-Century.
Locke, E. A. (1982) "Relation of Goal Level to Performance with a Short Work Period and Multiple Goal Levels", *Journal of Applied Psychology*, Vol. 67.
Luthans, Fred & Richard M. Hodgetts (1996) "Managing in America : Recreating a Competitive Culture", in Joynt, Pat & Malcome Warner (ed.), *Managing Across Cultures*, International Thomson Business Press.
Luthans, Fred, Paul A. Marsnik & Kyle W. Luthans (1997) "A Contingency Matrix Approach to IHRM", *Human Resources Management*, Summer 1997, Vol. 36, No. 2, pp. 183-199.
馬越恵美子 (1995)『ホワイトカラー革新』新評論.
馬越恵美子 (1997)「企業経営における異文化論的考察」『東京純心女子大学紀要』第1号.
Magoshi, Emiko (1999) "Mind Distance between Headquarters and Branch Offices of Global Corporations", *The SIETAR International Journal*, Vol. 1, No. 1, Spring 1999.
Malone, Thomas W. & John F. Rockart (1993) "How Will Information Technology Reshape Organizations? Computers as Coordination Technology", in Bradley, Stephen P., Jerry A. Hausman & Richard L. Nolan (ed.) *Globalization, Technology, and Competition*, Harvard Business School

Press.
Maruyama, Magoroh (1993) "Multicultural Management Frictions and Epistemological Patterns" in Yano, Shunsuke (ed.), *Global Management and Innovation Strategies*, Chikura Shobo.
丸山真男 (1987) 『文明論之概略を読む』岩波新書.
Maslow, A. (1954) *Motivation and Personality*, Harper & Row.
Mason, Mark (1994) "Historical Perspectives on Japanese Direct Investment in Europe", in Mason, Mark & Dennis Encarnation (ed.), *Does Ownership Matter?*, Oxford: Clarendon Press.
Maurice, M. et al. (1982) *Politique d'Education et Organisation Industrielle en France et en Allemagne*, Paris: PUF.
Maurice, Marc, Arndt Sorge & Malcolm Warner (1980) "Societal Differences in Organizing Manufacturing Units: A Comparison of France, West Germany and Great Britain", *Organization Studies*, Vol. 1 (1), pp. 59–86.
McEvoy, G. M. (1991) *Publication Trends in International Human Resource Management : The Decade of the 1980s*, Working paper ,Utah State University, pp. 1–21.
McGregor, D. (1960) *The Human Side of Enterprise*, MacGraw-Hill.
Mead, Richard (1998) *International Management, 2nd Edition*, Blackwell Publishers.
Meinecke, Fredrich (1970) *Cosmopolitanism and the National State*, NJ: Princeton University Press.
Michael, Bond (ed.) (1986) *The Psychology of the Chinese People*, Oxford University Press.
宮本光晴 (1991) 『企業と組織の経済学』新世社.
宮崎義一 (1974) 『現代の日本企業を考える』岩波新書.
水谷雅一 (1995) 『経営倫理学の実践と課題』白桃書房.
諸上茂登・根本孝 (1996) 『グローバル経営の調整メカニズム』文眞堂.
Morosini, Piero, Scott Shane & Harbir Singh (1998) "National Cultural Distance and Cross-Border Acquisition Performance", *Journal of International Business Studies*, Vol. 29, No. 1, pp. 137–158.
村上泰亮・熊谷尚夫・公文俊平 (1973) 『経済体制』岩波書店.
村山元英 (1998) 「"見えない" 経営論―「文化」・「倫理」・「哲学」の絆」『経営教育研究Ⅰ』1998年3月号.
村山元英 (1998) 「経営多元主義の解明」村山元英監修／国際経営文化学会編『多元主義の経営学―開発と文化の方向―』文眞堂, 1998年12月11日出版予定.
中川敬一郎 (1981) 『比較経営史序説』東京大学出版会.

Negandhi, A. R. (1973) *Management and Economic Development : The Case of Taiwan*, The Hague : Martinus Nijhoff.
Nevis, E. C. (1983) "Cultural Assumptions and Productivity : The United States and China", *Sloan Management Review*, Vol. 24 (3), pp. 17-28.
Newsletter, *Academy of International Business*, Vol. 4, No. 3, Third Quarter 1998.
Nigh, Douglas (1997) "Who's On First? : Nation-States, National Identity, and Multinational Corporations", *International Business : An Emerging Vision*, University of South Carolina Press.
日本貿易振興会 (1993)『世界と日本の海外直接投資』
日本労働研究機構 (1998)『労働市場の国際化とわが国経済社会への影響―日本企業のグローバル化の新段階と人材活用の諸問題―』日本労働研究機構　資料シリーズ No. 74.
日本労働研究機構 (1994)『望まれる海外派遣勤務者支援のための総合的雇用管理システムの確立―海外派遣勤務者の職業と生活に関する調査結果―』.
日本在外企業協会 (1998)「海外現地法人の社長・アンケート調査分析」『日外協 Monthly』No. 207, 1998年6月号.
新村出編 (1991)『広辞苑』岩波書店.
野中郁次郎・竹内弘高『知識創造企業』(1996) 東洋経済新報社.
岡部朗一 (1988)『異文化を読む』南雲堂.
Oliver, Robert T. (1971) *Communication and Culture in Ancient India and China*, Syracuse University Press.
Ouchi, W. G. & A. M. Jaeger, (1978) "Type Z Organization : Stability in the Midst of Mobility", *Academy of Management Review*, Vol. 5, pp. 305-314.
Pahlberg, Cecilia (1997) "Cultural Differences and Problems in HQ-Subsidiary Relationships in MNCs", in Bjorkman et al. (ed.), *The Nature of the International Firm*. Handelshojskolens Forlag.
Peng, T. K., M. F. Peterson & Y. P. Shyi (1990) "Quantitative Methods in Cross-national Management Research : Trends and Equivalence Issues", *Journal of Organizational Behavior*, Vol. 12, pp. 87-107.
Perlmutter, Howard V. (1969) "Tortuous Evolution of the Multinational Corporation", *Columbia Journal of World Business*, January-February.
Perlmutter, H. V. & D. A. Heenan (1979) *Multinational Organization Development*, Addison-Wesley.
Peters, Thomas & Robert H. Waterman, Jr. (1982) *In Search of Excellence*, A Time Warner Company.
Peters, Thomas (1994) *The Tom Peters Seminar : Crazy Times Call for Crazy*

Organizations, Vintage Books, Random House.
Peters, Thomas J. & Richard H. Waterman (1982) *In Search of Excellence*, NY : Harper & Row.
Pettigrew, Andrew M. (1979) "On Studying Organizational Cultures", *Administrative Science Quarterly*, Vol. 24, pp. 570–581.
Porter, Michael E. (1990) *The Competitive Advantage of Nations*, Free Press
Reich, Robert B. (1991) *The Work of Nations*, NY : Vintage Books.
Roos, Daniel, James P. Womack & Daniel Jones (1990) *The Machine that Changed the World*, Macmillan.
Samovar, Larry A., Richard E. Porter & Nemi Jain (1981) *Understanding Intercultural Communication*, CA : Wadsworth.
佐和隆光（1997）『日本の難問』日本経済新聞社．
Schutte, Hellmut (1994), *Between Headquarters and Subsidiaries : Regional Solutions for Europe*，国際経済研究所シンポジウム（1994年11月16日 於東京）発表論文
Schein, Edgar H. (1985) *Organizational Culture and Leadership*, SF : Jossey-Bass.
Schein, Edgar H. (1980) *Organizational Psychology (3rd Edition)*, Prentice-Hall.
Schein, Edgar H. (1997) "The Role of the Founder in Creating Organizational Culture", *Analyzing and Managing Corporate Culture*, American Management Association.
Sharma, D. Deo & Carolin Wallstrom-Pan (1997) "Internal Management of Sino-Swedish Joint Ventures", in Bjorkman, Ingmar & Mats Forsgren (ed.) *The Nature of the International Firm*, Copenhagen : Handelshojskolens Forlag, pp. 363–390.
司馬遼太郎（1989）『アメリカ素描』新潮文庫．
島田晴雄（1988）『ヒューマンウェアの経済学』岩波書店．
白木三秀（1995）『日本企業の国際人的資源管理』日本労働研究機構．
Shweder, R. A. & R. A. LeVine (1984) *Culture Theory : Essays on Mind, Self and Emotion*, NY : Cambridge University Press.
Simon, Herbert (1976) *Administrative Behavior, 3 rd Edition*, The Free Press.（松田武彦・高柳暁・二村敏子訳［1989］『経営行動』ダイヤモンド社）
Simons F. George, Carmen Vázquez, & Philip R. Harris (1993) *Transcultural Leadership : Empowering the Diverse Workforce*, TX : Gulf Publishing Company.
アダム・スミス著／大内兵衛・松川七郎訳（1959）『諸国民の富』岩波文庫．
Smith, P. B., S. Dugan & F. Tompenaars (1996) "National Culture and the Values of Organizational Employees : A Dimensional Analysis across 43

Nations", *Journal of Cross-cultural Psychology*, Vol. 27, pp. 231-264.
Smith, P. B. & M. F. Peterson (1994) *Leadership as Event Management : A Cross-cultural Survey Based upon Middle Managers from 25 Nations*, Paper presented as part of a Symposium at the International Congress of Applied Psychology, Madrid.
Smith, Peter B. (1996) "National Cultures and the Values of Organizational Employees : Time for Another Look", in Joynt , Pat & Malcolm Warner (ed.), *Managing Across Cultures : Issues and Perspectives*, International Thomson Business Press, pp. 92-102.
Snow, Charles C., Sue Canney Davison, Scott A. Shell & Donald C. Hambrick (1998) "Use Transnational Teams to Globalize Your Company", in Luthans, Fred (ed.), *Special Report of Organizational Dynamics*, American Management Association.
Sondrtgaard, M. (1994) "Research Note : Hofsted's Consequences : A Study of Reviews, Citations and Replications", *Organizational Studies*, Vol. 15, No. 3, pp. 447-456.
Sorge, A. (1993) "Management in France" in David J. Hickson (ed.), *Management Worldwide*, Penguin Books.,
Stopford, J. M. & L. T. Wells (1972), Jr. *Managing the Multinational Enterprise*, Basic Books.
Sullivan, Jeremiah (1997) "Theory Development in International Business Research : The Decline of Culture", in Toyne, Brian & Douglas Nigh (ed.), *International Business : An Emerging Vision*, University of South Carolina Press, pp. 380-395.
Taylor, Frederick W. (1911) "Shop Management", *Scientific Management*, Harper & Brothers Publishers.
Taylor, Frederick W. (1911) "Testimony", *Scientific Management*, Harper & Brothers Publishers.
Taylor, Frederick W. (1911) "The Principles of Scientific Management", *Scientific Management*, Harper & Brothers Publishers.
Thurow, Lester C. (1996) *The Future of Capitalism*, NY : William Morrow and Company.
Toynbee, Arnold J. (1956) *Civilization on Trial*, Oxford University Press. (深瀬基寛訳 [1975]『試練に立つ文明』社会思想社)
東洋経済新報社 (1996)『海外進出企業総覧'95』会社別編.
Trevor, Malcom H. (1993) "Training and the Nature of Managerial Work : An Anglo-Japanese Comparison", in Yano, Shunsuke (ed.), *Global Manage-*

ment and Innovation Strategies, Chikura-Shobo, pp. 61–76.
Triandis, Harry C. (1994) "Cross-cultural Industrial and Organizational Psychology" in Triandis, Harry C., Marvin D. Dunnette & Leaetta M. Hough (ed.), *Handbook of Industrial & Organizational Psychology*, CA : Consulting Psychologists Press, pp. 103–172.
Trompenaars, Fons, *The Organization of Meaning and the Meaning of Organization : A Comparative Study on the Conceptions of Organizational Structure in Different Cultures*, Ph. D. Thesis, The Wharton School of the University of Pennsylvanina.
Trompenaars, Fons (1993) *Riding the Waves of Culture*, London : Nicholas Brealey Publishing.
Trompenaars, Fons (1995) "Resolving International Conflict : Culture and Business Strategy", *Business Strategy Review*, Vol. 7, No. 3, pp. 51–68.
Trompenaars, Fons & Charles Hampden-Turner (1998) *Riding the Waves of Culture, Second Edition*, NY : McGraw-Hill.
通商産業省 (1997)『企業活動基本調査』.
Tylor, E. B. (1877) *Primitive Culture : Researches into the Development of Mythology, Philosophy, Religion, Language, Art and Custom* (*Vol. 1*), NY : Henry Holt.
Urdang, Laurence (ed.) (1995) *The Oxford Desk Dictionary*, Oxford University Press,
Vernon, Raymond (1966) "International Investment and International Trade in the Product Cycle", *Quarterly Journal of Economics*, Vol. 80, pp. 190–207.
Vertinsky, Ilan, David K. Tse, Donald A. Wehrung & Kam-hon Lee (1995) "Organizational Design and Management Norms : A Comparative Study of Managers' Perceptions in the People's Republic of China, Hong Kong and Canada", in Jackson, Terence (ed.), *Cross-cultural Management*, Butterworth Heinemann.
Wilkins, Mira (1994) *The Maturing of Multinational Enterprise : American Business Abroad from 1914 to 1970*, Harvard University Press.
Wilkins, Mira (1997) "The Conceptual Domain of International Business", *International Business : An Emerging Vision*, University of South Carolina Press,
Williamson, Oliver E. (1975) *Markets and Hierarchies*, Free Press.
山岸俊男 (1998)『信頼の構造』東京大学出版会.
八城政基「欧米企業のグローバリゼーションとアジア戦略」『日外協マンスリー』1998年7／8月号.

八代尚宏（1997）『日本的雇用慣行の経済学』日本経済新聞社．
安室憲一（1992）『グローバル経営論』千倉書房．
Yasumuro, Kennichi (1993) "Cultural Diversity and Tacit Management Theory", in Yano, Shunsuke (ed.), *Global Management and Innovation Strategies*.
Yeung, Irene Y. M. & Rosalie L. Tung [1998] "Achieving Business Success in Confucian Societies: The Importance of Guanxi (Connections)", in Luthans, Fred, (ed.) *Special Report of Organizational Dynamics*, American Management Association.
吉田和男（1996）『日本型経営システムの再構築』生産性出版．
吉原英樹（1989）『現地人社長と内なる国際化』東洋経済新報社．
吉原英樹（1997）『国際経営』有斐閣アルマ．
Zahara, S. A. (1980) "Egyptian Management at the Crossroads", *Management International Review*, Vol. 20, pp. 118-124.

あとがき

　本書は，先に記したように筆者の7年間に及ぶ研究の集大成であるが，本書を貫く文化と経営に関する問題意識は，筆者が会議通訳者として仕事をした1970年代の後半から1990年代の半ばに至るまでの十数年の間に，実践を通して心に刻まれたものである．異文化に対する興味は，さらに溯って，幼少の砌より英語を勉強し，外国人に親しみ，また米国やフランスに留学したことを通じて，育まれてきた．この意味で本書の問題意識は，筆者の人生を貫く価値観に根差すものであり，本研究は筆者のライフワークとも言うべきものである．

　人生の歩みと仕事と研究の積み重ねによって生まれた本書は，その誕生の過程で，実に多くの方々のご厚情とご支援をいただいた．全ての方について記すことはできないが，筆者が会議通訳から学者へ転身した頃から本書執筆に至るまでご指導を賜った先生方のお名前を，まず挙げさせていただきたい．

　会議通訳から大学講師への道をつけて下さった上智大学教授松尾弌之先生，大学院入学を強く勧めて下さった上智大学名誉教授鶴見和子先生，慶應義塾大学の修士及び博士課程において，指導教授として，経済学のみならず学者としてのあり方をご指導下さった慶應義塾大学教授島田晴雄先生，国際経営文化学会において国際経営学を体系的にお教え下さり，学位論文の副査をして下さった同学会会長並びに千葉大学教授の村山元英先生，学位論文の主査をお引き受け下さり，厳しくも暖かなご指導をして下さった明治大学名誉教授の藤芳誠一先生，学位論文の副査として論文の国際水準をお教え下さった東亜大学大学院教授榊原貞雄先生，学位論文の執筆に関して心細やかなご支援を下さった東亜大学教授・経営学部長の神森智先生，これらの諸先生に対して心より御礼申し上げる次第である．

　また，現在の勤務先である東京純心女子大学の方々には格別のご配慮をいただいた．東京純心女子学園高野澄子理事長，東京純心女子大学山田雅子学長を

はじめ，当大学の教職員の皆様に心より感謝申し上げたい．

さらに，欧州現地法人の調査のきっかけと資金援助をいただいた日本労働研究機構，調査に協力して下さったソニー，東京銀行（当時），A銀行及び米国のA社，並びにご意見をお聞かせ下さり，調査票の回答をお送り下さった実務家の方々にも深謝申し上げる．

また，藤芳誠一先生のご紹介によりご縁をいただいた学文社の田中千津子社長にも，出版のご快諾をいただいたことを御礼申し上げたい．

振り返れば，筆者が大学院の門を叩いたのは，長男が小学4年生で次男が小学1年生の時である．幼い子供たちには寸暇を惜しんでパソコンに向かう忙しい母親の後ろ姿を見せて，寂しい思いをさせたのでないかと思うが，子供たちはそんな素振りは見せず，我が家は常に賑やかな笑い声に満ちていた．いつしか子供たちも大きくなり，今では高校2年と中学2年にそれぞれ進学している．このように子供たちが伸びやかに成長したのも，子育てと仕事と研究の綱渡りの日々を陰で支えて下さった方々のおかげである．中でも，家事の大部分を肩代わりして下さった中村路子さんの内助の功は忘れることができない．また，医師であるお隣りの山中裕一先生御夫妻は，子供の怪我や病気の折に，夜半や早朝を問わず親身に相談に乗って下さった．振り返れば，亡き母は私が出産後も仕事が続けられるようにと，献身的に手助けをしてくれたし，兄夫婦，伯母，従姉妹をはじめ親戚や友人の方々には，一番辛い時に暖かく支えていただいた．さらに父は90歳の高齢ながら私に一切の迷惑をかけることなく，常にユーモアと知性で啓蒙し続けてくれた．また，ビジネスマンとして国際的に活躍するS. K. 氏は，企業調査や文献検索において自らの仕事を中断してまでも惜しみない協力をして下さり，途中で挫けそうになる私を最後までやり遂げるよう，叱咤激励して下さった．このような家族と周囲の理解と協力があってこそ，今日まで研究を継続できたのである．

最後になるが，経営にはもうひとつの思い入れがある．それは夭折した亡き夫が経営者であったことで，将来の経営のあり方について熱い思いを語る彼の

姿が，今でも懐かしく思い出される．本書の執筆により，彼の果たせなかった夢を少しは叶えることができたのではないかと思うのである．

　神仏の御加護と，彼岸と此岸において至らぬ私を支えて下さったすべての方々に，伏して心よりの御礼を申し上げる次第である．

2000年　新春

　　　　　　　　　　　　　　　　　　　　　　　　　馬越　恵美子

付属資料

現地法人の「国の文化」と「企業文化」に関する実証研究

　　1．ヒアリングにおける質問事項

　　2．調査票

多国籍企業の「意識的距離」に関する実証研究

　　1．ヒアリングにおける質問事項

　　2．調査票

現地法人の「国の文化」と「企業文化」に関する実証研究

1. ヒアリングにおける質問事項

日本人幹部社員に対する質問
 1. 欧州における事業概要
 2. 現地における事業概要
 3. 現地法人の組織概要
 4. 現地化の度合い
 5. 人事政策——社員の処遇，現地社員の登用，女性の活用，国籍，社員の定着率，リクルートの方法等
 6. コミュニケーション上の諸問題——社内コミュニケーション，対外的なコミュニケーション，日本人駐在員と現地社員間のコミュニケーション
 7. 日本本社の外国人役員の可能性
 8. 日本人駐在員と現地社員の位置づけ
 9. 今後の課題——グローバル企業の可能性

現地社員（人事担当）に対する質問
 1. Human resources management: wage, promotion, recruitment, career plan, nationalities of your personnel etc.
    （人事管理：賃金，昇進，雇用，キャリア計画，社員の国籍等）
 2. The level of the localization of your company.
    （貴社の現地化の度合い）
 3. Communication problems in your company.
    （貴社のコミュニケーションの問題）
 4. Whether or not the board of your Japan head office has non Japanese members. Your opinion and assessment in this regard.
    （貴社の日本本社における日本人以外の役員の有無とそれに関するあなたの意見）
 5. The corporate culture of your company.
    （貴社の企業文化）
 6. Are you given sufficient authorities to perform your task?
    （業務遂行に当って十分な権限が与えられていますか）
 7. Do you have an equal access to business information as your Japanese

colleagues?
(日本人の同僚と同様にビジネス情報に対するアクセスがありますか)
8．Are you treated equally as your Japanese colleagues and have an equal chance of promotion?
(あなたは日本人の同僚と同等に処遇されていますか．また，同等の昇進の機会がありますか)
9．Your comment on the management style practiced in your company. How does it differ from the one practiced in American or European companies that you know of ?
(貴社のマネジメントスタイルに関してコメントして下さい．欧米企業と異なりますか)

2．調査票

Please indicate to what extent you agree or disagree with the statement of the question by choosing one of the four given degrees of agreements.
次の指示にしたがって，それぞれの文章にどの程度賛成，または反対するか，その程度を該当個所に丸を付けて，回答して下さい．

1：strongly agree　非常に賛成する
2：somewhat agree　多少賛成する
3：neutral　どちらでもない
4：somewhat disagree　多少反対する
5：strongly disagree　強く反対する

Common questions to answer for both Japanese and non Japanese respondents.
日本人駐在員と現地社員に共通の設問．
1）自社に勤めていることを誇りに思う．
　　I am proud of working for this company.
2）自社における処遇に満足している．
　　I am satisfied with my treatment at this company.
3）定年まで自社に勤めるつもりである．
　　I intend to work for this company until my retirement age.
4）自社は世界的に現地化が進んでいる．
　　This company as a whole (in its world operation) is greatly localized.
5）当現地法人の現地化は十分に進んでいる．
　　This company in my particular country is greatly localized.

6）当現地法人の現地化は今後，更に進むべきである．
I would like to see a higher degree of localization at this company.
7）日本本社の方針は分かりやすく，当現地法人でも十分に把握されている．
The policy of the top management in Japan is very clear and is readily available locally.
8）一般に現地のトップは日本人が良いと思う．
In general, the post of the local top management should be assigned to Japanese.
9）日本人以外にも日本本社の役員になる道が開かれるべきである．
A chance to become a Board member of the Japan head office should also be given to non Japanese.
10-1）日本人同士のコミュニケーションに比べて難しい．
It is hard to communicate with Japanese expatriates.
10-2）言語の違いがコミュニケーションの障害となる．
Language is a barrier in communication.
10-3）文化と言語の違いがコミュニケーションの障害になる．
Difference in cultures and habits is a barrier in communication.
10-4）宗教の違いがコミュニケーションの障害になる．
Religion is a barrier in communication.
10-5）コミュニケーションの難しさは，国籍や民族の違いよりも個人差によるところが大きい．
Personality rather than difference in cultures and nationalities plays a major role in communication.
10-6）日本人同士に比べて，現地社員と信頼関係を築くのには時間がかかる．
It takes longer time to establish mutual trust with Japanese expatriates.
10-7）赴任地の現地法人では社内のコミュニケーションはうまくいっている．
Communication is very smooth in this company.
10-8）日常業務においてコミュニケーションの問題はない．
In my daily course of business, I have no problem of communication.
10-9）社内会議においてコミュニケーションの問題はない．
In the internal meeting, I have no problem of communication.
10-10）日本本社との連絡において，コミュニケーションの問題はない．
In communicating with the head office in Japan, I have no particular problem.
10-11）赴任地の現地法人で異文化コミュニケーションに起因するトラブルの経験がある．
I have personally experienced in this company problems arising from

intercultural communication.
10–12) 赴任地の現地法人で異文化コミュニケーションに起因するトラブルを聞いたことがある．
I have heard of some problems of intercultural communications that occurred in this company.
11) 日本人の方が多くの社内情報を持っている．
I get less information than Japanese expatriates.
12) 仕事以外の付き合いで得る情報に関して現地人は日本人に比べて不利である．
Japanese tend to share information among themselves through their informal network which is not available to non-Japanese personnel.
13) 日本人社員と現地社員は自社において同等の昇進の可能性がある。
There is an equal opportunity of promotion for both Japanese and non Japanese in this company.
14) 当現地法人の経営は透明度が高い．
The management of this company is transparent and readily understandable.

日本人駐在員への設問．
1) 今後も現地法人のトップは日本人がよい．
2) 今後は現地法人のトップは現地人がよい．
3) 現地化を進めるために，現地人管理職の育成に努めるべきである．
4) 今後は国籍にとらわれず，適材適所の全世界ベースの人事活用を行うべきである．
5) 自社は今後も，日本の顧客のための「日本の企業」として発展するべきである．
6) 自社は将来，国籍を超えた組織形態を持ち，国籍に関わりなく昇進の可能性のあるグローバル・カンパニーに成るべきである．
7) 自社のグローバル化はかなり進んでいる．
8) 外国人と日本人は異なるキャリアパスを持つべきである．
9) 日本本社は現地のことをよく理解している．
10) 将来，転職を考えている．

Statements addressed only to non Japanese.
1) If I am transferred overseas, I will be willing to accept the offer.
（海外転勤の機会があれば，喜んで引き受ける）
2) If I am transferred to Tokyo, I will be willing to accept the offer.
（東京転勤の機会があれば，喜んで引き受ける）

3) I like the corporate culture of this company.
   (当社の企業文化が好きである)
4) I have been sent to Japan for training purposes.
   (研修のため，日本に派遣されたことがある)
5) I have worked for the head office in Japan.
   (日本本社で仕事をしたことがある)
6) I have worked for an office/factory in Japan.
   (日本の支社や工場で仕事をしたことがある)
7) In my view, this company is a Japanese company.
   (当社は日本の企業だと思う)
8) In my view, this company is a multinational (global) company.
   (当社は多国籍［グローバル］企業だと思う)
9) I would like to become a Board member of the Japan head office.
   (日本本社の役員になりたい)
10) There is an equal opportunity of promotion for both Japanese and non Japanese in this company at a local level.
    (現地法人では，日本人と現地人に同等な昇進の機会が与えられている)

多国籍企業の「意識的距離」に関する実証研究

1．ヒアリングにおける質問事項

地域担当役員に対する質問表
Questionnaire to Regional Vice Presidents and General Managers.
1．What strategy of your region do you feel is different from other regions?
  （あなたが担当する地域の戦略は，他の地域の戦略と比べて，どのように異なっていますか？）
2．What are the differences of your regional operation from other regions whether it is more difficult or easier?
  （あなたの地域での事業運営は，他の地域に比べてどのような点で違いますか？）
3．How is the personnel management done in your region?
  （あなたの地域では，どのような人事管理を行っていますか？）
4．How do you keep the personnel in your region motivated?
  （どのようにして，地域の社員のモティベーションを高めようとしていますか？）
5．Please describe, if any, difficulties or problems specific to managing operations in your region.
  （あなたの地域に特有の問題点があれば，説明して下さい。）
6．What differences of investment and returns do you feel exist between your region and other regions?
  （投資収益に関して，他の地域と比べてあなたの担当地域はどのように異なっていますか？）
7．What are the factors making your operation either more costly or more profitable than other regions? And why?
  （あなたの地域の事業は，他の地域に比べて，よりコストがかかるか，あるいは逆に収益率がより高いですか？　その理由は何ですか？）
8．Please describe activities, if any, contributing to the local community as a good corporate citizen.
  （企業市民として，地元の地域社会に貢献する活動をしている場合は，それを説明して下さい。）

2. 調査票

Questionnaire to Managers and Professionals
(管理職と専門職に対する調査票)

Please indicate to what extent you agree or disagree with the statement of the question by choosing one of the four given degrees of agreements or one of the two abbreviations indicating no opinion or not applicable by putting an "X" mark right before your choice.
(次の指示にしたがって，それぞれの文章にどの程度賛成，または反対するか，X印を該当個所の前に付けて，回答して下さい．)
For example (例)：1 　X2 　 3　 4 　 N 　 NA
　　　　　　(the choice is 2.［この場合答えは2である］)

1：strongly agree 　(非常に賛成する)
2：somewhat agree 　(多少賛成する)
3：somewhat disagree　 (多少反対する)
4：strongly disagree 　(強く反対する)
N：no opinion 　(特に意見はない)
NA：not applicable 　(この文章は自分の立場に当てはまらない)

There are 49 questions to answer and one final section asking for details and information.
(49の設問と最後に記述式の設問があります．)
1．I feel proud of working for the company.
　　(この会社に勤めることを誇りに思う．)
2．I am satisfied with how I am treated by the company on:
　　(この会社の処遇に次の点で満足している：)
　　　1) compensation 　(報酬)
　　　2) performance review and promotion 　(業績の評価と昇進)
　　　3) career path 　(キャリア形成)
　　　4) working environment 　(職場の環境)
　　　5) job assignment 　(仕事の割当て)
3．I like the corporate culture of the company.
　　(当社の会社の企業文化が好きである．)
4．I think the corporate culture of the company is:
　　(当社の企業文化は：)

1) open （オープン）
　　 2) international （国際的）
　　 3) multicultural （多文化）
　　 4) dynamic （ダイナミック）
　　 5) innovative （革新的）
 5. I intend to work for the company until my retirement.
　　（定年までこの会社で働くつもりである．）
 6. I think the communication within the company is:
　　（社内のコミュニケーションは：）
　　 1) Internal communication within my local office is smooth.
　　　　（自分の職場のコミュニケーションは円滑である．）
　　 2) Communication between my office and HQ is smooth.
　　　　（自分が働く支社／現法と本社とのコミュニケーションは円滑である．）
　　 3) Language is a major barrier in communication.
　　　　（言語がコミュニケーションの主たる障害である．）
　　 4) Cultural differences are a major barrier in communication.
　　　　（文化の違いがコミュニケーションの主たる障害である．）
　　 5) Customs and habits are a major barrier in communication.
　　　　（習慣がコミュニケーションの主たる障害である．）
 7. Information on corporate policy is promptly communicated.
　　（本社の方針はすみやかに伝達されている．）
 8. Top management has a good understanding of the local needs of the market.
　　（トップはそれぞれの市場のニーズをよく理解している．）
 9. I hope to work at the headquarters in the future.
　　（将来，本社で働きたい．）
10. I want to become a corporate officer in the future.
　　（将来，本社の役員になりたい．）
11. The best I hope to become is the head of my division.
　　（今いる部門の部長になれれば，それで良い．）
12. There is no opportunity for the local staff to work at the HQ.
　　（支社や現地法人のスタッフには本社で働くチャンスはない．）
13. I have visited the company headquarters.
　　（本社を訪ねたことがある．）
14. I have undergone some training at the headquarters.
　　（本社で研修を受けたことがある．）
15. I have personally met with the President of the company.

(本社の社長に会ったことがある。)
16. The management style of the company is primarily American.
(当社の経営スタイルはアメリカ的である。)
17. The management style is geared more towards local needs.
(当社の経営方法は，地元のニーズに合わせたものである。)
18. The management style is a combination of both.
(当社の経営スタイルは，この両者を併せたものである。)
19. The opportunity of promotion is equal for all global employees.
(昇進の機会は，全世界の全ての社員に平等に与えられている。)
20. The job assignment is based on employee qualifications only.
(仕事のアサイメントは社員の資格のみに基づいている。)
21. Business is conducted in such a way to avoid no ethical problems.
(倫理上の問題がないように，仕事を行っている。)
22. The company supports local community as a good corporate citizen.
(当社は企業市民として，地域社会に貢献している。)
23. Social responsibility is considered important by the company.
(当社は社会責任を重視している。)
24. The company offers philanthropic programs for a local community.
(当社は地域社会で社会貢献活動を行っている。)
25. I have participated in such a program.
(私自身もその活動に参加したことがある。)
26. I am aware of the company being ranked among the top ten VARs.
(当社はアメリカの業界誌 VAR で，上位 10 社のひとつに選ばれている。)
27. The company is sometimes referred to as the "Microsoft of CT".
(当社は「CT のマイクロソフト社」と呼ばれてることがある。)
28. I agree that the company is clearly an industry leader in CT.
(当社は CT 業界のトップである。)
29. The product of the company is the de facto standard of CT.
(当社の製品は，CT の事実上の標準となっている。)
30. The company will continue to be invincible in the future.
(当社は今後も勝ち続けるであろう。)
31. The company faces competition more on the low end of the market.
(当社は下位の機種での競争に直面している。)
32. The company faces competition more on the high end of the market.
(当社は上位機種での競争に直面している。)
33. The company has a strong corporate culture.
(当社は強力な企業文化を持っている。)

34. The top management of the company has a strong leadership.
    (当社のトップは強力なリーダーシップを発揮している.)
35. My colleagues are helpful and cooperative.
    (同僚は協力的である.)
36. I am willing to work beyond my assignment to assist my colleagues.
    (自分の仕事の範囲を超えても, 同僚を助けたいと思う.)
37. My manager is understanding and easy to work with.
    (上司は理解があり, 仕事がやり易い.)
38. My manager is aggressive and demanding.
    (上司はアグレッシブで要求が多い.)
39. There is intense peer pressure at work.
    (職場で同僚の間にプレッシャーがある.)
40. There is a very strong competition among employees in my workplace.
    (職場で社員の間に厳しい競争がある.)
41. The company makes sure that its products are environmentally safe.
    (当社は環境に安全な製品を作るように万全を期している.)
42. The company places top priority on earnings.
    (当社は収益を最重視している.)
43. The company places high priority on the well-being of its employees.
    (当社は社員の厚生を重視している.)
44. The company places equal priority on profit and social responsibility.
    (当社は利潤と社会責任の両方を同じように重視している.)
45. I admire those who work hard placing their first priority on work.
    (仕事を最優先する人はすばらしいと思う.)
46. I admire those who work hard placing their equal priority on work and family.
    (仕事と家庭の両方を同じように重視する人はすばらしい.)
47. I place higher priority on work than family.
    (私自身は家庭より仕事を優先する.)
48. I place equal priority on work and family.
    (私は仕事と家庭と両方を同じように重視する.)
49. I place higher priority on the family than work.
    (私は仕事より家庭を重視する.)

Please explain about yourself as much as possible :
(御自身に関してできる限り答えて下さい.)
  1) age (年齢)

2) gender　（性別）
3) nationality　（国籍）
4) job tittle　（社内の職位）
5) In what year did you join the company?
　　　（何年に入社しましたか．）
6) How many more years do you intend to work for the company ?
　　　（後何年，当社で働くつもりですか．）
7) Please describe your present job.
　　　（現在の仕事を説明して下さい．）
8) Please describe your academic history. (i.e., name of school/college, degrees, etc.)
　　　（学歴を説明して下さい．）
9) Please describe your career record in the company (i.e., positions, works, etc.)
　　　（入社以来の当社における仕事の内容を記述して下さい．）
10) Please describe your previous employment history.
　　　（当社に入社する以前はどんな仕事をしていましたか．）
11) What languages do you speak?
　　　（言語について伺います．）
　　　Mother tongue　（母国語）
　　　other languages　（外国語）　（fluent, good, some　［レベルは？］）
12) Your comment or opinion about the company or about this questionnaire.
　　　（当社に関して，あるいはこの質問表に関して意見があれば，ご自由に記入していください．）
13) Please specify the location of your office.
　　　（現在の勤務地はどこですか．）

人名索引 (アルファベット順)

A
安保哲夫　39, 233
アドラー (Adler, N.) 56, 58, 59, 70, 74, 80, 216, 233
アルブレヒト (Albrecht, S. L.)　60, 75, 233
アルパンダー (Alpander, G. G.)　65, 78, 233
アルター (Alter, P.)　53, 233
アサンテ (Asante, M. K.)　233
アクセルソン (Axelsson, R.)　62, 77, 233
安積仰也　135, 233

B
バダウィ (Badawy, M. K.)　60, 75, 234
バルクマ (Barkema, H. G.)　95, 234
バーロー (Barlow, E. R.)　17, 38, 234
バルノー (Barnouw, V.)　42, 53, 234
バーナード (Barnard, C. I.)　31, 32, 40, 234
バーソロミュー (Barthlomew, S.)　56, 58, 74, 234
バートレット (Bartlett, C. A.)
　21, 22, 29, 39, 133, 231, 234, 238
バーンバウム (Birnbaum, P. H.)　60, 75, 234
ビョルクマン (Bjorkman, I.)　23, 39, 234
ブラックフォード (Blackford, M. G.) 62, 77, 234
ブレイク (Blake, R. R.)　54, 234
ブラント (Blunt, P.)　60, 61, 74, 76, 234
ボドウィン (Boddewyn, J. J.)　13, 37, 234
ボンド (Bond, M. H.) 60, 75, 83, 93, 113, 235, 242
ブラッドレー (Bradley, S. P.)　138, 235
バックレー (Buckley, P. J.)　16, 235
バイ (Bye, M.)　17, 235

C
カッソン (Casson, M.)　16, 235
ハンプデン-ターナー (Hampden-Turner, C.)
　45, 46, 53, 100, 101, 102, 103, 104, 105, 107, 108,
　109, 110, 116, 238, 246
キャンベル (Campbel, A.)　60, 75, 235
ウォストロム-パン (Wallstrom-Pan, C.)
　96, 115, 244
キャロル (Carroll, G. R.)　61, 76, 235
キャロル (Carrol, M. P)　53, 235
カーター (Carter, K. D.)　65, 78, 233
チャンドラー (Chandler, A. D., Jr.)
　11, 36, 230, 235
チャング (Chang, Y. N.)　60, 75, 235
チャイルド (Child, J.)　60, 61, 75, 76, 235
クラーク (Clark, K. S.)　77, 236
コース (Coase, R. H.)　9, 36, 39, 236
コール (Cole, R. E.)　61, 76, 236
カミングス (Cumminngs, L. L.)　60, 74, 236

D
デイビス (Davis, S. T.)　61, 77, 236
ディール (Deal, T. E.)　54, 236

ドラクロワ (Delacroix, J.)　61, 235
ドクター (Doktor, R.)　61, 76, 236
ドーア (Dore, R.)　61, 76, 122, 135, 236
ドラッカー (Drucker, P.)　10, 36, 236
デュビン (Dubin, R.)　60, 74, 236
デューガン (Dugan, S.)　96, 244
ダニング (Dunning J. H.)
　17, 19, 20, 36, 38, 39, 236
ダンフィ (Dunphy, D. C)　60, 75, 237

E
エルーアシュカ (El-Achker, A. A.-F.) 60, 75, 237
江夏健一　16, 37, 79, 237
イングランド (England, G. W.)
　61, 62, 77, 218, 237
エバンス (Evans, M. G.)　71, 80, 237

F
フェアウェザー (Fayerweather, J.)
　13, 18, 37, 38, 237
フィーダー (Fedor, K. J.)　54, 237
フクヤマ (Fukuyama, F.)　122, 135, 230, 231, 237
フィードラー (Fiedler, F. E.)　71, 80, 237
フォルスグレン (Forsgren, M.)　23, 39, 234
フランケ (Franke, R.)　113, 237
バームラン (Vermeulen, F.)　95, 234
フライマン (Fryman, R.)　61, 76, 237
福沢諭吉　229, 238
藤芳誠一　33, 40, 238
古田暁　55, 238

G
ガグリアルディ (Gagliardi, P.)　60, 75, 238
ガルブレイス (Galbraith, J.)　80, 238
ガーラック (Garlach, M.)　60, 75, 238
ゴドキン (Godkin, L.)　56, 74, 238
ゴールドマン (Goldman, S. L.)　137, 238
ゴシャール (Ghoshal, S.)
　21, 22, 29, 39, 133, 231, 234, 238
グレーブス (Graves, D.)　61, 76, 238
グディカンスト (Gudykunst, W. B.) 50, 233, 238

H
ホール (Hall, E. T.)　49, 51, 62, 71, 77, 238
花田光世　129, 130, 137, 238
ハリス (Harris, P. R.)　76, 238
林吉郎　66, 79, 238
硲宗夫　229, 239
ヘルコビッツ (Herskovits, M. J.)　53, 239
ヒクソン (Hickson, D. J.)　60, 75, 79, 239
ホフステッド (Hofstede, G.)　16, 43, 44, 53, 54,
　60, 76, 81, 82, 83, 84, 85, 86, 87, 88, 89, 91, 92, 93,
　94, 111, 112, 113, 239
ホルズナー (Holzner, B.)　79, 239

フーバー (Hoover, J. D.) 61,76,239
ホップ (Hoppe, M.) 95,114,239
ハウス (House, R. J.) 71,80,239
サミュエル・ハンチントン (Huntington, S. P.)
 217,221,229,240
ハイデン (Hyden, G.) 60,75,240
ハイマー (Hymer S. H.) 17,240
I
石田英夫 40,240
伊丹敬之 224,230,240
イヴァーソン (Iversen, C.) 17,240
J
ムートン (Mouton, J. S.) 54,234
グラハム (Graham, J. L.) 77,78,233
ジョイント (Joynt, P.) 40,52,240
K
ケネディ (Kennedy, A. A.) 54
ケドブリ (Kets de Vries, M. F. R.) 138,240
キーザー (Kieser, A.) 61,235
クラックホン (Kluckhohn, C.) 43,240
國領二郎 130,131,132,137,240
コタベ (Kotabe, M.) 128,137,240
クローバー (Kroeber, A.) 43,240
クルーグマン (Krugman, P.) 123,229,240
熊谷尚夫 79,247
公文俊平 79,240
L
ランゴフ (Langhoff, T.) 217,240
ローラン (Laurant, A.) 63,64,78,241
ローラー (Lawler, E. E.) 34,40,241
ローレンス (Lawrence, P. R.) 60,71,75,80,241
ライベンシュタイン (Leibenstein, H.) 8,36,241
リー (Lee, R.) 62,237
李正文 38,241
ルバイン (LeVine, R. A.) 43,244
ルイス (Lewis, R. D.) 65,78,241
リンカーン (Lincoln, J. R.) 60,75,241
リントン (Linton, R.) 42,53,241
ロック (Locks, E. A.) 35,40,241
ローチ (Lorsch, J. W.) 71,241
ルーサンズ (Luthans, F.)
 16, 71,72,79,80,117,226,231,241
M
マズロー (Maslow, A.) 34,40,242
メイソン (Mason, M.) 39,165,242
マルヤマ (Maruyama, Magoroh)
 68,69,79,80,241
丸山真男 229,242
モーリス (Maurice, M.) 61,62,77,242
メイヨー (Mayo, E.) 34,40
マッケボイ (McEvoy, G. M.) 56,74,242
マグレガー (McGregor, D.) 34,40,242
ミード (Mead, R.) 97,115,242

メイネック (Meinecke, F.) 47,53,242
水谷雅一 135,242
宮本光晴 36,242
諸上茂登 23,24,39,137,242
村上泰亮 79,242
村山元英 16,37,53,230,242
モラン (Moran, R. T.) 76,238
モロシニ (Morosini, P.) 121,135,242
N
中川敬一郎 40,243
ネガンディ (Negandhi, A. R.) 60,74,243
根本孝 23,24,39,137,242
ネビス (Nevis,E.) 61,76,243
野中郁次郎 136,137,243
O
オリバー (Oliver, R. T.) 51,243
オオウチ (Ouchi, W. G.) 54,243
P
パールバーグ (Pahlberg, C.) 217,243
ペング (Peng, T. K.) 56,74,243
バーネビック (Barnevick, P.) 133,231
パールマッター (Perlmutter, H. V.) 19,38,243
ピーターズ (Peters, T.) 48,54,137,243
ペティグルー (Pettigrew, A. M.) 48,54,244
ピーターソン (Peterson, M. F.) 64,244
ポーター (Poter, M. E.) 39,244
ピューイ (Pugh, D. S.) 60,239
R
ライシュ (Reich, R.) 1,244
ルース (Roos, D.) 40,244
S
サモバー (Samovar, L. A.) 50,244
佐和隆光 136,230,244
シャイン (Schein, E. H.) 35,41,43,48,53,54,244
シュミッツ (Schmidt, S. M.) 60,236
シャルマ (Sharma, D. D.) 79,96,115,244
司馬遼太郎 221,229,244
島田晴雄 37,140,244
白木三秀 40,164,240,244
シュワーダー (Shweder, R. A.) 43,53,245
サイモン (Simonn, H. A.) 32,40,245
スミス (Smith, A.) 10,244
スミス (Smith, P. B.) 64,78,96,115,245
スノー (Snow, C. C.) 138,245
ソンダーガード (Sondergaard, M.) 96,115,245
ソルジュ (Sorge, A.) 60,75,245
ステニング (Stening, B. W.) 60,237
ストップフォード (Stopford, J. M.)
 20,21,39,245
サリバン (Sullivan, J.) 123,136,245
T
テイラー (Taylor, F. W.) 30,40,245
サロー (Thurrow, L. C.) 128,136,245

トインビー(Toynbee, A. J.)	229,230,245	ウェルチ(Welch, J. F.)	231
トレバー(Trevor, M. H.)	61,77,245	ウェルズ(Wells, L. T.)	20,21,39,245
トリアンディス(Triandis, H. C.)	46,53,79,96,115,165,246	ワーザー(Werther, W. B., Jr.)	54,237
		ウィリアムソン(Williamson, O.)	9,36,39,246
トランペナーズ(Trompenaars, F.)	44,45,46, 96,,98,101,102,103,104,105,106,107,108, 109,110,111,116,246	ウィルキンズ(Wilkins, Mira)	13,37,39,246
		ウォング(Wong)	60,234
		Y	
タイラー(Tylor, E. B.)	42,52,246	山岸俊男	220,229,246
V		ヤノ(Yano, S.)	219,247
バーノン(Vernon, R.)	17,246	八城政基	120,135,246
バーティンスキー(Vertinsky, I.)	62,77,246	八代尚宏	39,247
W		安室憲一	40,218,231,246,247
ワーナー(Warner, M.)	40,52,240	ヤング(Yeung, Irene)	216,247
ウォーターマン(Waterman, R. H., Jr.)	48,54,137,243	吉田和男	225,231,247
		吉原英樹	40,247
ワット(Watt, J.)	10	**Z**	
ウェーバー(Weber, M.)	31	ザハラ(Zahra, S. A.)	60,75,247

事項索引

あ 行

IRIC	83, 113
IHRM（国際人的資源管理）	111
IMEDE Management Development Institute	82
ICI	138
ITT	22
IBM	86, 111, 120, 230
アウトソーシング	130
アクゾー（AKZO）	116
アコフ・モデル	66, 79
アジル・カンパニー	137
アセア・ブラウン・ボベリ（ABB）	54, 132, 133, 138, 231
アソシエーティッド・カンパニー	225
暗黙の文化	45
イーストマンコダック	116
一般的信頼	220, 221
意識的距離	167, 178, 180, 181, 182, 184, 185
意思決定論	32
イノベーション	22, 30
EPGモデル	19
"If - Then"のアプローチ	71
異文化インターフェイス管理	66, 67
異文化活用型企業	132
異文化間コミュニケーション	54
異文化経営論	1, 6, 15, 66
異文化コミュニケーション	49, 50, 54
異文化シナジー	70, 71
異文化包含論	125
異文化融合論	125
因果関係論	123
インターナショナル型	22
インターネット	215
インターネット・ショッピング	37
インターフェイス管理	66
インターフェイス管理者	66
インターンシップ・プログラム	172
ウェスタン・エレクトリック社のホーソン工場	34
ウプサラ・モデル	23
AT & T	116
エクソン	138
HCN（host country national）	142
LVMH モエヘネシー・ルイヴィトン	138
MCI ワールドコム・ジャパン	231
X－Y理論	34
X効率性	9
X非効率性	8
NEC	21
エピステミック共同体	79
エピステミック・コミュニケーション	66, 79
エリクソン	22
エルフアキテーヌ	116

か 行

海外生産比率	26
海外直接投資（FDI）	17, 25, 26, 39
海外向け製品の多角化の程度	20
開放的システム vs.閉鎖システム	84
花王	21
科学的管理法	30
拡散的な文化	106
囲い込み型戦略	130
過程重視 vs.結果重視	83
環境との関係	99, 107
官僚制の理論	31
管理職	11
カントリー・マネージャー	171
外部情報発見獲得型	129
外部労働市場	61
機会主義	10
企業の社会責任	194
企業文化	48, 139, 141, 144, 145, 146, 163, 212
期待理論	35
QWL（quality of work life）	35
共通性	222, 223
協働体系	31
極大化公準	8
技術革新	126, 127
業績 vs.属性	99, 106
国の文化	2, 47, 63, 82, 121, 139, 141, 144, 145, 146, 163
グラクソ	116, 138
グローカル	24
グローバリゼーション	120, 126
グローバリティ	231
グローバル化	1, 35, 126, 127
グローバル型	22
グローバル経営の4種型モデル	24
グローバル志向	158, 162, 163
グローバル・スタンダード	232
グローバル・ソーシング戦略	128
グローバル調整	137
グローバル・ビジネス	14, 120, 167
グローバル・マトリックス	21
経営管理学	12
経営学	12
経営資源	14
経営の国際化	14
経営の透明度	153

経営文明論	2,5,6,215,220,222,223,228,232	シナジー・プラットフォーム	129,130
経営倫理	120	社会的規範	82
KLM	116	社会的知性	221,229
ケンブリッジ・エネルギー・リサーチ	231	集合的なプログラミング	44
権力格差	82,83,85	職務志向 vs.社員志向	83
権力格差指標(PDI)	86,87,89	諸国民の富	10,36
現実的 vs.規範的	84	信頼	135
現地化	28,154	時間との関係	99,107
現地化の進捗度	154,160	自己実現人	35
現地志向	19	持続可能な企業特殊的優位性	20
現地社員	139,142,164	ジャーナル	57
現地人	142	儒教ダイナミズム	93,113
限定された合理性	9	情緒的社会人	35
コーン・コーポレーション	134	情報	126
コア・コンペタンス	71	情報格差	155
高コンテキスト	51,106	情報化社会	126
高コンテキスト文化	52,55	情報化時代	126
交差文化コミュニケーション	54	情報技術	127
行動科学	12	情報内部蓄積型	129
後発効果	61,122	情報ネットワーク型組織	129
顧客満足度の向上	225	女性度	90
国際化のための調査研究委員会	38	自立・自律型	130
国際経営	13	自立と自律の論理	129
国際経営学	13,123	人的資源管理	56,71
国際資金移動理論	17	ステレオタイプ	45,46
国際組織の段階モデル	20,21	スペシャリスト	61
国際的相互作用	57	頭脳産業	127
国際販売の重要度	20	制限された合理性	32
国際部	20	生態学的要因	82
個人主義	82	制度論	12
個人主義指標(IDV)	87,88	世界志向	19
個人主義 vs.集団主義	83,85,99,103	世界的製品別事業部	21
国境と文化を超えた経済活動	14	折衷理論	19
コミュニケーション	50,51,150,151,152,166,198	専門の管理職	11
コミュニケーション・プラットフォーム	132	ゼネラリスト	61
コミュニケーション・プラットフォーム理論	130	ゼネラル・エレクトリック	21,54,138,231
コンティンジェンシー理論	71	ゼロックス	138
コンテキスト	51,131	組織行動	30,56
コンティンジェンシー・マトリックス	71,72	組織の活性化	171
コンピュータ・テレフォニー(CT)	168,170	組織風土	48
合目的論	123,124	組織文化	47,48,63,145
合理的経済人	35	組織論	12
さ 行		ソニー	54,139,140,166
産業組織心理学	30,32	ソニーフランス	142,166
産業組織論的アプローチ	17	ソフトウェア・オブ・ザ・マインド	44
ザルツブルグ・アメリカ研究セミナー	95	SOHO(small office home office)	37
シーメンス	138	**た 行**	
仕事の優先度	218	タイト・コントロール	114
市場取引のコスト	9	タイト・コントロール vs.ルース・コントロール	84
市場内部化の優位性	20	多国間定量分析	81
市場の諸要因	10	多国籍企業	13,16,39
市場利用のコスト	9	多国籍企業論	16,17
システム論	12		

多国籍性	17	ネスレ	138
第三国籍社員	164	**は 行**	
第3文化体	67	ハイテク企業	168
男性度	82,90	ハイネケン	116
男性度 vs.女性度	83,85	バーチャル・コーポレーション	130
男性度指標(MAS)	90,92	バイエル	140
チーム・スピリット	171	バイ・スケープの人	69,79
地域的機構	21	バン・リア	116
知識	126,127,136	パワー・バランスのアプローチ	18
知識基盤	218	BASF	138
知識創造	137	BSN	116
知識としてのマネジメント	29	比較経営研究	61
中立的 vs.感情的	99,106	比較優位理論	127
長期志向 vs.短期志向	83	人の心理	16,35
長期志向指標(LTO)	93,94	非文化的要因	121
TI(テキサス・インスツルメント)社	120,135	ヒューマンウェア	37
低コンテキスト	51,106	ヒューレット・パッカード	138
低コンテキスト文化	52,55	ビジネス階級	11
テイラー・システム	32	フィリップス	22,116
適応的アプローチ	18	付加価値	14,15
デファクト・スタンダード(事実上の業界標準)	215	不確実性回避指標(UAI)	91,93
		不確実性の回避	82,83,85
電子商取引	37	「複雑人」としての人間観	35
電子メール	215	普遍主義 vs.個別主義	99,101,102
東京銀行(現　東京三菱銀行)	139,140	物理的距離	167,178,181,182
統合	13,18,224	文化	42,43,46,220,221,223
統合ネットワーク	22	文化間コミュニケーション	54
東芝	140	文化圏	60
特異的な優位性	20	文化的多様性	70,223
特定的 vs.拡散的	99	文化の複層モデル	44
トムソン・CSF	138	文化論	120,123,124
トヨタ自動車	140	分業	10
トランスカルチャル	29,30	分散	13,18,224
トランスナショナル・カンパニー	133	分析枠組み	97
トランスナショナル型	22	文明	220,221,223,229
トランスナショナル型企業	29	プラットフォーム型戦略	130
トランスナショナル・モデル	21	プロ意識 vs.帰属意識	83
トランペナーズのモデル	98	プロクター&ギャンブル	21
取引コスト理論	9	プロダクト・ライフ・サイクル(PLC)モデル	17
動機づけ理論	35	プロフェッショナル	61
な 行		HERMES サーベイ	81
内部化理論	9,39	本国志向	19
内部効率性	8	本国人	164
内部組織論	16	本社のグローバル化	28
内部労働市場	61	ホンダ	54
7次元モデル	101	ボイスメール	215
日本在外企業協会	38	ボルボ	116
日本人駐在員	139	**ま 行**	
日本的経営論	12	マインドウェア	41
日本の対欧直接投資	165	マインドスケープ	68,69
日本の多国籍企業	27	マグレガー・ナビール	133
日本労働研究機構	140	松下電器	21,54
人間関係論	12	マネジャー	11

マルチナショナル型	22
丸紅	140
満足度	156
見えざる手	10
見える手	10, 11
ミクロ・ミクロ経済学	8
無限のゲーム	100
村上・熊谷・公文モデル	66, 79
明示的な文化	45
メンタル・プログラム	44
メンタル・プログラミング	43, 44, 81
目標設定理論	35
モティベーション	32, 34, 35, 125, 142, 144, 158, 162, 163, 207
モトローラ	231

や 行

有限のゲーム	100
融合変化の静態モデル	67
──動態モデル	68
ユナイテッド・ノーションズ	116
ユニリーバ	22
幼少文化	145
欲求階層説	34
4次元モデル	85

ら 行

リーダーシップ	64, 125, 174
リンケージ理論	128, 129
ルース・コントロール	114
ルクセンブルグA銀行	142
ルクセンブルグ東京銀行	142
レディング学派	19
ローヌ・プーラン ジャパン	140
ロイヤル・ダッチ・シェル	116, 138
ロロデックス・コーポレーション	128

わ 行

ワールド・クラス・オーガニゼーション	226
ワールド・クラス・カンパニー	227

著者略歴

馬越恵美子（まごし・えみこ）

桜美林大学経営政策学部教授
雙葉高等学校及びロビンスデイル・ハイスクール（米国）卒
ソルボンヌ大学等を経て，上智大学外国語学部フランス語学科卒
慶應義塾大学大学院経済学研究科博士課程修了
経済学修士（慶應義塾大学）
博士（学術：経営管理専攻）（東亜大学）
会議通訳（英仏日），上智大学外国語学部兼任講師，東京純心女子大学現代文化学部助教授，同大学教授を経て，現職。
専門は，国際経営学とコミュニケーション
NHKラジオ「やさしいビジネス英語」「ビジネス英会話」土曜サロン（元）講師。
国際ビジネス研究学会理事，戦略経営協会理事，異文化経営研究会会長，日米協会評議員，国際教育振興会評議員
主な著書に『"カイシャ"の中の外国人』（ジェトロ，1996年），『心根〔マインドウェア〕の経営学』（新評論，2000年）『NHKラジオ・ビジネス英会話・土曜サロン・ベストセレクション』（DHC，2003年）等がある。

異文化経営論の展開
「経営文化」から「経営文明」へ
Transcultural Management
Theories, Empirical Studies and a New Horizon

2000年3月10日　第一版第一刷発行
2004年9月20日　第一版第三刷発行

著　者　馬　越　恵美子
発行所　㈱　学　文　社
発行者　田　中　千津子
東京都目黒区下目黒3-6-1
〒153-0064　電話（03）3715-1501（代表）　振替00130-9-98842

乱丁・落丁本は，本社にてお取替え致します。　印刷／㈱亨有堂印刷所
定価は，カバー，売上げカードに表示してあります。〈検印省略〉

© Emiko MAGOSHI　2000　　　　　　　　Printed in Japan
ISBN4-7620-0922-9